訦源論道

王泽应 周 宇 主编

湘潭大學出版社
XIANGTAN UNIVERSITY PRESS

图书在版编目（CIP）数据

说源论道 / 王泽应，周宇主编. -- 湘潭 : 湘潭大学出版社，2024.5
ISBN 978-7-5687-1416-7

Ⅰ. ①说… Ⅱ. ①王… ②周… Ⅲ. ①社会科学一文集 Ⅳ. ①C53

中国国家版本馆 CIP 数据核字（2024）第 065060 号

说源论道

SHUOYUAN-LUNDAO

王泽应 周宇 主编

责任编辑：牛敬丹
封面设计：李　平
出版发行：湘潭大学出版社
社　　址：湖南省湘潭大学工程训练大楼
电　　话：0731-58298960 0731-58298966（传真）
邮　　编：411105
网　　址：http://press.xtu.edu.cn/
印　　刷：长沙印通印刷有限公司
经　　销：湖南省新华书店
开　　本：710 mm×1000 mm 1/16
印　　张：21.75
字　　数：293 千字
版　　次：2024 年 5 月第 1 版
印　　次：2024 年 5 月第 1 次印刷
书　　号：ISBN 978-7-5687-1416-7
定　　价：89.00 元

《说源论道》编辑委员会

《说源论道》编辑委员会部分成员合影。前排从左到右：周发源、王泽应；后排从左到右：张红红、王忠森、章敏、邹序明、申永丰、田振和、周宇、牛敬丹

（周发源近照，摄于 2024 年 6 月）

周发源，湖南澧县人，1955 年生。籍贯湖南湘阴县（今汨罗市），中共党员。湖南省生态文明研究与促进会会长、研究员。湖南碳达峰碳中和专家咨询委员会副主任。湖南省十二届人大常委会委员，湖南省社会科学界联合会原党组书记、副主席。国务院政府特殊津贴专家、湖南省优秀社会科学专家、湖南省优秀专家。湖南省人民政府院士专家咨询委员会委员。湖南大学、湘潭大学、湖南师范大学、湖南商学院等多所高校兼职教授。曾任《湖南社会科学》《船山学刊》主编。

著有《邓小平决策思想研究》《直击官僚主义》两部专著，《源道》文集四卷，主编参编著作70余部，在《求是》《人民日报》《光明日报》《党建研究》《党校论坛》等报刊发表文章 300 余篇。主持省级以上课题近 30 项，参与 20 多项。作品获全国精神文明建设“五个一工程”奖，中国图书奖，湖南省社会科学优秀成果奖一等奖、二等奖、三等奖、特别奖等省部级以上奖励 15 项。

我的学问人生（代序）

周发源

什么是学问？一般有两种说法，一说学问是知识或知识体系，有学问就是有知识；二说学问是求知之法，做学问就是读书研究，是知识分子的事。我认为，学问有更广的意义，它是知识技能的总和，涵盖人生一切活动，知识分子须学问，各行各业也须学问，学问即生活，学问人生就是生活中知识技能的积累。就具体的人而言，学问有基本和专业之分。基本学问是为人处世，吃穿住行，人人必需；专业学问因人而异，是以职业为主的生活特色。学问与人生随形如影。人非生而知之，从出生到离世，没有一天不在学问。生活能力，最重要的是学习力，学习型社会的元素是学习型人。学中必会遇到不懂的事物，就要问，学与问不可分离。边学边问，边问边学，学与问无穷反复且螺旋上升。非学无以广识，非问难以穷理，人的一生从无知、有知到博知，是靠学问实现的。世事洞明皆学问，人情练达即文章，认真生活，做好学问，是人生的必修课。

学问人生，常常是失之东隅，收之桑榆。

我们生于20世纪50年代的人是幸运的。中华人民共和国成立，中国人有了做人的尊严和争取幸福的权利。那是激情燃烧的年代，为理想奋斗拼搏，正能量满满。青少年时的苦与累，积累成人生学问的财富。

14岁，我下放农村，看到了农村农业的美丽与落后，农民的淳朴与艰辛。16岁，我学木工手艺，走街串巷，懂得了自立的尊严，生活的艰难，创业的快乐。20岁，我当上了国企工人，体验了现代制造的场景，科学技术的力量，产业工人的荣光。22岁，我调到文艺团体，与艺术家同忧共乐，受到美的熏陶，感到艺术的魅力和不易。32岁，我从事社会科学工作，甘苦相随，至今无悔。

有人问，你只上小学，没上中学，27岁才上大学，是不是耽误了做学问？我回答说，误了上学，没误学问。

从自谋生计到做社科工作的这段时光，虽然辛苦，却读书最多。那时书很少，找到什么书就读什么书，经常找到一本书一口气读完，囫囵吞枣却兴趣盎然，真正是废寝忘食，焚膏继晷。文学艺术，天文地理，经科教卫，古今中外，自由广泛地阅读，开阔了眼界，提高了认知。这种读书的热情保持至今，犹如每天吃饭睡觉，不可或缺。

从事农工艺学多业，就像吃五谷杂粮，营养丰富。体验人间冷暖，品味人情世故，社会大学的学问丰富而多彩。许多人和事，让我感动一生、感佩一生、感恩一生。所有的付出都会有回报，当经历了磨难再回首时，发现每一段磨难都是向上的台阶，是人生的财富。越是艰难困苦的从前，越会成为照亮未来的光。正如高尔基《我的大学》描述的一样。这18年，使我形成了人生基本学问的功底：自立自强、勤奋好学、责任担当、诚信友善、益己利人。

黄狮寨看日出

周发源

·33·

我做社会科学专业学问，特别幸运，可以说一路绿灯，总是踩到节拍点上。

上湖南广播电视大学（现湖南开放大学）时写的作文，公开发表在《旅游天地》，那是 1984 年，期刊少，引起全班写作热潮。

在湖南省委党校读书时的毕业论文，在《理论探讨》刊发，评为湖南省常德地区首届优秀社会科学成果二等奖（一等奖缺）。

1987 年本科毕业，第二年评聘为讲师。

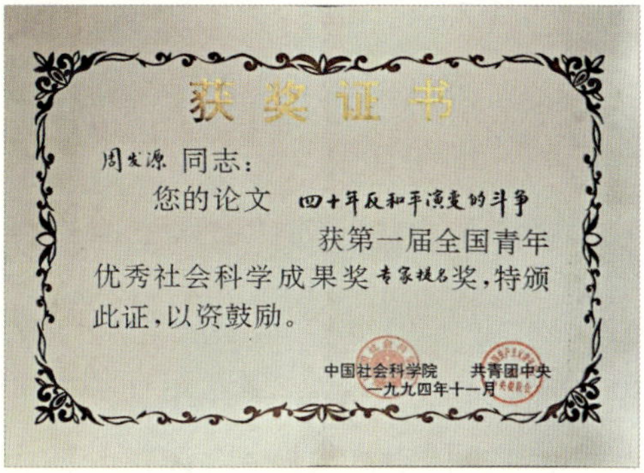
获奖证书

周发源 同志：

您的论文 四十年反和平演变的斗争 获第一届全国青年优秀社会科学成果奖专家提名奖，特颁此证，以资鼓励。

中国社会科学院　共青团中央

一九九四年十一月

1990 年写的《四十年反和平演变斗争的回顾与思考》，在中央党校校刊《党校论坛》刊发，获第一届全国青年优秀社会科学成果奖专家提名奖。

此后一发而不可收，在《求是》《人民日报》《光明日报》《党校论坛》《党建研究》《人民论坛》及地方几十种报刊发文 300 余篇，出版专著两部，文集一套，主编参编著作 70 余部，获得了不少奖励和荣誉。我担任湖南省社会科学界联合会领导职务后，因为是“湖南省社会科学优秀成果奖”评审的组织者，再没有主动申报过这项评奖，本来按标准有些成果获奖的可能性大，我也主动放弃。

周发源在《求是》发表的 5 篇文章，分别于 1995 年、1999 年、2003 年、2007 年、2008 年刊发。

一些年轻学者问我，你真幸运，担任那么多行政工作，又写那么多文字，有诀窍吗？我回答说，其实也没有什么秘密，只不过把别人休闲聊天、游戏玩乐的时间用来“爬格子”而已。回首几十年治学经历，感到有六个词很重要，即立志、勤奋、兴趣、质疑、创新、管用。也可以叫作六学六问：恒学恒问，贵在立志；多学多问，贵在勤奋；乐学乐问，贵在兴趣；疑学疑问，贵在质疑；善学善问，贵在创新；实学实问，贵在管用。

第一是立志，即怀抱希望理想。立志是人生价值和意义的追求，是人生的永恒动力。艾青曾写过一首诗《希望》：“梦的朋友，幻想的姊妹，原是自己的影子，却老走在你前面。像光一样无形，像风一样不安定。她和你之间，永远有距离。像窗外的飞鸟，像天上的流云，像河边的蝴蝶，既狡猾而美丽。你上去，她就飞，你不理她，她撵你。她永远陪伴你，一直到你终止呼吸。”人生的立志，首先是人生有希望有理想，这种希望理想是人生的灯塔，照亮人生前程，指引人生方向，提供人生目标。从而使人努力奋斗，完成人生使命。虽然立志因人因时不同，但对希望理想的追求，是人生的不竭动力。人生最怕的是没有希望，万念俱灰，百般无味，行尸走肉。

希望理想不是空洞的说教，而是具体的初心使命，是鲜活的人生追求。孩童希望成长，病人希望健康，贫困希望富裕，为官希望晋升，青年希望爱情，落后希望先进，如此等等，每个人的希望是在稳定中变化发展的，不同的环境、不同的阶段会有不同的追求重点和价值选择。

从一般规律而言，人生希望理想可分为五个层次或阶段，也可以说是搞好五个服务：一是服务自己，二是服务亲人，三是服务乡邻朋友，四是服务单位社区，五是服务党、国家和人民。这五个服务是一个同心圆，服务自己是起点，到亲人，到乡邻，到单位社区，最后到党、国家和人民，五者缺一不可。传统文化中讲家国一体，国是大的家，家是小的国。所谓“修齐治平”，“修”是起点、原点，内容最丰富。修身之前还有“格物、致知、诚意、正心”八个字。格物是探索事物的面目性质，纠正人的行为；致知是明了事物的运行规律，知道善恶吉凶的来龙去脉，做明白人；诚意是为人处事真心诚意，不欺人，也不欺己；正心是摆正心的位置，别急功近利、别走歪路；修身是陶冶身心，涵养德性，多思考、求上进，练就过硬本领。如果把追求和实现理想划为“格物、致知、诚意、正心、修身、齐家、治国、平天下”八个阶段，那前五个阶段都是对个体的理想塑造。所以，立志，树立人生希望理想，首先是修炼个体身心，这就是“服务自己”。

服务亲人，是立志的第二环节。中华文明是以“孝”为核心的，这是中华文明五千年绵延不断的根本原因之一。“孝”既是血缘关系，又是社会关系，把人的自然属性和社会属性融为一体，贯穿于人从出生到养育到成长到衰老到死亡的全过程，具有无穷的代谢再生能力。而古希腊、古印度、古巴比伦文明则把人的自然属性和社会属性分离，把宗教独立出来凌驾于人性之上，形成二元文化，所以难以持续，缺乏内在的再生代谢能力。

服务乡邻朋友和单位社区是人之常情，是“孝”文化的自然扩延。人生成长中，与同事朋友交往多，与左邻右舍接触多，得到的支持帮助也多，知恩图报，既是情之所归，也是理所当然。

党、国家和人民是人生最大的依托，也是人生立志的制高点。没有国哪有家？没有人民哪有个人？所以立志的最高追求是服务党、国家和人民。有人说，要爱国必出国，只有出国才会更爱国。离开了国家的富强、独立和尊严，作为国人，是不可能自强自尊自重的。

所以说，立志，怀抱希望理想是人生的支柱，是从事社会科学工作的初心、责任、使命。离开了目标追求，将一事无成。

第二是勤奋，即多学多思多写。多学应是四学：向书本学，向他人学，向实践学，向自己学。学书本渊博，学他人快捷，学实践灵敏，学自己深刻。

读书是学习的主渠道。与古今圣贤对话，吮吸千万年人类思想精华，其乐无穷。古人说，闲居足以养志，至乐莫如读书。但面对浩如烟海的书籍，读什么？怎么读？我的体会是，既要博览，更要精研。对于专业学问，要比较互参，读透经典。同样的时间，与其读十本一般的书，不如把一本经典读十遍。这就是半部论语治天下的道理。读书是从少到多、从多到少、从少到无的过程。“无”不是没有，而是对知识的融会贯通，如一句歌词：“从来不需要想起，永远也不会忘记。”真正重要的知识，是你忘记之后还能留下来的东西。读书应眼手并用，不动笔不读书。我读书喜欢画重点、做卡片、写笔记，把好的内容记下反复琢磨，巩固记忆，帮助消化，去粗取精。一句话，读书要博读、精读、比较读、动手读。

学习他人是捷径。三人行，必有我师。人各有长，学人之长，补己之短，鉴人之失，避己之误。聪明的人不是不犯错，而是不犯同样的错，不犯别人已犯的错。学他人，是智慧，也是风范。学人不折本，舌头打个滚，借人之智为己用，高效便捷；谦虚低调，躬下身子，如江河湖海，位低而容大。宽阔的河平静，博学的人谦恭。静水流深，有学问的人重要标准是善于学习他人，自觉尊重他人。

实践是活生生的学习，也是学之目的。实践出真知，躬行长学问。人的每一次实践，都是雕刻生活，也在塑造自己。人世间最高的学问不是学问本身，而是使用学问的学问。读活书，活读书，读书活，书本知识只有在实践中才能心领神会，有趣有味，融会贯通。一语不能践，万卷徒空虚，实践是领悟真知，运用自如的不二法门。我曾在《人民日报》发表过《书斋取名记》一文，用“尽心”“静心”“净心”六字概括读书的目的有三：增长本领、超脱浮尘、净化心灵。有位“高人”建议，你的书斋可名“三心斋”。修齐治平是治学的最高境界，实践是化繁为简、执简御繁、内圣外王的必由之路。

学习自己最深刻。鞋子合不合脚自己最清楚。书本和他人知识是外因，自身实践感悟是内因，外因通过内因起作用。毛泽东说，我是靠总结经验吃饭的。总结过去，才能为现实开辟道路，为未来提供导向。古人讲，吾日三省吾身，就是强调对自己的言行分析思考、评判得失、完善提升。越学习，越善于学习；越学习，越乐于学习。品格才能在自我总结中不断升华。

学思是一体的。思考是对所学的理解、比较、分析、深化，边学边思，边思边学，既信又不信，从而弄清道理，辨明是非，丰富思想，催生新知，让学问源远流长。

把学思所得写出，才能物化深化。好记性不如烂笔头，思想的灵感，稍纵即逝。启功先生备有一个小记事本，一有奇思妙想，立马记下。他倒霉时，因怕人看见，常常把所思所想写在香烟盒、旧信封、小学生作业本背面，写的纸装满了四个口袋，成为后期学术研究的基石。用文字记下来的思想才会传承远播。学而不思则罔，思而不学则殆，学思不写则无。学思所获不写出，怎么保存？人类学问主要是通过文字传承发展的。我从 20 世纪 80 年代至今，每天写日记，多则十几页，少则几行字，起到了练笔、记事、思考、自省的作用。我喜欢做读书笔记，一可以训练思想，二可以巩固记忆，三可以练习文笔。一位年轻人向某位作家请教写作技巧，作家回答说：“多写。”写作如同游泳，不是理论问题而是实践问题，在游泳中才能学会游泳。有人说：“前世作了孽，今世爬格格。”是的，写不愿写又必须写的“官样文章”确实很累，但写有思想有趣味的文章，虽苦却甜。做学问的人写出自己满意、读者喜欢的文字，其快乐胜过山珍海味、升官发财。我信奉的格言是：物质上要知足，精神上要不知足。有人问我，退休后如何？我说好，钱够用，身心健，时间多，有事干。现在干什么事？主要是读书写作，读不读、读什么，写不写、写什么，自由自在，不图名利，只从心灵，岂不乐哉？萧伯纳说，真实的闲暇并非什么也不做，而是能自由地做自己爱好的事。

第三是兴趣，即做自己喜欢的学问。兴趣鲜嫩如春，热烈如夏，是最好的老师、朋友和动力。没有兴趣，勉强为之，必然是事倍功半。知之者不如好之者，好之者不如乐之者。心理学告诉我们，兴趣是发自内心的呼唤，是真正的好奇和热爱，是对事物的强烈入迷，内含着天才的萌芽。对学问抱有兴趣的人使学问有趣味。治学要聆听自己的心声，做让你兴奋、感觉好、欲罢不能的东西。这会滋生出原动力，使注意力高度集中，精力旺盛，热情奔放，勇往直前，即使遇到再大困难也会坚持，直至成功。韩愈言：“书山有路勤为径，学海无涯苦作舟。”文选德先生改了两个字，“勤”改为“情”，“苦”改为“乐”，两字之改，道出了兴趣是读书治学的真谛。因为有了“情”，就会心甘情愿，情有独钟；因为有乐，乐在其中，自然动力无穷。快乐有物质生理上的快乐、道德情感上的快乐和心理灵魂上的快乐，三种快乐都与兴趣密切相关。

兴趣有天生的也有后天的，都需要保护培养。培养兴趣的方式很多，第一位的是揭示价值，明白所做学问的意义。天生喜欢的事做起来固然高兴，起初不喜欢的事因有价值去做，久而久之也会兴趣盎然。鲁迅、郭沫若弃医从文，许多学术大师改行换岗，走出从不知不爱到深知深爱的人生。因为他们心中有亮，眼前有光，甘愿为富有意义的事业而奋斗。如何培养兴趣？有效途径是化难为易，将长远目标分解为比较容易的若干短近目标，不断实现一个个短近目标，积小胜为大胜，燃烧持续奋斗的热情。这就是运用“小步子”原理，即在奋斗的路上迈出小小的一步，获得一个个小小的成功，通过不断获得小的成功来积累经验，从而产生源源不断的动力。因为成功的快乐是兴趣的内生激素。

不同的专业学问，对成功的评价和理解不尽相同，但都需要前瞻思维和敏锐眼光，符合时代潮流。就社会科学而言，应聚焦社会热点难点问题，厚植人民情怀，解党和政府之难，分人民群众之忧，让研究有价值、真管用，从而获得持久的动力。

举个自己的例子。我是学习党史党建专业的。2008 年，民营经济在国民经济中已占重要地位，但党的建设却相对滞后。民营企业要不要搞党建及怎样搞党建，当时争论激烈。怎么解决这个问题？我主持了“民营企业党的建设问题研究”课题，作出了我们的回答。撰写的《让党旗高高飘扬在“民企”这个阵地上》主报告及四个子报告，获中央分管党建工作的领导、中组部领导、湖南省委领导批示肯定，《求是》、人民日报社《内部参阅》、中组部《党建研究内参》《新湘评论》等媒体推介，中组部组织局寄来《关于加强和改进非公有制企业党建工作的意见（讨论稿）》，请课题组提出修改意见。这个课题的调研写作中，经常加班加点，夜以继日，数易其稿，虽累却乐。我经常讲，我喜欢下棋，因为对弈使我激奋；我喜欢锻炼，因为健康使我轻松；我喜欢读书，因为读书使我开阔；我喜欢交友，因为友谊使我温馨；我喜欢调研，因为调研使我充实；我喜欢写作，因为写作使我缜密。概言之，下棋使人激奋，锻炼使人健康，读书使人开阔，友谊使人温馨，调研使人充实，写作使人缜密。

第四是质疑，即怀疑批判求异。质疑是做学问的标配。客观冷静地观察，于无疑处有疑，凡事追问为什么，是做学问的基本功。发现问题和提出问题比解决问题更重要。有两种人最容易犯错，一是轻信盲从的人，二是自以为是的人。怀疑和批判需要独立思考，对别人和自己的思想观点进行反思，不盲从权威，不固执己见，既不轻易否定别人，又保持不轻信的慎重。听得进不同意见是大度，更是智慧。用批判的眼光审视一切，同中求异，对司空见惯的结论多维反向思考，突破已有定论，能激发人的想象力、创造力和新思想，这是人品学养的修炼，也是智慧才华的展现，其实质是发扬民主，崇尚理性，按事物本身的是非曲直和发展规律，去伪存真。质疑虽然让人不舒服甚至愤怒，但却是创新突破、正确认知的催产婆。不过，批判宜先美其长，后指其过，平心静气，有理有节有度，争论而不争胜。质疑是真理的好姊妹。亚里士多德是柏拉图的学生，他对柏拉图的观点提出疑问而遭围攻时说，吾爱吾师，吾更爱真理。“百花齐放、百家争鸣”方针，就是鼓励不同艺术之间争芳斗艳、各展风采，鼓励不同学派不同观点之间交流交锋。真正的朋友，既要志同道合、肝胆相照，又要独立思考、诤言辩论。

举一个我亲历的例子。我长期研究的一个问题是官僚主义。1990年，国内学术界对官僚主义起源问题开展了一场争论，最具代表性的观点是两种，一是“人性论”，二是“阶级论”。“人性论”认为，官僚主义是人类的“政治原罪”，是人性中压迫剥削欲这种罪对政府状态善的寄生，是人的本性的产物，因而他只会改变运动形态而不会被消除，是“人类的永恒主题”。“阶级论”认为，官僚主义的产生是以官民对立为基础和前提的，只有国家和官吏产生以后，才会产生官僚主义，因而官僚主义是阶级对立的产物。两种观点分别是中国社会科学院和中央党校的著名专家提出的，直接对立。我当时正在研究这个问题，肯定了两者的贡献，分析了两者的不足，写了《官僚主义起源再思考》一文，提出了官僚主义“是社会分工有了一定程度的发展而又没有充分发展的社会一定历史阶段的产物”的观点，进行了比较充分严谨的论证，并把文稿寄给了两方专家。这篇文章发表在《社会主义研究》1991年第1期，《文摘报》予以转载。后来对这一问题又多方面多视角研究，发表了十几篇文章，于2013年出版了专著《直击官僚主义》。从1987年至2013年的27年中，一直是在质疑批判中探索前行，形成了独特的体系，得到了领导和专家的肯定。时任国家新闻出版署的主要负责人回信给我："发源学兄：您好！宏著敬悉。我读书不多，以为对官僚主义的探究，兄著当是最为全面、系统、深刻、至理的，读后深受启发，这于全党反对官僚主义具有很大意义。特致小笺，表示祝贺！"一位原国家领导人批示："是值得认真一读的书籍。"10多位知名专家学者撰文给予高度肯定。

第五是创新，即求新求真求变，突破以往知识和技能。创新是做学问的灵魂，发展学问的不竭源泉。问渠那得清如许？为有源头活水来。学问总在不断地创新中发展和提高。科学研究，只有第一，没有第二。只有创新的人才能体验奇迹，白昼看不到繁星。爱因斯坦说："踩着别人脚步走路的人，永远不会留下自己的脚印。"著名企业家亚柯卡说，无创意，不创新，毋宁死。搞社会科学学问研究，应秉持一生不变，一生求变，坚守初心，引领潮流。主要从五个方面进行创新：一是主题新，选择别人没研究的问题；二是角度新，从新视角研究问题；三是方法新，用别人没用过的方法论证问题；四是材料新，用以往没发现的资料说明问题；五是结论新，得出新思想、新观点、新论断。流水后浪推前浪，雏凤清于老凤声，青出于蓝而胜于蓝，是创新的规律。

创新不是瞎编滥造，不讲逻辑理性，而是发现未知，纠正错知，形成新知，求得真理。虚假只能一时遮眼，真理才会永放光芒。真理能逼近而不能穷尽，认识真理是一个永无止境的过程，人对真理的认识总是相对的而不是绝对的。苟日新，日日新，又日新，是对事物的认识不断更新。

认识真理不易，坚持更难，因为真理往往掌握在少数人手里，从少数人的新知成为普遍共识是崎岖的路。追求坚持真理，意味着对权威的挑战，纠正习以为常的认知，对违背事实的人和事说不甚至斗争，往往被认为离经叛道，由此可能成为众矢之的，遭到迫害甚至献出生命。哥白尼、布鲁诺维护"日心说"、反对"地心说"是如此，许多为真理献身的人也是如此。“砍头不要紧，只要主义真”，做学问需孤持不怠，心定气正，甘受寂寞冷遇，才可能创新突破，获得成功。

我有幸做了20多年理论期刊编辑，拜读刊发过不少新意迭出的文章，至今记忆犹新。比如，《差异论》《新经济人本天性的组织表现》《中国贫困问题的政治分析》《利用文化制衡作用控制水土流失的可行性研究》《舜帝南巡益阳考》等。我们还专辟了一个栏目“处女地”，专发新人佳作，在这个栏目发文的青年不少成长为大学者。这说明创新虽然不易，但只要努力就可以达到。只要敢想多想善想，勇于“猜想”，深入探索，就能够另辟蹊径，标新立异，柳暗花明又一村。

再举一个自己的例子。20世纪90年代，全国掀起了邓小平理论研究热潮，仅我收集的著作就有上百部，文章数百篇。怎样在这种热潮中创新？我决定从决策的视角研究。这是出于三点考虑：一是邓小平的伟大，突出体现在他的决策思想和决策实践，引领中国走向富强；二是学术界从这个角度研究几乎空白；三是此前我们编写了《决策科学辞典》，有积累。1995年，《求是》杂志刊发了我们撰写的《论邓小平决策思想的基本特征》一文，而后我围绕这一主题又发表了10多篇论文，1999年出版了《邓小平决策思想研究》专著，相关成果获得了全国精神文明建设“五个一工程”奖、中国图书奖、湖南省第四届社会科学优秀成果奖一等奖、湖南省社会科学基金一等奖、湖南省精神文明建设“五个一工程”图书一等奖、湖南省第六届社会科学优秀成果奖二等奖等奖励。有人说我是获奖大户，这一主题的成果就获得了六项全国和全省大奖。之所以能获得这些好评，我认为就是有创新，体现了求新求真求变的追求。

第六是管用，即有用能用好用。学问的目的在于应用。经世致用是湖湘文化的品格。有问题，能判断，善于抓住问题的本质，科学有效地解决问题，是所有具有创造力的人的共性。学问管用，包括知识、实践、心灵三方面的管用。知识讲虚，实践在行，心灵在明。中国古代崇尚立功立德立言三不朽，三层次的学问都重要，没有孰轻孰重。不管哪个层次，都应该有用不空泛，能用好操作，管用有效果。不要把立言当空谈，它解决认识问题，是实践的先导；不要把立功当势利，它内含着知识学养，是思想的兑现；不要把立德仅当修为，他是思与行的统一，是心灵修为的展现。治学既要虚又要实，虚实结合，知行合一。不少人认为社会科学是软学问巧学问，其实它同样是很硬很难的学问。因为面临世界百年未有之大变局和中国式现代化，情况非常复杂多变，社会科学面临的挑战比其他学科要大要多要复杂。各种变化莫测的问题需要找出规律，提出对策。我们应以“一个中心、三个着眼于”（以我国改革开放和现代化建设的实际问题，以我们正在做的事情为中心，着眼于马克思主义理论的运用，着眼于对实际问题的理论思考，着眼于新的实践和新的发展）为方向，推动基础理论研究和应用对策研究协同发展。一般来说，基础理论研究耗时长、独立性强，需要十年磨一剑，板凳甘坐十年冷，便于个人或小群体深耕细作；应用对策研究任务重、时间紧，应多搞集体协作，攻关突破，应有更多人花更多精力参与。

我从事社会科学研究，以 2001 年为界，大致可分为两个阶段，前一阶段主要沉浸在书本中的理论思辨，以个人独立研究为主，后一阶段，更多的是求教于大地和群众，以集体攻关为多。这种研究方向方式的转变，是因为担任湖南省社会科学界联合会领导职务后职责所在，既要服务党委政府决策咨询和人民期盼，又要培养年轻人才；同时也具备条件，在申请课题、实地调研、组织队伍、争取资助、报送成果等方面，得到多方支持。搞应用研究的20多年里，主持和参与了30多个调研报告，与湖南6任省委书记、20多位省部级干部有文字交流，与上百位专家学者共同调研写作，产生了一批管用的成果。

也举两个例子。2005年，全国各地纷纷取消农业税，这是中国几千年未有的大变革，对农村经济社会必将产生重大影响。免去“皇粮国税”后农村如何改革发展？我主持了“取消农业税后农村改革研究”课题，主编了《新农村之路》丛书，对此作出了回答。国务院领导和湖南省多位领导批示肯定，批转相关部委决策参考，并安排课题组成员参加湖南省农村改革试点工作。人民日报社的《内部参阅》等多家媒体推介。《新农村之路》丛书成为热门读物，探索了理论读物通俗化的新模式（理论基础、典型案例、资料链接、专家点评、语言鲜活五项内容要求，学者、记者、实际工作者三结合的作者队伍），在全国产生了积极影响。

2012年，我主持了“制定湖南省社会科学普及条例”课题，提出了制定条例的理论依据、现实依据和法律依据，起草了条例的初步文本。2013年，由我牵头的23位省人大代表共同提出议案，被列为湖南省十二届人大第一次会议重点议案。通过三年努力，无数次调研和修改文本，2015年9月25日由湖南省十二届人大常委会第十八次会议高票通过《湖南省社会科学普及条例》，2016年1月1日正式实施。这是湖南社会科学领域的第一个立法，三年完成，在湖南省人大立法史上为数不多。

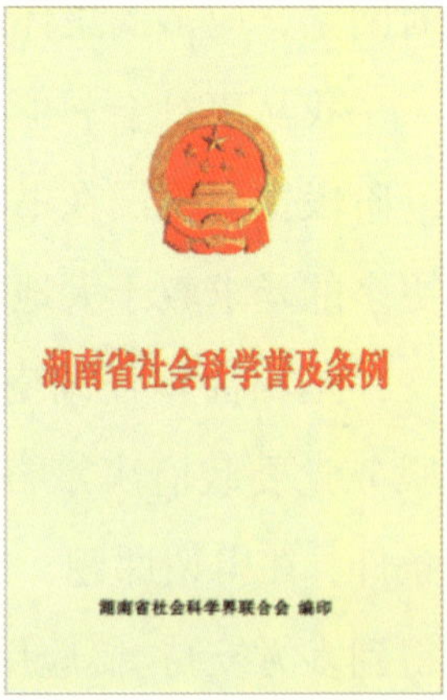

搞管用的学问，从社会科学应用研究方面看，

我有四点感受：一是选好主题，即选有积累有研究的题；选新角度新材料的题；选紧贴时代实践的题；选着眼未来的前瞻性的题。二是科学论证，谋篇布局时，要有利于说明问题、分析问题、解决问题；阐述问题时，要突出重点、亮点、创新点；运用方法时，要新老方法结合，适当运用模型、图表、数据、量化等方法。三是搞好结合，即个人研究与集体研究结合，以集体研究为主；不同学科结合，实现合作共赢；社会科学与自然科学结合，发挥综合优势。四是良好文风，好文风主要是真、准、实，杜绝假、乱、空；文字精练，没有多余的字、词、句、段；多用短句，好读易懂，具有节奏感；运用典故，讲好案例和故事；注重文采，用一些文学性、比喻性的句子；注意规范，引用别人的观点、材料和数据须说明出处等。治社会科学之学，选题是纲，纲举目张；论证是本，本正体稳；组织是径，径直事欣；文风是颜，颜姣形妍。

总之，学问可分为基本学问和专业学问，学问人生即生活人生。做社会科学学问，立志是导向，勤奋是根基，兴趣是牵引，质疑是杠杆，创新是灵魂，管用是目的。做社会生活学问，自强是基础，勤学是路径，责任是杠杆，诚信是支撑，互利是动力。专业学问与基本学问是相通的，把专业学问运用贯通于日常生活，可以提高基本学问和生活品质，把日常生活的基本学问做专做精，又能够提升为专业学问。所以说，人生处处皆学问，人人都有自己的学问，只因个人的专业不同而学问不同罢了。

陆游的一首诗道出了学问人生的真谛：

古人学问无遗力，少壮工夫老始成。

纸上得来终觉浅，绝知此事要躬行。

该文根据作者2023年在湘潭大学、湖南城市学院等高校的演讲整理而成。

周发源在办公室工作。摄于2002年6月

周发源在湖南省社会科学界联合会第七次代表大会上作工作报告。摄于2012年8月

周发源看望著名经济学家、湖南师范大学教授尹世杰先生。摄于2012年9月

周发源看望著名伦理学家、湖南师范大学教授唐凯麟先生。摄于2021年9月

发乎源道 深植道根（自序）

王泽应

《源道》一书系发源先生数十年著述成果之大成，既有着发源先生求解“原道”之精义的学术智慧，又带有发源先生个人在各个历史时期探论道之内蕴、机理和价值的理论致思，整体上集本真之原道与发源之悟道于一体，堪称一部体大思精、以道铸魂的当代名作。《说源论道》是对《源道》的品读与反思，可以说是一部“发乎源道”而又道驻于心的求道、问道、悟道之著作。《源道》是值得人们反复研读的，因为无论是追求和探索“原道”，抑或由《源道》出发而去体悟、觉解“道”的无穷底蕴，发掘和品鉴“道”的无限魅力，都是一件极富挑战性和成长性的心灵道化之志业，好在发源先生的《源道》已经为学人提供了求道、悟道的鲜活文本，每个人都可以结合自己已有的心路历程在原道的基础上实现自己的学术成长和精神攀越。

一、结识《源道》作者

我与发源先生结交几十年，属于“以文会友，以友辅仁”的交友类型。2014年，他在主持湖南省社会科学界联合会工作的同时兼任《船山学刊》主编，鉴于日常工作忙碌且杂志提质扩容的需要，主动聘请我担任《船山学刊》执行主编，我在既往友情的基础上，深刻认识到这是一份高度的学术信任或认同，于是毫不犹豫地答应了，决心共同努力把刊物进一步推向新的发展阶段并能产生更深层次和更高水平的社会影响。在他的领导和谋划下，我们制定了关于进一步办好这一“湘字号”百年老刊的有关文件及庆祝《船山学刊》创刊百年的系列行动方案，包括推出庆祝刊物创刊百年学术专刊、出版纪念画册、精选并出版学刊百年纪念文集、召开国内外学术研讨会等重大内容。同时，我们开展了“请进来”和“走出去”系列学术活动，先后邀请美国夏威夷大学成中英教授、北京大学张学智教授、清华大学陈来教授、武汉大学郭齐勇教授等知名教授来湘讲学，就如何办好《船山学刊》提出建设性意见。我们一起走出去向国内名家大家约稿、组稿，先后走访北京大学、清华大学、中国人民大学、中国社会科学院、复旦大学、南京大学、武汉大学等国内知名高校，拜访中国哲学史、中国伦理思想史、中国文化史、中国思想史领域一些有卓越建树、影响深远的学术名家大家，如清华大学陈来教授、北京大学张学智教授、中国人民大学张立文教授、中国社会科学院方克立教授、华东师范大学杨国荣教授等。在拜访这些名家大家的过程中，我亲身感受到发源先生“敬长尊贤”“尊道贵德”的伦理智慧以及虚心向学的亲和力、感染力，意识到他强烈的事业心和想把百年老刊办好的坚定意志和战略部署。透过几年一起矢志办刊的点点滴滴，我感觉到他身上有一种为社会科学事业而奋斗的高远之志，亦如汤建军先生所讲的，先生有坚定信仰，他的这种信仰以及干事创业的信念，源于对党和人民的无比忠诚，对祖国和民族文化的无比热爱，对社科事业和学术振兴的无比执着，对湖湘文化和湖湘精神的无比眷念。我与发源先生一起为办好《船山学刊》而上下求索的峥嵘岁月，让我见证并深刻体悟到了他的高瞻远瞩、深谋远虑、大公无私与和蔼可亲等“既仁且智”的优秀品质，他以自己执着而无怨的事业心深情诠释了“功成不必在我”和“功成必定有我”的伦理内涵，给我以持续不断的感动并激起我向其学习看齐的情愫。我觉得发源先生不仅是一位好领导、好主编，而且是一位好同仁、好朋友。作为领导，他有着谋划全局、调动一切积极因素的指挥和动员能力；作为主编，他深知明者因时而变和知者随时而制的道理，有着一份对百年老刊的无比热爱和发自内心的担当意识；作为同仁，他是属于《中庸》所言的“简而文，温而理，知远之近，知风之自，知微之显”的君子；作为朋友，他是属于《论语》所说的“友直友谅友多闻”的“益友”，值得深度交往。

二、《源道》书名始末

因为《船山学刊》的缘故，我与发源先生有了许多“志于道，据于德，依于仁，游于艺”的深度交往，也感受到他的精神气象、学术品质和人格风范。2015 年，在同仁们为他编辑几十年来著作集成时曾就书名有过讨论，我在闻听这一事宜时曾经也想过“周发源自选集”“周发源文选”“周发源文集”这样的名字，但总觉得比较一般。后来的一次小型讨论会上，我觉得应该从“周发源”这一名字入手来概括其对真理和学术的追求，“周发源”这个“源”字特别有意义，他的文章和著作其实就是他的“源道”。《源道》既使人想起韩愈的《原道》和《淮南子原道训》等经典名作，也凸显出周发源基于韩愈的《原道》和《淮南子原道训》等经典名作而阐释他本人求道悟道体道的学术历程和学术成果，带有周发源治学作文的个体特色和学术品质。可以说，《源道》就是周发源所探寻的道、思考的道，以及他所讲的话、所写的文章、所撰写的报告等所呈现的道，是周发源一生心血铸成文字所内涵、所呈现、所求索的“道”。

《源道》之“源”，既可以作动词解，也可以作名词解。作动词解的“源”，意味着“探源”“发源”“寻源”“索源”，即要在理论和行为上去寻求、去挖掘、去探讨、去梳理，含有去寻找源头活水，去求索真理的真谛和道义的根底等意义，屈原“路漫漫其修远兮，吾将上下而求索”的诗句凸显出了“探源”“发源”这一方面的意义。作名词解的“源”，意味着“源头”“源泉”“本源”“根源”，同《淮南子原道训》和韩愈所说的“原道”之“原”有着深刻的意义关联。“源道”之“源”是“本源”“根源”意义上的道的最原初、最纯真、最本色的呈现，与我们现在讲的不忘初心、牢记使命以及“不变色”“不变质”“不变味”有着相近的含义。朱熹有首诗叫《观书有感》：“半亩方塘一鉴开，天光云影共徘徊。问渠那得清如许？为有源头活水来。”“源头活水”意义上的道不是死的，是活的。我们经常讲的开掘中华文化的源头活水，使之源远流长，不仅滋润当代文明，而且还能浇灌未来文明，从而使之“源终不竭”“道贯古今”。所以我觉得此一意义上的“源道”可以通联《淮南子原道训》的“原道”和韩愈的《原道》的“原道”，尽显“源原合一”“道器合一”“理势合一”之韵味。因此，发源先生的“源道”既是溯源、发源之道，凸显出对“道”之源头、始基、真义以及价值等的探寻和求索之义，更是本源、根源之道，揭橥出对“道”之根底、本质、精髓等的归属要义，集工具合理性与价值合理性以及信念伦理与责任伦理甚或“尊德性”与“道问学”“致广大”与“尽精微”“极高明”与“道中庸”于一体，有着使人“欲罢不能”和“浮想联翩”的学术感召力和学术吸引力。

三、《源道》“道”论之要

《源道》一书反映了发源先生写的文章、做的报告、写的散文、发表的书评对“道”的上下求索及其向着“道”之根源、本源状态的靠近与回归，体现出作者本人求道之自觉、悟道之深思、体道之心造、证道之理路等多重“道化”功夫，由是使“道”既在文字之中，又在文字之间，更在文字之上，亦在文字之外，可谓“道通天地有形外，思入风云变态中”。

《源道》之“道”，集“可道”与“不可道”之大成，深得“道”之神奥与玄妙。中华文明之连绵不断，无数次的化险为夷、转危为安、变乱为治，与其对“道”的念兹在兹、上下求索以及道契人心、独契道妙有着最为密切的关系。

联系对《源道》一书精神的开掘，我曾经想通过中外哲学智慧的比较来求解“道”的渗透意义和超越意义，并想请湖南师范大学道德文化研究院院长向玉乔教授写一本比较哲学和比较文明的书，因为他基本上具备了“学贯中西”“博通今古”的学术素养或修炼，完全有能力写成并写好这本“立时代之潮头”“发时代之先声”和揭示诸种文明之精义的书，这本书的书名可以初定为“道、理、权、利——兼论中国、德国、法国和英美哲学及文明精神的比较”，用一个字来概括中国哲学，用一个字来概括德国哲学，用一个字来概括法国哲学，用一个字来概括英美哲学。

英美哲学最为关注或者说用力最深的就是一个“利”字，利益的“利”，简单来说就是很看重金钱和物质，所以利己主义、功利主义、行为功利主义、规则功利主义、普遍功利主义以及与之相关的实用主义、效果主义在英美哲学及伦理学中蔚为大观，发展到极致。

法国哲学最为关注的或者研究得最多的是一个“权”字，权利的“权”，包括哲学、伦理学、政治学、社会学都是权利意识特别突出，法国启蒙运动提出了自由、平等、博爱、天赋人权和三权分立的思想，法国大革命后通过了《人权宣言》并将其主要内容写入了1791年宪法。法国哲学在“权”字上做足了文章，也对全世界人权意识的发展作出了自己独特的贡献。

德国哲学至为关注并加以深度探讨的就是一个“理”字，对理性、理智和理论的研究达到了深度与高度的有机融合，唯理论、理性主义在德国获得了极大的发展。康德写有《纯粹理性批判》《实践理性批判》《历史理性批判文集》等著作，黑格尔的《精神现象学》《大逻辑》《小逻辑》都十分注重理性、哲理或绝对精神、绝对命令等的探讨，建构起了一个个结构严谨的哲学体系和思想体系。

中国哲学包括中国文明、中国思想最为关注也最为崇尚的是一个“道”字，孔孟之道、老庄之道、墨家之道、法家之道、兵家之道、农家之道以及程朱陆王之道等都是围绕“道”而展开而创立的。中国哲学和中华文明中的“道”既有总括或整全意义上的“道”，也有分殊或具体意义上的“道”，还有贯穿和连接意义上的“道”，可以从宇宙论、本体论、发展论、矛盾论、认识论、价值论、历史论、人生论、精神论多层面多角度多环节来观照、来认识、来求索、来把握。《老子》对“道”的描述既有“有物混成，先天地生，寂兮寥兮，独立而不改，周行而不殆，可以为天地母，吾不知其名，字之曰道”的界说，又有“迎之不见其首，随之不见其后”“其上不皦，其下不昧”“无状之状，无物之象”等的揭示，还有“道可道，非常道”以及尊道贵德等论述。孔子《论语》有“朝闻道，夕死可矣”和“君子谋道不谋食”“君子忧道不忧贫”等论述，《易传》既有“形而上者谓之道”的定义，又有“一阴一阳之谓道”的界说，还有“立天之道，曰阴与阳，立地之道，曰柔与刚，立人之道，曰仁与义”的阐释，都涉及对“道”的体察、求索和认识智慧。

从中国哲学所最为注重的“道”可以看出，“道”是最高最抽象最玄远的哲学范畴，是集本源之始基、变化之根基、发展之规律、认识之真理、价值之枢纽、历史之动力、人生之道路等要义于一身的哲学范畴，也是建立在利、权、理之上并贯通利、权、理之中还超越于利、权、理之外的哲学范畴。“道”基于“理”又深于理，不反“权”又超拔“权”，不反“利”又远高于利，要求利、权、理向“道”看齐，形成“君子爱财取之有道”的“义道”，“民惟邦本，本固邦宁”的“王道”，“铁肩担道义，妙手著文章”的“文道”或“言道”。因为有对“道”的体悟、思考与学习，就能够建构大本大源的宇宙论和本体论，就能够使人获得一种根性的智慧和培育一双发现真善美的眼睛，就能够使人学有定力、思有方向、研有根底、慧有依归。诸凡人生的定力、活力、抗力，以及生命力、创化力、意志力，甚或德力、智力、体力，都是对“道”的体悟、认知和践行的内化或结晶。其实读书就是一个学道、知道、晓道、体道、悟道的过程，并在此基础上行道、卫道，有的关键的时候还要殉道。中国共产党人信仰马克思主义真理，推崇为共产主义而献身，实际就是在卫马克思主义之道、共产主义之道。李大钊、夏明翰、方志敏都是为道义而献身的典范，道义成就着他们人生的价值，也铸造着中国共产党人的精神谱系。中国共产党人是中国之道的弘扬者、光大者和创造者，开创的中国特色社会主义道路，创立的中国特色社会主义理论体系是中华民族道文化或崇道文化发展的高峰，不可逆转地开启了中华民族和中华文明走向伟大复兴的历史进程。

四、《源道》道论精义

《源道》一书不是一部普通的学术文集，是发源先生几十年孜孜不倦悟道、殚精竭虑求道、上下求索问道和动心忍性学道的产物和结晶。《红楼梦》有“都云作者痴，谁解其中味”的诗句，我想也可以借来形容《源道》一书。我们要理解《源道》，就必须联系我们身处的时代、国家和已经成为我们生命基因的中华文化，联系到发源先生从一介农夫经过学道求道而成为湖南省社会科学界联合会党组书记、主持工作的副主席，从一个木匠经自学而成为湖南省优秀社会科学专家和优秀专家的奋斗历程，联系湖湘文化走向主流引领潮流的价值特质以及“道南正脉”“学达性天”“实事求是”的湖湘学术精神来加以体悟、觉解和省察，也许会有“测其蕴，则浩乎若沧溟之无际”的人生感受，这或许是阅读经典和精深之论带给我们的精神收获。

《源道》一书是发源先生所探讨、追索和求取的“道”，也表达着作者著述之“道”的气势、气度、气量和感染力。该书 2016 年由湘潭大学出版社出版，现在已经过去多年，今天我们再来读这套书，依然没有那种过时或者跟不上时代的感觉。《源道》经岁月汰选，不减青春活力，源道之源头活水，源远流长，向我们心灵奔来，使我们感受到一种真理的力量、智慧的滋润。

《源道》中的很多文章，包括书评、序言都写得特别有韵味，道化气象，道骨气岸随处可观。如《春节漫想》，文中指出人有三点不可或缺。第一是信仰。一个人心中有信仰，脚下有力量，就很能使自己的人生出彩。第二是勤奋。他本人也是典范，从只读过小学的木匠，靠自学成才建立现在的这种功勋，确实不容易，怎一个“苦”字了得。第三是包容。《春节漫想》这篇散文，道本身是多元的，也是开放的、包容的。《中庸》讲“道并行而不相悖，万物并育而不相害”，还讲“君子尊德性而道问学，致广大而尽精微，极高明而道中庸，温故而知新，敦厚以崇礼”，此即都是在讲道论道。根据我研读王船山《周易外传》《周易内传》的理解，“道”首先是有根有魂的，扎根于中华民族文明的深处，如尼采讲的向下扎根，向上生长，根扎得越深，那么生长就越加茂盛，花繁枝茂。而道本身，就是我们说的既是有根有魂的，又是包容互鉴的，故此呈现出一种“根之茂者其实遂，膏之沃者其光晔”的生存品质和发展生机。

《源道》还有一篇文章《“和谐中国”的全面系统解读——〈和谐中国〉读后》，是篇书评，论及读《和谐中国》的三个体会：第一，源与流梳理得好；第二，实与虚挖掘得深；第三，知与行结合得紧。这三点体会把《和谐中国》的“道骨”“道行”“道理”都读出来了，真正悟到了其中的道，还有他个人所体认的和合之道。

一言以蔽之，《源道》书里面有很多的文章其突显的“道”，包括对做人之道、做事之道、做学问之道以及做官之道，都有很多别开生面而又颇富启迪价值的精湛论述，读来令人茅塞顿开，困顿尽消，平添向上向前、向善向美的奋进力量。

《道德经》四十一章有言：“上士闻道，勤而行之；中士闻道，若存若亡；下士闻道，大笑之，不笑不足以为道。”我们不能冀望所有人都能对《源道》产生浓厚的兴趣，但能够对上士和中士产生影响也就确证《源道》的价值和品位。当然，“道”不因“大笑”的下士就产生一种对下士的嫌弃或憎恨的态度，恰恰相反却把大笑的下士作为争取和感化的对象，“道”如同阳光、雨露自会照耀或洒在所有人的身上。《道德经》六十二章指出：“道者，万物之奥，善人之宝，不善人之所保”，揭示出“道”在成为善人之精神财富的同时还能够保全那些不善之人，使他们亦能够在道化世界的教化感染之下得以改过迁善、扬善抑恶。

《源道》收集的是发源先生 2016 年以前的作品，2016 年以后，他从领导岗位上退休，仍然思考不辍，源道不止，发表了不少与《源道》接续的文章。建议发源先生在七十大寿的时候再出一个《源道》续集。一卷、两卷、三卷都可以，根据自己的感觉或悟道心得而论。因为在某种意义上，六十岁以后人理性思考的能力，包括那种跨越千古的思维会更加深刻而高远，古往今来大学问家晚年的著述总是更加出彩、更显道行之深、道妙之玄。所以大学问家不只能在人生盛年写出好文章，在退下来以后，也能作为旁观者写出超迈生活之具象的经典文章。哲学需要旁观者的理性或顿悟，旁观才能超拔利益的纠缠并保持清醒的认知。毕达哥拉斯曾说奥林匹克运动会的各色人等，有参加竞技的运动员，有兜售商品的小贩，也有静观人生场景的观众。哲学家属于观众中理性的旁观者，对体悟道和升华道的境界具有尤为重要的意义。

所以希望发源先生七十大寿的时候再出一个《源道》续集，邀请同仁胜友来共享精神成果。这是我的一点小小的希望。是为序。

周发源拜访著名哲学家、中国人民大学一级教授张立文时合影。《船山学刊》原执行主编、湖南师范大学王泽应教授〈左一〉；《船山学刊》主编章敏研究员〈右一〉。摄于2014年8月

作者简介

王泽应，男，1956年生，湖南祁东人。湖南师范大学道德文化研究院教授、博士生导师，主要研究伦理学原理、中国伦理思想史、应用伦理学。出版学术专著、合著26部，在《哲学研究》《马克思主义研究》等刊物发表论文360余篇。湖南省优秀青年社会科学专家、优秀社会科学专家，中央“马克思主义理论研究和建设工程”《伦理学》首席专家。

目 录

发源其人之品说

《源道》文集之品鉴

相关专著之品评

附　录

后　记

发源其人之品说

我心中的发源先生

汪玉琦

《我们这一辈》这首歌，是著名作曲家王佑贵为20世纪50年代出生的人专门创作的一首歌。我借用这首歌的歌名，说一说我的老友挚友发源先生。我与他是同辈人，我对他的学术特色、旨趣及研究风格，自视是理解的、共鸣的，进而有高山流水觅知音的情感涌动于心中。

《源道》四卷本，洋洋洒洒八十七万余字。作为发源先生的选集本，其学术主线是十分集中鲜明的，充分体现了我们这一辈学者对中国特色社会主义道路的信仰和支持改革、研究改革的学术旨趣与追求，折射出中国学术界一个特别学者群体的心灵世界。发源先生和我们这一辈一样，走过了特别的人生道路。由于贫穷，他在同辈人上山下乡插队落户浪潮中，随母亲到农村，后来又学习木匠手艺。他也是在改革开放所创造的历史机遇中，走向学者生涯的。由于特别的人生经历，他是在改革开放后通过自学参加高考获得本科学历的,那时已三十多岁。因而，发源先生的学术研究，有着强烈的改革开放意识。因为我们这一辈经历了我国社会主义建设所走过的曲折历程。我们对“贫穷不是社会主义”这一著名论断的认识，是有切身体会的。所以，我们支持改革，拥护改革。对改革开放这一决定当代中国命运的关键一招，有着最坚决、最执着的态度。

发源先生是我们这一辈的佼佼者，学术成果十分丰硕。由于学习经历和工作经历的特殊性，我们这一辈的研究旨趣与我们下一代的学者相比，更多、更集中地体现在应用对策研究上。发源先生驻足湖湘大地，有强烈的问题意识。如何推动产业结构调整？如何战胜贫困走向小康？如何建设经济中心城市？如何推进二元结构向现代经济转变？他对上述问题进行了大量的调查研究，取得了一系列经世济民卓有成效、具有可行性可操作性的对策性研究成果。这些成果，表现出发源先生特别的社会责任感及对家乡故土特别的情感与牵挂。

发源先生的学术著作，在文风上，有着一个十分突出的特点，在他的学术叙述中，带有比较浓烈的文学色彩。即使在面对比较深奥、比较严肃的理论话题时，他的叙述也是深入浅出、形象生动的。对于我们这一辈学者来说，大多数人在走上学术研究之前，都有一个文学爱好的过程。因为在动荡年代里，文学是最容易自学的领域。发源先生也是这样一步步走上学术研究的道路的。正因如此，给了发源先生一个特别的训练。厚实的文学功底，使他作为学者拥有更强、更生动的文字叙述能力。

我们这一辈学者，大多卸任了，但发源先生依然生机勃勃、老马嘶风，还活跃在学术舞台上。我相信，他的《源道》绝不止于四卷。

老兄，敬佩你！

（本文撰写于2016年7月）

作者简介

汪玉琦，江西省社会科学院首席研究员，享受国务院政府特殊津贴。曾任江西省社会科学院党组书记、院长，江西省政协常委、省政协经济委员会副主任。长期研究区域改革与发展问题，已发表两百余万字学术论著，有多项成果获国家级、省级优秀科研成果奖。

发源之“道”缘

徐晨光

“道”是什么？“道”乃万事万物的先天之性及其运动变化的规律。这种规律不以人的意志为转移，就像老子所言：“道可道，非常道。”最近得到发源同志的著作《源道》，听到书名我为之一震，这是一本关于“道”的著作。我不由自主地想起了“缘”字，是什么成就了发源同志？我们是同龄人、同行、同事、好朋友，读完著作感同身受、感慨万千，本应该长篇点赞，但由于眼疾难以如愿，谨从发源之“道”“缘”这个角度，谈一谈我对发源同志的了解和我对他著作的理解。

一、在寻“道”中结“道”缘

发源同志是长期搞学问的，他一生从事马克思主义理论研究与教学。用“道”的话语体系表达，发源同志是一个有“道”之人，是一个与“道”有缘，为“道”而生、为“道”而活的人。发源同志也是一个不一般的人，他下过农村，当过木匠，进过工厂，还搞过剧团的后台工作，等等。他没有走通过小学、初中、高中、大学、研究生来走入学术研究工作这条路。而是通过自学，考到湖南电大、湖南省委党校学习，然后走上学术之“道”、寻“道”之路的，并把马克思主义作为自己终身的信仰。发源同志尽管通过自学成才，比一般人付出了更多的艰辛，但在寻“道”

的实践中他用更快的时间找到了寻“道”之“道”。

一是知识的海洋深无底，宽无边，取之不尽，用之不竭。遨游在知识的海洋，唯有永远学习才是正“道”。发源同志把学习归纳为五种境界，即学以晓物、学以明理、学以致用、学以养性、学以为乐。

二是艰难的早年生活挤掉了他很多的学习时间，但他无论有多忙，无论有多累，寻“道”的理想一刻也没有停止。在干中学，在学中悟，悟出了一个“道”理，理论源于实践，实践又需要理论指导，把理论和实际很好地结合起来，是悟“道”之“道”。

三是无处不学习，无人不老师。他博采众长，知识渊博，学习不拘一格，于实践洞察世界，于书本纵览古今。他是一个名副其实的理论传播者，湖南的社科掌门人。他深知这个道理，理论掌握群众就有无穷的价值，把知识转化为能力，用理论去武装头脑，这是指导实践、推动工作的行“道”之“道”。

二、在悟“道”中入“道”门

学问是什么？学问就是对知识和规律的探索，就是既学又问，规律是事物内在本质的必然联系。人们不能创造规律，也不能改变规律，只能够认识和发现规律，掌握和运用规律去实现自己的目的。任何一种政治理论体系，都由两个基本要素构成，一个是其价值，也就是它主张什么，追求什么，这决定着其本质灵魂；另一个是其逻辑，也就是它如何论证和实现自己的价值，由此决定其特点和方法。马克思主义也不例外，它的价值就是追求人类解放，它的逻辑就是唯物辩证法，价值和逻辑共同统一于共产党人造福人民的伟大实践之中。

发源同志的研究领域很广泛，有政治的、经济的、社会的、文化的等等，但万变不离其宗，所有研究都是围绕共产党的执政规律、社会主义建设规律和人类社会发展规律展开。他主持参与了近30个课题，发表了100多篇理论论文，无一不是对马克思主义理论的深悟，无一不是对马克思主义指导实践的阐释。深化对理论认识的过程，就是悟“道”的过程。悟“道”需要调查研究，发源同志在研究中把调查研究作为必要环节，在研究非公有制企业党建转型的时候，踏遍三湘四水乃至半个中国，从实践中找到经验，在经验中找到规律，写出了一篇非常有指导意义的文章。悟“道”需要同“高人”对话，发源同志在《源道》一书的前言中写道：“理论的力量、逻辑的力量就像巨型磁石，我不由自主地被它吸引。从马克思主义的伟作到资产阶级学者的名著，从文史哲到经政管各种经典，真理的力量激起了我如饥似渴的阅读欲、求知欲。与各方面‘高人’对话后醍醐灌顶式的愉悦感，引发了我强烈的问题意识、真理意识和‘打破砂锅问到底’的思维习惯。”

悟“道”少不了著书立说，发源同志先后出版的《邓小平决策思想研究》和《直击官僚主义》，在透彻中引起强烈的反响。他的论文也以解决问题为目的，回答时代之问，解答人们之惑，找准破解之法，悟出兴国之“道”，悟“道”的过程也是发源同志入“道”的过程。

发源同志是一个寻“道”者，在学习中问“道”马克思主义；发源同志是一个悟“道”者，把马克思主义研究作为终身职业；发源同志是一个行“道”者，把马克思主义作为自己的终身信仰。

三、“道”缘之秘

发源同志之所以能够成为寻“道”者、悟“道”者、行“道”者，因素很多，但有三点特别难能可贵。

一是立志读书，不畏艰难，是悟“道”的成功之路。发源同志把学习作为一种兴趣、一种爱好、一种生活方式，活到老学到老，读万卷书，行万里路。学习的过程就是学道、知道、晓道、体道、悟道，进而行道、卫道、关键时候殉道的过程，在不断地学习中，问道马克思主义，在问道马克思主义的过程中，不断积累自己的知识，不断深化对马克思主义的研究。发源同志的人生有很多需求，但学习始终是他的第一需求，他写道："我唯一不变的是读书学习。从读懂情节曲折的古典小说起步，到中外各类文学名著，再到哲学、历史、政治、经济、管理、科技等五花八门的书籍和期刊报纸，拿来就看，饥不择食。一天不读书看文章，心里就有空荡荡的失落感。"他的这一段话是他的学习人生的真实写照，正是这种学习，成就了他的人生，成就了他的今天。

二是抓住问题，解决问题，是悟"道"之魂。发源同志研究问题从来不空对空，都是以问题为导向，寻找问题、发现问题、分析问题、解决问题。他在调查研究之后，写出来的几十个调查报告，大多进入了地方党委和政府的决策，成了各部门的参考。他还在理论上为我们解决了很多疑难、疑惑的问题。在问"道"马克思主义的过程中，我们懂得了马克思主义同中国特色社会主义之关系，也就是"道"和理的关系，"道"基于理又深于理，马克思主义的"道"就在中国特色社会主义的"理"之中，在中国特色社会主义的实践之中，马克思主义基本原理同中国具体实际相结合、同中华优秀传统文化相结合，产生了中国化时代化的马克思主义，成为我们党的指导思想。

三是立功、立德、立言是行"道"的基础。人总是要有理想的、总是要有信仰的、总是要有方向的、总是要有目标的，有了方向、有了目标、有了理想，我们就可以前进，不偏离方向，顺利实现自己的目标。发源同志从小就有远大的志向，最终成为成功的领导者和优秀的理论工作者。他能够把自己的青春梦想和政治理想统一起来，把崇高的理想和朴素的情感结合起来，为之奋斗。他始终以马克思主义作为自己的终身信仰，对马克思主义的研究有着浓厚的兴趣，在长期的实践中，兴趣变成了情感，情感变成了热爱，热爱变成了成就，成就使他有了今天。

（本文撰写于2023年10月）

作者简介

徐晨光，男，国家二级教授，享受国务院政府特殊津贴，国家哲学社会科学课题评审专家，湖南省优秀专家，优秀社科专家，湖南省政治学会会长。主持完成国家哲学社会科学重大委托课题 1 项，一般课题 2 项，3 项成果获湖南省优秀哲学社会科学成果一等奖，7 项成果获二等奖。在《人民日报》《光明日报》《求是》杂志等发表文章 67 篇，省级以上学术期刊发表文章 170 多篇，出版著作 7 部。

心里有束光 眼前有片海

周溯源

曹魏开国皇帝曹丕有句名言:“盖文章,经国之大业,不朽之盛事。”(《典论·论文》)可以说将文章的作用提到了极高的位置。《左传》有言:“太上有立德,其次有立功,其次有立言,虽久不废,此之谓不朽”,高度重视写文章。周发源先生向往和践行“耕读持家”的文化传统,勤于读写,把对读书、工作和生活的知行思感融于笔端,化成文章。湘潭大学出版社出版的《源道》一书,就是选自他多年来创作的近90万字文集。这套书凝聚了作者30多年的心血汗水,有许多独到之处。通读全书,笔者认为主要有以下特点:

一、怀揣梦想,激励后人

根据我对周发源先生的多年了解和他提供的正式资料,得知他因时代所限,早年少有正规的学校教育,曾经下农村、学手艺、闯社会、进工厂、到剧团,仅凭借从小对读书写作的分外喜爱和心中怀揣的梦想,坚持各类作品的创作。出版专著2部,主编参编著作70多部,在《求是》发表理论文章7篇(含内刊2篇),《新华文摘》长文转载2篇,中国人民大学书报资料中心全文转载19篇,获省部级以上级别的奖励15项,被多所高校聘请为兼职教授,其学术业绩得到社会认可。从较低的起点出发，取得如此丰硕成果的学者并不多见，堪称草根底层成功逆袭的范例。在如今崇尚高学历和海外留学的时代里，对于那些没有机会获得学历文凭或者继续深造的青年人来说，这个榜样值得学习。他的成功证明了一个道理：只要拥有梦想，始终坚持做自己最喜爱的事情，久久为功，终有所成。正如他所说："人是要有点精神的。不管岗位、年龄如何变化，只要一息尚存，就应有所追求、有所奉献、有所作为，为国家、为人民、为自己。"对困惑迷茫、信仰迷失、精神懈怠、及时行乐的人来说，这些话宛如一服"清醒剂"。作者把对过去的"留恋"固化，把对未来的"希望"续起，记住历史，记住梦想，记住青春，记住激情，既激励自己，也启迪他人，是收获与奉献的双赢。

二、贴近现实，情理兼容

乱世出英雄，盛世出华章。盛世是和谐、理性、科学的时代，盛世的人们自然会发现社会生活多方面的美好，容易创作出反映五彩缤纷的现实生活的作品。《源道》第四卷收入的散文、随感贴近现实，既有对自然与社会的歌颂与赞美，也有对人生的感悟与反思；既有对自己情感心声的抒怀，也有对工作、学习、生活的谆谆教导，宛如一位长者娓娓述说着自己的励志故事，让人感到亲切真诚。收入的书评、书序既有对优秀作品的推介，也有对作者人格力量的品读。收入的短论既有弘扬传承中华优秀传统文化和中华民族精神的学理探讨，也有对特定社会现象、社会现实或社会问题的深刻剖析。这些作品涉及经济、政治、文化、社会、生态诸多领域，透过它们，读者能看到作者的生活经历和情感经历；阅读这些作品，能让读者在苦闷中获得心灵的慰藉，在迷茫中找到前进的方向。

三、问题导向，唯真求实

抚古观今，“文章合为时而著”，文章与时代发展休戚相关，好文章必然是时代的产物，是事业的需要，是实践的结晶。一个人的思想，就是对世间的观察感悟而来的所思所想，是在对人类文明遗产继承借鉴与对现实世界的观察思考中逐步形成的。作者进入社会科学领域后所写的理论文章，大多是围绕着当时的大问题、大事件展开的，留下了或深或浅的时代痕迹，如对邓小平决策思想的研究、对官僚主义的研究都是着眼于当时的理论热点问题，走在学术前沿进行思考研究的，奠定了作者在该领域的学术地位。开展实地调研、解决现实问题是作者后期研究的主要方向。作者在进行调查研究、撰写调研报告时选择当时的热点难点问题、紧扣实际实践、深入探讨分析、提出政策建议，无不具有强烈的使命感和责任感。文章不仅要联系实际、解决具体问题，还要有一定的思想高度。思想的高度来源于积累和思考。然而互联网文化催生出的快餐文化，充斥着人们的眼球，信息量巨大，却思想价值不足，让一些人成为“知道分子”而不是“知识分子”，大脑成了别人思想的“跑马场”。《源道》的名字与唐代杰出文学家韩愈的代表作《原道》同音，大概也寄托着作者热切希望探究事物本原的希望吧。

四、以文辅政，经世致用

文章是中外领导者最常用的施政工具。邓小平说过，当干部就是用“笔杆子”来领导。这里的“笔杆子”指的就是讲话和写文章。古今中外的文明发展史表明，凡是比较昌盛或重要的时代，文章都被摆在重要位置，帮助执政者延伸治理领域、提升治理能力，打造“纸上江山”。《源道》第三卷收入发言讲稿 42 篇，涉及中心组学习会、学术年会、学术研讨会、学习座谈会、机关干部座谈会、机关全体人员大会、调研座谈会、经验交流会、重大课题评审论证会、湖湘大学堂专题活动会、支部生活会、优秀成果奖评审会、专题学习研讨会等各类会议，有的是学习贯彻上级精神，有的是谋划部署工作任务；有的是工作报告，有的是专题讲课；有的是会议发言，有的是座谈交流；有的侧重做事，有的注重为人，是作者担任湖南省社会科学界联合会党组书记期间对湖南省社会科学界联合会和湖南社会科学工作的思考谋划，是出台一系列政策举措的思想基础，是推进各项工作的思路方法。

《源道》第二卷收入调研报告 10 个，这些调研报告问题导向鲜明，具有较强的理论性、对策性和可操作性，有的得到了党和国家领导人、中共湖南省委、省人大、省政府领导人的肯定批示，为党委政府作出决策、制定政策提供了学理支撑和智力支持，较好地发挥了服务决策的智库作用，产生了积极的社会影响，也为相关单位、部门、个人撰写有关调研报告提供写作方法上的借鉴。这些文章或者阐释政策、统一思想，或者分析矛盾、探究问题，或者弘扬精神、鼓舞士气，都是作者根据工作需要，结合自己的心得体会形成的文稿，具有全局意识和宏观思维，具有较强的前瞻性和针对性，不仅体现了作者的工作思路，还推动了湖南省社科事业的繁荣兴旺，可圈可点。

读书是写作的基础，写作是读书的深化，写作能把零散的东西变成系统的，把孤立的东西变成联系的，把粗浅的东西变成精深的，把感性的东西变成理性的。正如作者所言，将以甲子轮回为新起点，学不止、思不怠、研不懈、写不停，开启自己的“第二春”。笔者衷心希望先生这种厚积薄发、笔耕不辍的精神能够继续发扬光大，先生心中那束希望之光能够永远闪耀，先生眼前那片思想之海能够不断拓展。

祝愿周发源先生在读写的路上为人民不断推出精品力作！

（本文原载于《中华读书报》2017 年 11 月 8 日，有删改）

作者简介

周溯源，研究员，享受国务院政府特殊津贴，现任中国社会科学院近代史研究所研究员。出版独著8部，合著20余部，发表文章数百篇，多篇被《新华文摘》转载或摘登。多篇（部）获国家、省部级奖励。主要有：《学与思的足迹》《文史哲三十论》《千年忧思》《文章五境界》《路的遐思》等。

经世致用是一种信仰

张世平　蔡宏宇

初识发源先生，是在 1994 年。那年我们有幸一同参加了罗小凡老前辈主持的“湖南省社会形势年度分析与预测”的课题研究，在学习交流中，便深感发源先生才思颇为敏捷，与众确有不同，从此也便结下了不解之缘。近 30 年过去了，发源先生坚持深耕社科研究，学问做得极好，领导也当得特好！《源道》四卷，虽只汇编了其 30 多年来部分文稿，但足以令人叹服其学识渊博、造诣高深！

发源先生的精神值得我们虚心学习，其中有三点弥足珍贵。

一是始终孜孜不倦，精益求精。他从小就对读书写作十分喜爱。特别是改革开放初期，考入湖南省委党校理论班深造后，党性的呼唤和学者的责任，犹如给他插上了一双腾飞的翅膀，在理论探索与研究的自由王国中，从此一发而不可收。他以“打破砂锅问到底”的思维习惯，常常废寝忘食钻研学问，已先后主持或参加国家和省部级以上课题近 30 项，出版专著 2 部，主编参编著作 70 余部，发表文章 300 余篇，荣获了全国、湖南省精神文明建设“五个一工程”奖等众多成就。《邓小平决策思想研究》《直击官僚主义》就是其中的代表作。

二是坚持经世致用，实事求是。发源先生传承了湖湘文化的品格。他所探索、思考的，大多紧跟时代发展的步伐，紧扣社会大热点、大焦点、大难点。尤其是进入21世纪以来，他选择以开展实地调研、解决现实问题为主要研究方向。如：主持完成了“取消农业税后农村改革问题研究”课题，组织撰写了以《让党旗高高飘扬在“民企”这个阵地上》为主体的系列调研报告，等等。其中不少受到党和国家领导人、中组部和中共湖南省委领导的充分肯定和采纳。

三是注重言传身教，甘当人梯。发源先生德才兼备、德艺双馨，是社科理论家，也是文学作家，还是“抓班子，带队伍，研学术，促发展”的专家型领导，曾长期担任湖南省社科界的领导职务，其中任湖南省社会科学界联合会党组书记近7年。其间，发现、培养、举荐、选拔了一大批优秀研究人才。由于众望所归，还长期兼任湖南省人民政府院士专家咨询委员会委员、湖南省省情研究会会长、湖南省科学社会主义学会副会长、湖南政治学会副会长等职务。他对干部和人才的一系列教导、教诲，也部分汇编入《源道》第三卷。特别是2016年湖南省社会科学界联合会党组书记职务到龄卸任后，他选择了“生态文明建设”这一新的重大课题，担纲湖南省生态文明研究与促进会会长，带领着一批来自不同院校、不同企业、不同地区的中青年学者、企业家，为生态文明建设建言献策，为建设美丽新湖南鼓与呼。年年的调研活动有声有色，足迹遍布湖南省各地，影响深入社会各界，已获得了一大批研究成果。我们受邀参加了发源先生的许多活动，受益匪浅！

衷心祝愿发源先生的学术发扬光大，更上一层楼！

（本文撰写于2023年6月）

作者简介

张世平，高级统计师。长期从事经济社会统计与金融管理工作，现任湖南省农村信用社联合社党委书记、湖南省政协经科委副主任。曾当选中国统计学会副会长、湖南省统计学会会长。曾参加“第21期省（区、市）统计局局长研究班”，赴欧盟学习考察国际统计先进经验，获法国国家统计及经济研究所颁发的结业证书；参加“湖南省第三批中青年领导干部赴美培训班”，学习考察工商及行政管理，获美国加州圣何塞州立大学颁发的结业证书。

蔡宏宇，湖南工商大学国际商学院教授、硕士生导师，湖南工商大学学术委员会委员，主要从事低碳经济、能源环境政策、金融等统计分析。主持完成国家社科等科研、教研课题23项，省部级以上10项。科研一等奖10项。科研论文10多篇、研究报告多次被《湖南生态文明建设报告蓝皮书》收录、湖南省统计局《决策咨询》刊发，其中，“湖南省绿色产业发展测度研究”报告被省政府领导批阅。出版学术著作1部、主编及参编规划教材3部。

人生风景映晚霞

曾祥永

五月中旬，老友发源给我送来他的著作《源道》四卷本，约87万字，我是集中一段时间通读完的。我不仅欣赏到他流畅的文笔、睿智的思想、广博的见识，更为他有价值的人生、风雨兼程的成长道路和多姿多彩的角色转换所折服，禁不住将心中的感动诉诸笔端。

我与发源相识于20世纪80年代，虽共事时间不长，但关系密切，友谊淳朴。他年轻当党校教师时我就佩服他的“三好”精神：一是“好学”，学问勤中得，萤窗万卷书。那时教学任务很重，除正常坐班完成教学科研任务外，下班后别人打牌休闲，他总是灯下埋头学习，笔耕不辍，即使安排出差坐车坐船，也要随身带几本书，不愿浪费候车候船的时间，争分抢秒，不想浪费光阴岁月。二是“好问”，学则须疑，他总是具有强烈的求知欲，总是“打破砂锅问到底”，总能从众多信息中发现有价值的信息。我印象最深刻的是当时中央党校要我们总结一位后勤战线先进工作者的典型材料，其他同志写了两稿都达不到要求，最后领导安排要借他的大手笔，而这位劳模工人只会干不会说，他就曲里拐弯地去座谈，调查了解真实素材，写出的典型材料生动感人，非常成功。他敏锐的洞察力和不耻下问的求知态度令人称赞。三是“好思”，学而不思则罔，思而不学则殆，他特别注重学与思的结合，善于把书本上的东西以独特的视角找到与自己工作实践和科学研究的结合点，从而创造性地获得新发现、新成果。平时工作和业余学习，总喜欢把自己的感悟和灵感记录下来，然后进行推敲和思索，碰撞出自己的思想火花。问渠那得清如许？为有源头活水来。正是由于常年的积累和深入研究，努力用各方面的知识来丰富自己、充实自己，才能永葆旺盛的才智活力。

发源既是一个卓越的理论工作者，又是一个成功的领导者。他有智者的眼光、勤者的品质、学者的担当。凡是和他接触过的人都会对他深厚的理论功底、广泛的知识储备、优秀的个人素养所钦佩、所感动。更令人惊奇的是，他不是什么硕士、博士等“科班”出身，从工人、党校教师、基层社会科学工作者到享誉湖湘的社会科学掌门人，成长的道路，人生的阅历，角色的转变，可谓跨度大，难度也大。但他干一行，爱一行，钻一行，刻苦地钻研与探索，寻求最佳结合，把每一个角色都演绎得多姿多彩，在每一个岗位上都干得有声有色，达到了“曲径通幽”的最佳结合境界。特别是担任湖南省社会科学界联合会主要领导后，工作头绪更多，角色转变更大。他一方面坚持不断地学习基本理论、基本方法，另一方面结合领导科学实际，加强探索，用心研究，将学习探索研究所得指导工作实践。并不断总结提炼，拓展湖南社会科学工作的内涵和外延，上升为新的观点和理论，用以指导新的实践。尤为感动的是，他不但把实际领导工作做得游刃有余，而且个人还连续出版了《邓小平决策思想研究》《直击官僚主义》等多部专著，获得全国精神文明建设“五个一工程”奖和中国图书奖等系列奖项，奠定了在全国社会科学研究领域领军人物的学术地位。

勤学善思成大器，虚心劲节见俊才。学问能使天性完美，而经验又能使学问完善。正如他在《源道》前言感言：“理论的力量、逻辑的力量就像巨型磁石，我不由自主地被它吸引。从马克思主义的伟作到资产阶级学者的名著，从文史哲到经政管各类经典，真理的力量激起了我如饥似渴的阅读欲、求知欲。与各方面‘高人’对话后醍醐灌顶的愉悦感，引发了我强烈的问题意识、真理意识和‘打破砂锅问到底’的思维习惯。……留下了或深或浅的时代痕迹和作者的探索思考。”他的高质量和高水平的学术著作和学术论文，尤其在中国特色社会主义理论体系特别是邓小平理论的研究方面，有深厚的造诣、卓越的见解、丰硕的成果。

无穷岁月忙中乐，有味诗书苦后甜。以《源道》为书名，用作者自己的解释，“源”是周发源名字的缩写，“道”便是自己走过的路、做过的事、说过的话、发过的文。经过精心地筛选，按生活的经历进行剪裁排列，用以记住历史、记住梦想、记住激情、记住收获。把“留恋”固化，把“希望”续起，花甲之年仍奋斗不止，追梦不息。没有错失播种的季节，没有坐等收获的懈怠，才有了果实金秋的风景，才有了流动人生的晚霞。

（本文撰写于 2023 年 5 月）

作者简介

曾祥永，男，1951 年出生，湖南安乡人。曾任中共常德市委党校校长、常德行政学院院长、教授；中共常德市委副厅级督办专员。

尚德博学，良师益友

王绍华

周发源先生的著作《源道》，源于马克思主义真理大道，源于中国特色社会主义伟大实践。学习第一卷，无不为作者对马克思主义世界观、方法论，对毛泽东思想、邓小平理论、“三个代表”重要思想、科学发展观、习近平新时代中国特色社会主义思想的坚定信仰和深刻把握折服。研读第二卷，深切感受到作者深厚的理论功底、严谨的调研作风，紧紧围绕国家、湖南经济社会发展现实问题深入调研，提出系列切实可行的对策和建议，服务湖南经济社会科学文化事业发展。阅读第三卷，仿佛再次领悟作者立足全国，放眼世界，发展湖南哲学社会科学的殷殷之情、致远之托，为社科工作者提供成功实操方法论。阅览第四卷，让人从严谨厚重的理论中，忽地走入轻松欢快愉悦之境地，自然而然升腾起对作者广闻博学、敏捷才思、天然真性情的感佩。文如其人，学习《源道》越久，自己与作者交往的点点滴滴不断浮现眼前。

指导基层重授人以渔。我是2012年6月调入怀化市社会科学界联合会工作的，那时对社科工作止于字面，不甚了解。当年7月，陪同怀化市委宣传部领导到湖南省社会科学界联合会汇报工作，发源先生非常亲切地接见我们。可能是冥冥之中自有“天意”，听到他带着常德口音的讲话，自然拉近了我心里的距离，汇报和请教变得异常轻松。

至今还清楚地记得发源先生讲市县社科工作必须抓好三个重点：围绕党委政府重点工作，深入调查研究，积极建言献策；团结社科界五路大军，加强队伍建设；着力开展社科理论宣传和普及。怀化市社会科学界联合会切实执行三个要求，连续 4 年调研项目入选湖南省重点社科课题，研究成果受到湖南省委、省政府、省人大、省政协领导的充分肯定。2015 年，怀化市各县（市、区）都建立正科级（参公）社科联机构，市县两级建立 4200 人社科专家库。这几年，怀化市社会科学界联合会工作在全省迎头赶上，发展快，成绩好。2016 年，我也被评为全国优秀社科理论宣传工作者。

指导调研暖心关怀。发源先生十分重视基层社会科学界联合会的调研工作，但从不以专家自居，处处低调暖心，帮助指导到实处。记得 2013 年初，怀化是全省扶贫工作重点市州，为了总结怀化扶贫工作经验，找出扶贫工作中的困惑，研究提出进一步推进扶贫工作的对策和建议，发源先生组织怀化市的专家与省里的相关专家，指导研究确定课题方向，两次到市、县、乡镇开展调研，形成课题提纲，最终成果《把有限扶贫资金花在刀刃上》在专家评审中入选湖南省重大社会科学课题。如何推进调研工作，发源先生明确要求：充分发挥市县乡各层级综合优势，深入调查研究，全面掌握第一手材料，在此基础上认真分析研究，提出前瞻性、可操作性的对策。我们从市委政研室、市农办、市扶贫办、市委宣传部、市社科界抽调精兵强将组成专门班子，沿着基本情况、基本经验、存在困惑、解决对策和建议思路撰写课题。我清楚地记得，2013 年 6 月，发源先生组织相关专家，两次对课题初稿进行条分缕析的批改，十分严格，提出了 25 条修改意见。如帮扶必须精准滴灌，精准到人到户、到项目、到资金、到成效。建立县级扶贫资金平台，集中使用，加强平台资金监管等。这些观点是符合习近平总书记到湖南视察提出的精准扶贫思想的。细想起来，深感发源先生对党中央决策精神的领悟处处先行一步，指导基层调研十分到位。

高尚的人格持续影响着我们。我大学学的是思想政治，参加工作后主要在党校、宣传、文化、教育（高校）战线，在怀化市社会科学界联合会工作仅5年，就是这5年，我的思想工作生活无时无刻不受到发源先生高尚人格的影响。对党对国家对事业忠贞不贰。无论是指导工作，还是做学问，搞调研，始终坚持党、国家和人民利益高于一切；强烈的爱心和孝心。对同志朋友春风般温暖，对长辈至亲爱戴有加，对晚辈稚子极尽疼爱教育。他常说，服务亲朋好友和社会社区是人之常情。服务父母子女是立志的一个重要环节；诚实善良，表里如一。无论是他的同事、朋友、部下，还是受他影响的人，都能从他言行中感受到为人处世真心诚意，不欺人不欺心，不急功近利，不走歪路；严于律己，正派做人。作为湖南省社科工作的带头人，无论是评先评优还是评审课题，无论是选人用人还是选文用文，一律严格遵守纪律规定和学术规范，决不以权谋私。到市县指导工作从来不越八项规定雷池。2016年9月以后，我到了湖南省芷江民族师范学校（现怀化师范高等专科学校）工作，发源先生正派做人的精神和严于律己的风范，一直深刻影响着我，牢记底线，不忘初心，做一个正正当当的人，规规矩矩的人，有益于国家、社会、家庭的大写的人。

（本文撰写于2024年5月）

作者简介

王绍华，副教授，怀化师范高等专科学校原党委书记。2023 年 1 月退休。现任怀化老干部大学校长。长期工作在宣传、文化、教育战线。擅长工作经验总结，为上级决策服务。编著和参与编著出版图书 3 部。撰写论文、调查报告获省级以上公开刊物刊登 50 余篇。完成省级以上重点重大社科课题 5 个。2016 被湖南省社会科学界联合会推介为全国优秀社科理论宣传专家。

感悟别样人生

刘　平

我和发源先生相识其实很偶然，而10多年的共事却是必然……

2009年，我离开奉献了整个青春年华的军营，将转业到地方工作。25年的军旅生涯，让我少了一些青春时的梦想，多了一点现实的思考，其实，想法也简单，就是找一份适合自己的工作，力所能及地为社会作些贡献。

当时，我并不知道自己适合做什么，所以，联系了好几个单位，有几个单位的领导还接见了我，因多种原因，工作单位一直没有确定下来。

有一天，湖南省社会科学界联合会的人事处长约我见面，我感到惊讶，因为，我从没听说过湖南省社会科学界联合会，更没有送简历，但还是应人事处长之邀来到了湖南省社会科学界联合会，并第一次见到了发源先生。

作为厅级单位的一把手和湖南省社科界的掌门人，发源先生并没有“官威”，给人第一印象是温文儒雅、平和谦逊。在无拘无束的交谈中，我感受到他开阔的视野、渊博的知识和独立的人格，我被他深深地吸引着，虽对湖南省社会科学界联合会了解不多，却毫不犹豫做出留下来好好干一番事业的选择。

随后，发源先生成为我的直接领导。那些年，他带领我们一起搞调研、做课题、加班加点讨论材料、一起准备科普启动式……任何一项工作，发源先生总是身体力行、率先垂范，并不遗余力地帮带、栽培后辈，我也受益匪浅，在不太长的时间里，就从一名军人转型为社科工作者。

10多年来，无论是在湖南省社会科学界联合会，还是在湖南省生态文明研究与促进会，我都紧跟发源先生的步伐，去体验成就事业的艰辛，去享受完成工作的乐趣。在工作和交流中，我对发源先生有了更全面的了解。他著作等身、成果斐然，在《人民日报》《求是》等报刊发表文章300余篇，主持省部级以上课题近30项，获省部级以上奖励15项，先后被评为享受国务院政府特殊津贴专家、湖南省优秀社会科学专家、湖南省优秀专家等。

然而，发源先生并非出身名门，他小学毕业不满14岁就随母亲到农村，干过农活，做过木匠，在社会最底层打拼多年，但他没有向命运低头，通过不断学习、不断进取，取得巨大成就，走出别样人生。我觉得，发源先生能够从一位小匠成长为一名社科专家，在于具备五种特质：

——志存高远

有志者事竟成。发源先生自幼立志成为有学问的人，他始终充满了对知识的渴求。他儿时沉醉于古典名著，为英雄所倾。上学时成绩优异，得师宠爱，却随母下乡，学业未续。经历了做农活、学手艺、闯社会、进工厂到剧团做布景木工……无论在什么境地、从事什么工作，他都怀揣梦想，坚持着各类作品的创作，青年时期就陆续发表一些作品。后来发表了大量的理论文章，写下几十份调研报告，获得过各种奖励，得到过中央及省部级领导的肯定批示，成为知名的社科专家和厅级领导，堪称草根成功逆袭的典范。在如今崇尚高学历和海外留学背景的时代里，发源先生为那些没有高学历的青年人树立了崇高的标杆。

——注重学习

发源先生是终身学习、酷爱学习的典范。他读书之多、之广、之深、之活，能与之比肩的少之又少。他有很多学习的秘诀。

比如，他注重读无字之书。他非常赞同古人读万卷书、行万里路的治学之道。所谓读无字之书，就是向自然界、向社会、向他人学习。他长期从事社科理论工作，在与学者打交道中，以文会友，以学交友是常情，座谈交流、笔谈交锋是常事，工作实践与人际交往，为他的思考提供丰富养料和宽广的平台。通过读无字之书，他弥补了有字之书的不足和局限；同时，修正、完善和丰富书本知识，养成观察问题和分析问题的能力。

再如，不动笔墨不看书。《源道》第四卷主要是先生的随笔短文，书中有 72 篇文章，光是书评就有 30 余篇。可见发源先生一直以来都有不动笔墨不看书的习惯，每次看书必定看深、看透，充分认识书籍的价值，并摘录书中精彩的地方。读书之时有赞赏、有质疑、有发现，也有“顿悟”。

他热衷学习，也体现于如涓涓细流的众多点滴往事中。有一天我去发源先生家，看到案头摆了很多关于生态文明建设之类的书籍，他愉快地和我说起他的学习体会，畅谈有关湖南省生态文明建设新思路、新构想。那一刻我真正感受到，他诸多新的学术思想的形成，正是他不断学习、不断超越自我的结果。在一次讲座上，我听到他对新知识、新理念侃侃而谈，感到他虽近古稀之年，但仍如学生一样，没有停息追求新知的步伐。

——思想超前

发源先生喜欢新鲜事物。在 20 世纪 80 年代，发源先生可称得上时尚青年。据他回忆，他那时经常戴着手表、骑着自行车、拧着三洋牌收录机，穿行在大街小巷。现在也是如此，年近 70 的他依然轻松自如地开车出行，相比之下，许多同龄人还未考过驾照只能由他人代驾。

发源先生思维超前还体现在他对学术研究的敏锐中。1987 年从党校毕业后，发现新中国成立以来，党一直在反官僚主义，但研究多为片段，缺乏系统性，他决定致力于官僚主义研究。党的十八大后，党中央坚定不移地反对官僚主义和形式主义，推进党风廉政建设和反腐败斗争，他的学术思想走在了时代前列。

21 世纪初，民营经济快速发展，但民营企业的党建相对薄弱，他再次顺应时代需求，主持了“民营企业党的建设问题研究”课题，撰写的以《让党旗高高飘扬在“民企”这个阵地上》为主体的系列调研报告，分析回答了当时民营企业党建的若干问题，受到中央领导、中组部领导和湖南省委领导的重视，对推进民营企业党建产生了积极影响。他敏锐的视角、深入的研究、务实的成果，为破解经济社会发展面临的重大理论和现实问题提供了智力支持。

——精益求精

学术研究的过程就是一个无限接近真理的过程，任何理论研究难免会出纰漏，故无完善之作。受个人思维的局限，人很容易对自己的作品产生情感且很难以批判思维看待作品本身。发源先生是一个例外，他总能跳脱这种思维局限，审视作品本身，如有不完善之处就马上推翻重来，讲究“不破不立”，他曾写一篇稿子推翻 19 次，不厌其烦地打磨与验证。1987 年写了《十七年反官僚主义斗争的历史反思》一文，直到 2013 年仍在查找资料论证研究观点的准确性，归纳写成《直击官僚主义》一书。从小匠到社科名家，不改的仍是精益求精的工匠精神。

除了笔尖上的思考与验证，他坚持从实际出发通过调查研究去完善作品。2005 年，全国各地纷纷取消农业税，他先后到湖南省的 6 个县（区）和湖北省的 2 个市深入调研，收回调查问卷 6000 多份，召开省、市、县（区）、乡（镇）、村等不同层次座谈会 13 次，实地考察农村改革典型 2 个，还直接到田间地头、农户家庭与农村干部、农民交谈，掌握了大量的第一手资料，完成了《以乡镇机构改革为切入点 推进农村综合配套改革——关于深化农村改革的调查与建议》调查报告，力求用翔实的资料、典型的案例，回答农村改革发展的一系列重点难点问题。

——清正廉洁

学者的学术造诣和精神品格是互相支持、相辅相成的，发源先生的学术造诣毋庸置疑，其风清气正的精神品格更是令人敬佩。

发源先生任湖南省社会科学界联合会党组书记期间，有两件事令我印象深刻。一个是规范评审纪律。他十分重视社会科学评奖的客观性与公平性，提出“让获奖者有尊严，让评审者无干扰”的理念，严守“不打听、不泄密、不许诺、不打招呼”的纪律，至此“两让四不”的规范要求成为成果评奖、人才评优一以贯之的铁律。也是这种对待学术的态度，有效激发了广大社科工作者热心搞科研、潜心做学问、精心出成果的积极性和创造性。“两让四不”的做法在全国产生了广泛影响，有 20 多个省（区、市）社会科学界联合会的领导来湖南省考察学习。另一个是严格招聘纪律。2011 年我在人事处工作，当时有一位留学归来的研究生想应聘我们单位，在公开招聘时总成绩差了 0.2 分，据说这位留学生是一位领导的亲戚，综合素质也不错，发源先生坚持公正公平的原则，没有给予丝毫照顾。多年来，发源先生始终倡导和践行“风清则气正，气正则心齐，心齐则事成”的为政之道，在业界留下了很好的口碑。

“老骥伏枥，志在千里；烈士暮年，壮心不已。”而今先生六十有八，笔耕不辍、劳作不止，热心公益、服务社会，还在为湖南省生态文明建设劳神费力、贡献智慧。发源先生退而不休，他以甲子轮回为新起点，学不止、思不怠、研不懈、写不停，正在书写人生“第二春”。

（本文撰写于 2023 年 6 月）

作者简介

刘平，军事学硕士，1984年9月入伍，2010年1月从部队转业到湖南省社会科学界联合会工作，先后担任人事处长、科研组织处长、学会工作处长等职，现任省社会科学界联合会二级巡视员，兼任湖南省生态文明研究与促进会副会长。参与了“长江中游城市群建设调查与研究”“怀化市经济社会发展‘十四五’规划”等多个课题的研究。

学术性与实践性相结合的典范

皮庆侯

不久前，接到老友发源先生寄来的一个沉甸甸的邮件，我欣喜打开，哇！原来是发源先生的文集《源道》，洋洋洒洒87万余字。手捧散发着油墨香味的《源道》，令我不禁溯源起与发源先生相识、相交、相知的往事。

大概是2002年，省里组织一批专家型领导干部赴欧洲考察，我和发源先生遂成为团友，并全程安排同住一室。那时，他是湖南省社会科学界联合会副主席，我只是湖南省政协办公厅行政管理办公室主任，是团里的晚生。参观学习之余，我俩在房间经常交流观感，也讨论许多学习心得、人生观、世界观等问题。这是我们第一次认识，却大有相见恨晚的感慨。在整个访欧旅程中，年长的他，像照顾自家小弟一般，时时处处关心我，照顾我。我们聊童年，聊学习经历，聊工作体会，也聊家庭杂事，所谈，所思，所见，十分投缘。在我面前，他全然是一位兄长的形象，尽管他是领导，但没有一点当官的架子，也没有一般文化人的自大和任性。相反，一趟出访的旅程，我为他渊博的学识所震撼，更为他谦和的为人所折服。这里我仅记与发源先生交往的两三件往事。

2016年，发源先生带队到长三角调研考察。行前，他嘱我联系上海市社会科学界联合会、上海市社会科学院等有关单位及长三角生态文明和绿色经济发展做得比较出色的几个点，以期为他们这次调研提供一些支持。那时，我在湖南省人民政府驻上海办事处副主任任上，根据他的要求，我很快落实了相关联络协调工作。调研考察组到来后，我为能有机会再次就近与发源先生交流，特意全程陪同在上海、苏州、杭州等地走了一大圈。其间，他告诉我，他已经从领导岗位上退下来了，习近平总书记和湖南省委、省政府对生态文明和绿色发展非常重视，他牵头成立了湖南省生态文明研究与促进会，担任会长。这是他专业领域的一次大转行。他告诉我，为了尽快转换角色适应新的专业要求，他拿出了“拼命三郎”的干劲，认真研究习近平生态文明思想，经常进图书馆找资料学习，或到相关地方和企业参观考察，广泛听取各方面特别是第一线干部群众的真知灼见，拜师请教，集思广益，同时积极参加生态文明和绿色发展的各种活动。通过孜孜不倦的努力，他终于摸清了门道，从外行变成了内行。发源先生这种理论联系实际、从群众中来到群众中去的求实精神和务实作风令我深深钦佩。他通过深入的学习调研，深切体会到习近平总书记关于“绿水青山就是金山银山”论述的丰富内涵，同时结合湖南省的工作实际，认真思考湖南生态文明建设与绿色发展的思路、方向、步骤、举措，撰写的几个专题报告，得到湖南省领导的高度肯定和重点批示，有的甚至得到国家领导人的肯定批示，为加快湖南生态文明建设和绿色发展，作出了自己应有的贡献。记得那晚我们坐在杭州西湖翁家山龙井旁品茶畅谈，受发源先生的启发，我顿时萌生了急流勇退，提前退休，把位置和机会让给年轻人的想法。

2022 年端午节期间，我邀请发源先生携夫人到常德周家店我老家做客。那时，湖南省委已经批准我提前退休的申请，趁着没有工作杂务的羁绊，我们尽遣雅兴，举家一起登攀高山野岭，行吟禾香田埂，垂钓江湖之间。在无拘无束的状态下，发源先生依然不忘同我谈学习、论哲学、谈生态、讲人生。与以往稍有不同的是，我们交流的内容多了一些关于儿女孙辈成长的喜悦和期待的话题。尽兴之余，我特作《七绝·野钓》以记之："曲塘幽岸一竿开，燕子蜻蜓雨后来。碧水浮红连起舞，金鳞竞上钓鱼台。"这里，还要一提的是，湖南省社会科学界联合会办有一本很著名的杂志《船山学刊》，该杂志旨在弘扬湖湘传统文化，研究传承湖南历史上历代文化名人、哲学巨匠的思想，延续湖湘文化的文脉。该杂志是国内少有的百年老刊，在学界享有盛名。发源先生在担任湖南省社会科学界联合会党组书记期间，曾按湖南省委领导意见兼任该刊的编委会主任和主编，带领编辑部同仁为弘扬中华优秀传统文化和湖湘文化而奔忙。特别是2015年《船山学刊》创刊百年，为搞好百年刊庆，他带队南北辗转，拜访名家，组稿约稿，开展了一系列具有重要价值的活动。在发源先生的长期关照下，我有幸定时收到杂志社寄来的《船山学刊》，正是这本期刊，使我这位长年客居他乡的游子，一直深深沉浸在湖南的山水、人文、乡情的浓郁气息中。行笔至此，我想且不能忘了向老友深深地道一声"感谢"！

喜悦、感谢之余，用了几天时间匆匆翻阅《源道》，受益良多，感慨良多。我以为《源道》最鲜明的特点在于两个方面：一是学术性。发源先生的著述品种多样，无不充分体现出他作为马列主义理论研究大家的深厚底蕴，既高屋建瓴，又洋溢着浓烈的学术气息，总让人登高望远，耳目一新。二是实践性。发源先生的文章从来不是无的放矢，都是围绕当时所处的社会实际和实践活动，及时发现问题，提出问题，分析问题，解决问题，既连天线，又接地气，既有责任和情怀，更有思路和办法，给人以真实、务实、平实、踏实之感。所谓文如其人，我想《源道》一书应该就是发源先生为文、为政、为人的真实写照吧！

（本文撰写于2023年8月）

作者简介

皮庆侯，中共党员，博士。1988年参加工作，历任湖南省政协办公厅科员（期间赴常德市桃源县郑家驿乡开展社会主义思想主题教育一年）、正科级秘书、副处级秘书，安化县人民政府副县长，湖南省政协办公厅行政管理办公室副主任、主任，湖南省政协办公厅党组成员、副主任，湖南省人民政府驻上海办事处党组成员、副主任、主持办事处工作的副主任。

我听到了向下扎根 向上生长的力量

刘怀德

2017 年 8 月，我有幸得到了发源先生的赠书《源道》四卷本。中间陆陆续续地读，有选择地读了大部分，尤其是理论文章和调研报告。发源先生文章发表的时间和我阅读的时间跨度都很长，是什么驱使我愿意花时间去品读？我想，是因为我从中得到了教益、受到了启发，掩卷而思，感受到一种积极的力量。

20 世纪 90 年代初，我在学校工作，是一个草根，一个刚刚从学生身份转变为大学老师的、站在社会科学门口的年轻人，鼓起勇气到湖南省社会科学界联合会大机关去走动，期望能有偶得。果然，遇到了当时《湖南社会科学》的副主编周发源老师，他不因为我的年轻而有任何轻慢，也不因为他处在高位而有任何优越感，让我得到了继续做研究的勇气，让我入了“道”。我想，这也是让我细细品读《源道》的又一个原因，我是怀着一颗感恩的心去读的。

进入 21 世纪后，我有将近 20 年的时间与发源先生没有多少直接的交集，可能我们不在一条“道”。他在社会科学的大本营风生水起，后来执掌湖南省社会科学界的大旗，我在湖南省直经济综合部门做具体工作，除了偶尔读到他的调研报告，由于工作性质、专业领域的差异，加之本人不善交游、不善汇报，与发源先生的来往就少了，但是，一直有一种关心关注关切在那里。明明在不同的“道”，但偏偏感觉是“同道中人”，当我读到发源先生写的一句话：“当人具有梦想并为之奋斗时,当向梦想迈进哪怕是一分一寸时,那是何等的幸福！”我才豁然开朗，原来是他的这种精神，让人亲近。

发源先生是一个有热爱的人。1984 年发表《我爱索溪的山》《黄狮寨看日出》，看出他说“我爱上了山”是真实的，因为“仁者爱山”；1987 年写下《雨中游西湖》,加上他本是一个湖区的人,对水的天然感情,因而“智者乐水”。其实他不仅仅爱山水，他关心关爱的对象有农村、有社区、有农民工、有中小企业、有广大社会科学工作者等等，是这种热爱，让他思考不止、笔耕不止、成长进步不止。

发源先生是一个有情怀的人。从 20 世纪 80 年代研究官僚主义，此后 20 多年一直探索，到 2014 年还在发表文章，把它定义为“困扰人类社会的一大顽疾”“给人类社会的进步与发展造成了重大损害”。可以想象，从一个年轻人“必须采取一切手段，采取千百个措施，与之进行长期斗争”的认识与呼吁，历经 27 年的风雨之后，到一位党的领导干部“不管道路如何漫长，战胜官僚主义是历史必然，我们应该坚信”的判断与坚守，庾信文章老更成，这是理想、信念、阅历的作用，是家国情怀的内核作用。

发源先生是一个有格局的人。他退出领导岗位后，谋划成立了湖南省生态文明研究与促进会，他紧紧把党政界、学界、企业界、基层组织等各路人员团结在一起，每年组织的论坛年会，邀请国家级专家参加，党政领导与会交流，战略、政策与一线行动对话，穿透力很强，他还亲自到省直部门、大中小学、工厂社区宣讲习近平生态文明思想，无论阳春白雪还是下里巴人，他都孜孜不倦。这些源于他多年研究邓小平决策思想，学到了邓小平同志思想方法的精髓；源于他担任过湖南省社会科学界联合会的书记，大联合的理念很强；源于他对绿水青山的爱，让他愿意付出很多的心力；源于他对国情、省情的把握，能够有效地创新推动工作，不断地适应角色转换；源于他不忘初心、牢记使命，能够保持共产党人的本色。

发源先生把他的事业深深扎根于三湘大地，沐浴党的阳光雨露，本着修己安人、利国利民的知识分子追求，尽情地向上生长。期待发源先生有更多的理论研究和实践成果问世。

（本文撰写于 2023 年 6 月）

作者简介

刘怀德，经济学博士，教授，现任湖南师范大学党委委员、副校长。主要研究政治经济学、城市群发展、生态文明改革、会计学，重点领域为制度机制设计。在《经济研究》《管理世界》《经济学动态》等发表论文 100 余篇，出版《不确定性经济学研究》《现代审计实证分析》等著作，主持国家社会科学基金、国家博士后基金和国家发展改革委、湖南省社科规划、湖南省自然科学基金等课题 10 余项，参著《会计大典·第十卷·审计学》获第 12 届中国图书奖，参与译著《电信竞争》获第 13 届中国图书奖。

真善才美

汤建军

周发源先生是我的老领导。

我与他共事20多年，深受其教，获益良多，至今还为其精神所激励，不忘自强不息与为学初心。

他曾是一位踔厉开拓、勤勉奉公、颇有建树的湖南省社科界的掌门人，更是一位通过多年刻苦自学成才、考上湖南省委党校本科班，然后长期在社科领域耕耘并卓有成就的著名学者。

从其学术著述而言，他以课题研究为龙头，深耕学术，可谓是著作等身又等心，令人敬佩。

他先后主持或参加国家和省部级以上课题近30项，出版专著2部，主编参编著作70余部，其中就包含《源道》（1—4卷）。

还在《求是》《人民日报》《光明日报》《科学社会主义》《党校论坛》《党建研究》等各类报刊公开发表文章300多篇。而且其中有不少著作文章获过国家级、省级大奖。

比如，1995年在《求是》杂志发表的《论邓小平决策思想的基本特征》一文，获第五届全国精神文明建设“五个一工程”奖和湖南省社会科学优秀成果一等奖。

再如，1999年出版个人专著《邓小平决策思想研究》一书，先后获得第十二届中国图书奖、1999年度湖南省精神文明建设“五个一工程”一等奖、湖南省首届社会科学基金课题优秀成果一等奖和湖南省第六届社会科学优秀成果二等奖。

从其应用研究成果而言，他是一位理论联系实际，注重调查研究的领导干部和社科专家。

特别是1999年以来，他花了很多时间和精力在基层一线开展重大实际问题的调研，其调研成果多次获中央领导和湖南省领导的批示肯定，不少建议被决策部门采纳运用。

正因如此，自2001年以后，他先后被评为湖南省优秀中青年专家，享受国务院政府特殊津贴专家，湖南省优秀社会科学专家，湖南省新世纪121人才工程第一层次人选，湖南省优秀专家。

单看他的学术成就，就已经十分了得和难得。一般而言，其功底至少是师出名校名师。

但当看到他不到14岁下农村，最终官至湖南省社会科学界联合会党组书记、主持日常工作的副主席，学至湖南省优秀专家、拿全国精神文明建设“五个一工程”奖和中国图书大奖。这种双重经历几乎叫人难以置信、令人惊讶直至内心仰望。

说实话，他既不是官二代，又不是富二代，还不是天纵英才，更不是书香门第，发源先生就只是一位念过小学的身材瘦小而又内心强大的少年。

无论是下农村，还是木工学徒、木匠师傅；无论是纺织厂青工，还是歌剧团道具布景木工，他在这些人生底层职业和苦难历程中始终坚持刻苦自学，坚持读书改变命运的理想信念，通过读电大拿到大专文凭，又考上全日制湖南省委党校本科中共党史专业学历班。在这所省内最高的红色学府，他凤凰涅槃般华丽转身成为共产党的一员，干部队伍的一员，知识分子的一员。

我过去常说，一个如北大、清华抑或武大、湖大、湘大之毕业者，如能官学双丰收，尽管不易但不足为奇，个人不懈努力，组织有意培养不是难事。但一个只有小学毕业的少年能走到官学双双大丰收，实属自学成才之成功典范，不能不让人暗暗称奇和发自肺腑地敬佩。

发源先生曾在《杂忆五味》一文之中这样回首他当时的想法："我曾幻想当诗人、作家，从小就特别喜爱看书，虽然不能完全理解书中的知识，却也能沉浸其中，即便之后在做工人、闯社会的日子里，不论再忙再苦再累，也从不忘看书学习。我觉得，学习包括四个方面：于实践中洞察世事，入书本纵览古今，三人行各学其优，吾日三省吾身。这几方面持之以恒，必有收获。我做过木工、泥水工，干过很多杂事，这一感悟贯穿一生，是一生的财富。"

他在回顾这一段难忘奋斗励志的历程时曾感慨地说："我唯一不变的是读书学习。从读情节曲折的古典小说起步，到中外各类文学名著，再到哲学、历史、政治、经济、管理、科技等五花八门的书籍和期刊报纸，拿来就看，饥不择食。一天不读书看文章，心里就有空荡荡的失落感。"

1987 年，发源先生从湖南省委党校毕业，开始走上学术之路和学问人生。

他认为，学问就是对知识和规律的探索，就是要既学又问。

其 30 多年的学问之旅证明，问题导向是学术之魂。寻找问题、发现问题、分析问题、解决问题是做学问的基本遵循。

《源道》一书中他围绕官僚主义、邓小平决策思想、"三农"问题、民营企业党的建设、社科普及立法、社科公平评价等实际问题，牵头写的几十个调查报告，大部分都进入了党委、政府和有关部门的决策。

其调研报告和理论文章的字里行间启示我们，深入基层、深入群众、摸准情况才是写好调查报告的重要基础。

实践证明，只有真正摸准了情况，对调查的情况进行深刻分析，在此基础上形成自己的思想观点，才可能写出有分量的调查报告，才可能影响决策，形成政策，推动实际问题解决。

无论是学术成就还是行政成绩，无论是理论思维还是文艺随笔，发源先生都可以称为人中之龙凤。

今天，我们要追问的是，他为什么能取得如此难得而又辉煌的成就？其成功之道与背后秘密何在？

他曾说，一个人、一个单位、一个组织乃至一个民族、一个国家要发展进步，都离不开艰苦奋斗与团结合作，只有脚踏实地、务实创新、勤奋努力，才能用自己的双手克服困难，改变落后，顺应时代发展，才能做成一些想做的、有益于人民的事。

对于个人而言，励志读书、勤奋团结是其成功之基。

古人云，书中自有黄金屋，书中自有千钟粟，书中自有颜如玉。这样的读书还只是为稻粱谋。

这是古人只记得了“仕而优则学，学而优则仕”这论语中的后半句。其实前半句更为重要，前后结合，才是完美的学术人生。

因而，中国士大夫早就有“修身齐家治国平天下”之家国情怀，崇尚“立功立德立言”之志向和传统。

古往今来，中国官员直至皇帝，闻名于世的往往是有思想和文章传世的。即便当了皇帝，如果没有思想和文章传世，历史上难有影响。

李书磊先生在《宦读人生》一文中曾说：“读了书做官总有点把读书当敲门砖的意思，既贬低了读书也贬低了做官；做了官读书才是一种雅兴，一种大性情，一种真修炼。”

其实，不读书，官当得再大，也不过是一介俗吏。

因而俗话就说：“文章千古事，仕途一时荣。”仕途一时显荣千难，文章千古传颂万难。

这说明文章比仕途更为重要。既有文章，又有仕途，而且把为文为政之道说准说透说通俗，往往又非易事。

《源道》是新时代“士大夫”的心愿之作、成功之作，更是立功立德立言的真善之作，其同步历史，为时代之大美也！

今天，正是学思想强党性、兴调研建新功之际，湘潭大学组织召开《源道》座谈会，社会科学名家聚集，学术人生盛会空前。

特别是发源先生年近古稀，还在为习近平生态文明思想的研究与践行笔耕不止、劳作不止，为学人先行之楷模。

老骥伏枥，志在千里。传播真善大美，其间必有真善大爱。祝《源道》学术交流会成功圆满，祝发源先生功德圆满。

（本文撰写于 2023 年 5 月）

作者简介

汤建军，湖南省社会科学院（湖南省人民政府发展研究中心）党组成员、副院长（副主任）、兼任湖南省社会科学界联合会第九届委员会副主席，研究员、博士，国家社科基金重大科研项目首席专家，中央组织部一等奖获得者，中共湖南省委宣讲团成员，湖南省第二批新世纪121人才工程专家、湖南省第二届“五个一批”人才工程理论专家。理论文章多次被中央“三报一刊”公开发表。

在学习中体悟经世致用的品格魅力

黄云志

发源先生既是我的领导，又是我的恩师。下面，我主要从参与编写《源道》（第二卷）的调研报告中，结合本人2004年参加工作以来，有机会跟着发源先生参与的几个重大课题研究，参与创作的几本通俗理论读本，以及参与社科普及立法中的几件具体事情，谈一谈作为后辈的自己，是如何在日常工作调研中，近距离学习他那种湖湘学人经世致用的优秀品格的。

一是在参与系列重大课题研究中，学习理解了发源先生那种湖湘学人经世致用的优秀品格。大家都知道发源先生是理论大家。我记得他曾经说过："理论既要好听可信，还要好用管用。"经世致用是湖湘学人的优秀传统，而选择热点难点、紧扣实际实践、深入实地开展调研、提出政策建议是他开展课题研究的基本思路。

2005年，发源先生认为国家取消农业税后，农村改革将面临一系列新情况、新问题，迫切需要社科工作者深入开展研究，为党委政府提出具有前瞻性、可操作性的政策建议。因此，牵头组织省内知名专家组成了"取消农业税后农村改革问题研究"课题组，我有幸参与其中。在发源先生亲自带领下，先后在常德、郴州、衡阳、永州、武汉、松滋等市进行了两个月的调研，召开了一系列省、市、县（区）、乡（镇）、村不同层次的座谈会，还在湖南、湖北、江西三省进村入户，开展了10000多份问卷调查。在此基础上，形成了“以乡镇机构改革为切入点，推进农村综合配套改革”为主要内容的调研报告，先后获得多位省部级领导同志的肯定批示。调研报告在当时具有极强的前瞻性、针对性和可操作性，在调研报告公开发表的时候，国家和湖南省都还未出台农村综合改革文件。我还参加了湖南省委驻点指导组，帮助益阳市及沅江市出台农村综合改革试点方案，我们许多研究成果被直接吸收到省市县农村综合改革试点的文件。

2008年，三一重工集团负责党建工作的领导找到发源先生，请他为该集团党建工作写个调查报告。发源先生时任湖南省社会科学界联合会副主席，敏锐地认识到民营企业快速发展中党的建设相对滞后的问题，提出了对全国民营企业党建课题进行研究，将三一重工集团作为其中的典型案例进行解剖，由企业提供部分课题经费，双方达成了共识。由此，他牵头开展了“民营企业党的建设问题研究”，撰写的《让党旗高高飘扬在“民企”这个阵地上》，深入分析回答了当时民营企业党建工作中的若干问题，得到中央领导、中组部和湖南省委的重视，分别作出肯定批示，对推进民营企业党建工作产生了积极影响。作为案例，《让党的建设在民营企业生根开花结果——来自三一集团的调查与思考》，也在《求是》杂志2008年第4期刊发。

对于我这样一位青年学者，有机会全程参与一系列重大课题研究，有机会近距离观察、学习发源先生开展课题研究敏锐的选题能力，组织理论工作者和实际工作者开展联合攻关的整合力，注重深入基层一线调研、掌握第一手资料的务实精神，以及亲力亲为、亲自执笔、数易其稿的工作作风和高超的文字能力，让我个人的理论研究素养大为提高，并将让我受益终身。

二是在参与系列理论通俗读物创作中，学习理解了发源先生那种推动社科工作接地气、惠民生的民本情怀。推动社科理论通俗化、大众化一直是发源先生所倡导和践行的。而如何采取通俗易懂的方式，让高高在上的社科知识、党的最新理论深入基层、深入群众、接地气，则是需要探索实践的。早在2007年，发源先生就组织湖南省优秀理论工作者、实际工作者和新闻出版工作者，历时一年时间，创作完成了全国优秀社科普及作品——《新农村之路》丛书，我有幸参与主编了《农社服务构想》分册。这套丛书秉承发源先生提出的“学术的基础、翔实的资料、典型的案例、专家的解读、媒体的语言”编写思路和要求，既有专家学者的理论严谨，又有媒体记者语言活泼的优势，是一套能直接有效服务广大农村基层的优秀通俗理论读物。该书用通俗明快的语言解读党中央建设新农村的方针、政策、举措，介绍了新农村建设的成功经验和实际案例，涉及了农民切身利益的话题，提供了农民致富的经验和方法。丛书出版后，理论界和农村基层都给予较高评价，中组部、中宣部、中央党校的有关领导、湖南省及全国部分省的领导和专家对这套丛书给予了充分的肯定。在接下来的两年，发源先生带领我们再接再厉，先后创作出版了《创业大本营》《软实力硬武器——改变世界的社会科学创新》等系列理论通俗读物，都取得了非常好的社会反响，获得各级领导和读者的高度评价。

正是因为本人参与了这一系列理论通俗读物的创作，让我在后续的工作生活中，深深地理解了做好哲学社会科学工作，必须发扬发源先生那种推动社科工作接地气、惠民生的民本情怀，才能够得到老百姓的肯定和认可。

三是在参与《湖南省社会科学普及条例》立法中，学习理解了发源先生那种为湖南省社科界谋长远、打基础的责任担当。多年来，湖南省社科界在推动社科事业发展的过程中，对出台规范性文件、争取领导批示、讲话等都发挥过重要作用。2009年，湖南省委任命发源先生担任湖南省社会科学界联合会党组书记，主持全面工作。他高瞻远瞩，明确提出要推动湖南省哲学社会科学事业科学规范发展，能够真正管长远的是出台法律法规。因此，2012 年，发源书记抓住中共湖南省委制定贯彻党的十七届六中全会精神文件的契机，做了大量工作，最终中共湖南省委在《关于贯彻党的十七届六中全会精神加快建设文化强省的意见》文件中明确提出“加强社科普及，制定《湖南省社会科学普及条例》”。这为制定社科普及条例，奠定了政策基础。

2013 年初，发源先生担任了湖南省十二届人大代表、常委会委员。他牵头联名 23 位湖南省人大代表，在湖南省十二届人大一次会议上，提交了制定《湖南省社会科学普及条例》（以下简称《条例》）的议案。会议主席团正式确定该议案为湖南省人大的重点议案。4 月，湖南省人大教科文卫委员会召开湖南省人大代表重点议案交办会，明确湖南省社会科学界联合会作为《条例》的牵头单位。2013 年 8 月，在湖南省人大教科文卫委员会主任委员梁尔源先生的带领下，专程赴宁夏回族自治区开展社科普及立法工作调研。同时，发源先生牵头，会同湖南省人大教科文卫委先后赴全省各个市州，组织省内社科专家、法学专家、基层社科工作者召开系列座谈会，听取社会各界对社科普及立法工作的意见和建议。2014 年 3 月，湖南省人大常委会将《条例》列入了立法调研论证计划。我们按照湖南省人大常委会立法工作的要求，在广泛调研，听取社会各界意见建议的基础上，发源先生亲自组织专家对《条例》不断进行完善。尤其是在充分借鉴宁夏、广东、山东、福建条例文本的基础上，结合湖南省实际，对条例草案进行了多次修改和完善，在湖南省人大常委会一审前，完成了 12 稿。

2015 年 2 月，湖南省人大常委会将《条例》列入了立法审议计划。为了做好立法工作，发源先生先后陪同配合湖南省人大教科文卫委、法工委，赴长沙、湘潭、岳阳、常德、张家界等地开展调研，到湖南省委宣传部、省科技厅、省人事厅等部门，通过召开专题座谈会、现场座谈交流、书面征求意见等形式，听取专家、有关职能部门、基层社科普及工作者等社会各界的意见和建议，根据其意见和建议不断完善文本。《条例》（草案）于2015年5月由湖南省人大教科文卫委提交湖南省人大常委会第十六次会议第一次审议，7月由湖南省人大法制委提交湖南省人大常委会第十七次会议第二次审议，9月经湖南省十二届人大常委会第十八次会议表决高票通过，2016年1月1日起正式实施。

《湖南省社会科学普及条例》是湖南省社会科学领域的第一部法规，推动了湖南省哲学社会科学工作走上了法治化、规范化、常态化的轨道。本人有幸全程陪同发源先生一步步走过来，通过争取领导重视和支持、选择合适立法路径、广泛调研提高立法文本质量以及立法过程中的据理力争与妥协让步，深深学习理解了发源先生那种为湖南省社科界谋长远、打基础的责任担当，使我受益终身。

（本文撰写于2024年1月）

作者简介

黄云志，现任湖南省社会科学界联合会党组成员、副主席，主要研究农业经济和财政管理，主持和参与40多项省部级课题的研究，发表论文和调研报告50多篇，主持和参与编制了连续四届湖南省财政五年规划，参与的课题研究成果《以乡镇机构改革为切入点 推进农村综合配套改革——关于深化农村改革的调查与建议》的调研报告，得到湖南省委省政府主要领导的肯定批示。

在时光的琥珀中溯源求道

陈碧华

近日，收到发源兄赠予的大作《源道》，很是欣喜，也倍感亲切。我认识发源兄，已有40多年的光景，那还是在20世纪70年代，我们都在常德地区歌舞剧团工作，我当时是舞蹈演员，发源兄是做道具与布景的舞美木工。

过去的年代虽然久远，但历历往事在时光中凝固成琥珀，在现实的阳光中仍熠熠生辉。那时常德这座古老的城市很宁静唯美，春天温暖的阳光，透过绿色的树叶，像水一样倾泻下来，歌舞剧团院子里粉白色的栀子花明媚地张扬在枝头，一阵风起花瓣纷纷掉落，似飞舞的蝶，又似纷飞的雪，美丽又芬芳。歌舞剧团边上就是常德滨湖公园，清晨我们常在园中练功练声，湖泊的水在早晨阳光照耀下闪闪发光，好像许多钻石洒在湖面上。

昔日镜像频频闪现，有种触手可及的温暖，时光的涟漪不断泛起，犹如舞台上的幕布徐徐拉开。记忆中，舞美队的木匠周发源，小青年哥哥，个头不高，圆脸，人很精干，勤快聪明，讲一口卷舌音很重的澧县话，常穿一身蓝色的工装，有时还喜欢戴一顶蓝色的“绰绰帽”。他的主要工作就是制作舞台布景，先由美术师研究剧本来琢磨设计布景，然后画好图纸，根据图纸制作木框子，再在木框子外面绷上一层白色的布，用很小的铁钉钉牢，再由美术师在布上面画，或高山流水，或河流桥廊，或稻田原野，或鲜花树林，根据剧情要求变换，美轮美奂，栩栩如生。那时，经过了“文革”，文艺在复苏，歌舞剧团上演的剧目比较多，有歌剧《江姐》《刘三姐》、舞剧《白毛女》、话剧《于无深处》《万水千山》等剧目，感觉到木匠小周哥他们很忙，成天都在木工房钉钉敲敲、修修改改，一丝不苟。讲实在话，在剧团是分等级的，演员们有着一种优越感，尤其是舞蹈演员，昂着头，走着优美的步点，冬天身穿一件军大衣，系一条红色的羊毛围巾，是那个年代的一道亮丽的风景，而小木匠是不起眼的存在。但木匠小周哥，位卑志不短，喜欢学习，喜欢看书，常常在剧团集体宿舍走廊昏暗的灯光下看书。那个小青年木匠专注看书的剪影，不屈不挠的人生态度，也定格在我们遥远的记忆中。

歌舞剧团是我们的家，是我们青春年华绽放的地方，旋转舞台，七彩灯光，浑然天成的布景，人生如戏，戏如人生，一幕一幕，闪烁着革命英雄主义与革命浪漫主义色彩，也为我们日后的成长打下了时代的烙印。1978 年，19 岁的我，考上了大学，离开了常德地区歌舞剧团，告别了舞台，告别了那段岁月，也告别了青春为伴的同事。大学毕业后，我转行当了一名体育老师。几十年时间过去，待再见到发源兄时，已是 2014 年，木匠小周哥，已变成了踔厉开拓、勤勉奉公、颇有建树的湖南省社科界的掌门人，湖南省社会科学界联合会党组书记、主持日常工作的副主席。周书记——小木匠——周书记，我的脑海里如同蒙太奇的镜头变换，恍若如梦，时光虽苍老了青涩的容颜，却演绎出人生的华彩乐章。

春暮夏浅，短暂又漫长，时光又过去了几年，一帘幽梦惊醒了繁花的芬芳。发源兄退休后，担任湖南省生态文明研究与促进会会长，又著书立说，耕耘不止，握智慧之笔，挥毫落纸如烟云，温暖了时光，惊艳了岁月。《源道》洋洋洒洒、浩浩荡荡华章汇成4卷，87万余字，有理论文章，有调研报告，有讲话发言，有随笔短文。

岁月留痕，日积月累。《源道》篇篇精品，字字珠玑，如时光的琥珀，内敛幽深，晶莹剔透，清洁光亮，历久弥新。字里行间，是人与事，是时代变迁，是探索的轨迹，是前进的足迹，质润如玉，有股淡淡的松香味，有如李白的赞美诗："兰陵美酒郁金香，玉碗盛来琥珀光。"

《源道》如琥珀之珍贵。其文章是作者职业生涯的缩影，也是政治仕途智慧的凝结，代表了一个时代，一个阶层的声音，对研究我国社会主义建设的进程及理论发展，都有史料般的价值。文章规范而精湛的写作技巧，丰富的题材，也可以作为大学的教科书，对培养学生的写作能力，是非常难得的范文。

《源道》如琥珀之美丽。《源道》饱含作者的深情，足迹遍布三湘四水，研究领域纵横跨越。

这是湖湘文化的瑰宝。湖湘大地充满了独特魅力和生命的活力，浪漫优美，人文情怀和大自然的美在这里完美融合，在文中，我们可以感受到大自然的美丽和人文历史的厚重，让我们触摸到这片土地最真实的气息。

这是壮美的生命诗篇，是跋涉者的呐喊。发源先生曾在《杂忆五味》一文之中这样回首："我曾幻想当诗人、作家，从小就特别喜爱看书，虽然不能完全理解书中的知识，却也能沉浸其中，即便之后在做工人、闯社会的日子里，不论再忙再苦再累，也从不忘看书学习。我觉得，学习包括四个方面：于实践中洞察世事，入书本纵览古今，三人行各学其优，吾日三省吾身。这几方面持之以恒，必有收获。我做过木工、泥水工，干过很多杂事，这一感悟贯穿一生，是一生的财富。"

这是对这个伟大时代的赞美，是湖湘之子的浩气长歌，是从一个小木匠到省级社科名家的逆袭心路。他在回顾这一段难忘奋斗励志的历程时曾感慨地说："我唯一不变的是读书学习。从读情节曲折的古典小说起步，到中外各类文学名著，再到哲学、历史、政治、经济、管理、科技等五花八门的书籍和期刊报纸，拿来就看，饥不择食。一天不读书看文章，心里就有空荡荡的失落感。"发源兄无论走多远，保持原木的质朴本色，不改工匠的精益求精，牢记戏大如天的职业操守。在不忘初心中，探索真理之道，发展之道，为人之道，为官之道，人间正道是沧桑。

《源道》如琥珀之光耀。理想理念如火炬，一直亮在心里，那是共产党人的品德，那是学者的风骨，那是做人的良知与坚守。文如其人，一代人有一代人的奋斗，一代人有一代的使命，曾经握在手中温暖的岁月，以及那一片灿烂的过往，有根基，有初心，有起源，值得学习传承。前人传蜜延客住，后人秉艾催客奔，让历史的荣耀之光照进现实，一起奔赴这一场盛世之约，薪火正转变为历史的进程。

《源道》如琥珀之通透。发源兄认为，学问就是对知识和规律的探索，就是要既学又问。其30多年的学问之旅证明，问题导向是学术之魂，寻找问题、发现问题、分析问题、解决问题是做学问的基本遵循，揭示事物的主观与客观规律，通透敞亮，以开放自信的格局，立足当下百年未有之大变局，面向世界，海纳百川，以和而不同理念，求真求美求善，把握道德维度，对理论研究锤炼，这是一颗民族之心，在这个风云变幻的世界中，是自强自信的彰显，体现出一种民族文化的气韵与神韵。以文润心，因心造景，濡染人的身体与精神。这正是《源道》的价值所在。"晶莹剔透，熠熠琥珀。"《源道》以文论道，以文问道，以文传道，具有高度的诗意化、艺术化和生活化，言、象、意、道，寓意深远，文风朴实，视野开阔，兼容并包，洞见人生，滋养读者的内在精神。宛如站在沅江岸边，看江水矢志不渝，一生执着，不改初衷，朝着创造奇迹的方向，穿山破壁，气势澎湃，如瀑悬空，呼啸而下，奔腾万里。

八千里路云和月，劲气内卷，力道外舒，《源道》承载了多少故事。人生的节奏，是那么和谐，又那么恰到好处，在生命的篇章里，山色空蒙水潋滟，从澧水之滨青涩走来，是那么热烈而赤忱，那么美好而纯真，将无限荣光，落笔成一段时光，将这一生最美好最有活力的年华，定格在书中春秋里，奔着向前的方向，衣襟带风，呼啸有声。回眸过往，总会有太多的感动，深藏在岁月里。湘水滔滔，时光铭刻着过往浓烈的痕迹，奋斗过，收获过，也荣耀过，足矣。

愿发源兄永远像一个少年，可以追风。您是一个智者，心地澄明，未来的路途，从此不见您的苍老，还能闲情逸致饮茶写书，琥珀杯中深几许。

（本文撰写于 2023 年 5 月）

作者简介

陈碧华，教授，湖南省职业技能培训协会会长，湖南省人民政府妇女儿童智库专家，湖南省优秀教师，湖南省十佳师德标兵，荣立湖南省人民政府二等功一次，荣立湖南省人民政府一等功一次，全国群体工作先进个人，全国创新创业课程指导委员会专家，北京早教促进会运动与儿童成长专业委员会副理事长，吉首大学硕士生导师，出版专著 8 部，发表论文 50 余篇，主持国家、省级课题 8 项。

初心不改能致远

龚德贵

作为同乡、发小，收到发源先生的《源道》赠书时，是欣喜的。透过泛有墨香的书和承载心绪的文字，仿佛看到和他一起走来的点点滴滴。

书分四卷，以学术文章开篇，涵盖调研报告、课题成果、工作思考，至第四卷随笔与短论，呈现给我的是发源先生对理想、工作的思考与探索，对生活、人生的观察与感悟。

书名中有“道”，读书人都知“道”，它是中华传统文化中的核心理念。从老子独特的“天道”与“人道”论，到孔子说“朝闻道，夕死可矣”“君子谋道不谋食”“君子忧道不忧贫”，再到韩愈的“道统”，中华民族历来重道，虽含义有差别，但反映的却是中华民族最深沉的精神追求。发源先生以《源道》为书名，遵从了知识分子内心浓烈的初心，一直所遵循的“格物、致知、诚意、正心、修身、齐家、治国、平天下”的气质。

发源先生虽不是出身读书世家，正规上学也少，从党校理论班的学员起步，但经历的波澜壮阔的中国发展历程，孜孜不倦的求学旅程，让发源先生独具慧眼，追寻理想，乘风破浪，遇见路途山河滚烫，仰望苍穹星海荡漾。

与发源先生聊天，谈及创作，亦验证了我对此书的印象，这是做学问的书，却又是作者时刻感知悲苦欢喜的契机，作为一个时代的见证者，发源先生选择做感知器、助力器，用书、用文字将一己之乐和众人悲欢相接相连，饱含了对这片土地的无限深情。

“独乐乐不如众乐乐”，遂推荐此书。

（本文撰写于 2023 年 10 月）

作者简介

龚德贵，湖南女子学院三级教授，湖南省高教职称评审专家，九三学社湖南省委会老龄工作委员会副主任，湖南省舞蹈家协会国标舞专委会副会长，九三学社湖南女院支委会主委。主政九三女院支委会获九三学社中央，湖南省委会先进集体 5 次，个人获评先进 5 次。主要从事学校体育管理学、社会体育学等领域研究，主持国家、省部级课题 10 余项，撰写著作 4 部，获国家、省部级优秀成果奖 10 余次，发表论文 60 余篇。

深悟为人为学之道的不竭源泉

刘解龙

党的二十大召开，开启了一个以“中国式现代化”“人类文明新形态”为主旋律的新时代。在这样的背景下，《源道》的思想，也给了我新的感受与遐想。

发源先生是湖南省生态文明研究与促进会的会长和主要创建者，我是湖南省生态文明研究与促进会的副会长兼秘书长，因而我是他最直接的助手。如果说，创建湖南省生态文明研究与促进会是发源先生2015年的主要成果，那么，《源道》的出版，则是他2016年的主要成果。湖南省生态文明研究与促进会的成立，汇聚各方英才致力于生态文明建设，《源道》的出版，则向社会奉献出思想与智慧。

自湖南省生态文明研究与促进会成立以来，我们俩相处的时间很多。有人说，人与人之间熟悉了，会产生“身边无英雄”之感，但在与发源先生相处的点点滴滴中，都透露出、彰显出他对人自然真诚的关心，对社会发展的高度关注，对工作严谨规范的要求，对学问从不停歇的追求，以及高人一筹的视野、能力与精神。这些都让我深切地感受到平凡中的高屋建瓴与英雄气概。

我觉得，有些东西的巧合也许是有着微妙的因果关系。《源道》一书极为贴切地象征着发源先生对生态文明建设的重视与付出，体现了他对生态文明的独特“源道”。源者，即湖南省生态文明研究与促进会的源头开拓者，由于这个源开得好，就是“好的开始成功一半”。道者，一是体现了他对于人类文明发展本质与规律的高度敏感与深刻把握，越是智者，越是专注于一道；二是体现了开源与铺路相结合，开辟了湖南省生态文明研究与促进的新道路。

湖南省生态文明研究与促进会的发展，凝聚着发源先生的巨大心血、真挚情感与崇高追求。他所作出的创造性贡献与成就是无人企及的。从成立前的准备到成立初的艰难起步，到后来的逐步发展，到今天的大步前进，我是他的艰难与欣喜的见证者，也是陪伴者。他至少将退休后 70% 的时间与精力投入了湖南省生态文明研究与促进会的发展上。

天道酬勤，天道酬真。湖南省生态文明研究与促进会汇聚多个领域的优秀专家与人才，在 8 年多的时间中得到良好发展，得到管理部门的好评，得到全国同行的称赞，得到中国生态文明研究与促进会的多次表扬。取得这些成果最重要的原因之一，是发源先生以自己的能力、才华、胸怀与人格将大家紧密团结起来，真正为事业奋斗。湖南省生态文明研究与促进会创办的湖南省生态文明论坛年会，已经成为全国生态文明领域的知名品牌；每年立足前沿动态和发展需要确定的调研课题，为地方经济社会发展和生态文明建设服务，都产生了较大影响。如受湖南省人大委托经第三方服务的方式，对湖南“一法两条例”实施情况进行评估，成果得到了第十二届全国人大常委会副委员长张春贤的肯定性批示。

发源先生为事勤奋，为人真诚，为师宽容，为学求真。

先生为事勤奋。湖南省生态文明研究与促进会成立以来的 8 年，每年都有新作为、新成果、新影响，用“一年一个新台阶”来概括毫不为过。课题研究、智库报告、学术交流、专题调研、论坛年会、案例编写、文集出版、公益宣讲等等，每一个方面单独总结，都是一部精彩乐章，都可成一篇大文章。如果要细数其中的方方面面，足以写成一部湖南省生态文明研究与促进会的“创业史”。

先生为人真诚。我们是湖南省委党校同一届的同学，党性强是我们共同的特点与优点。近 40 年来，尽管他领导职务不断上升，但从未放松对理论的学习与研究，因此可以说，我们都一直是理论工作者。在许多方面，也有着相似的习性与“三观”。在与他的交往中，我得到很多的鼓励与关心，在为人处世方面也受益良多。真诚方有真情，真诚是维系我们情谊的最重要的因素，也是他传递给我的精神营养。他是一位让我敬重的师长。

先生为师宽容。他的宽容不是无原则的放纵不管，而是坚持原则，以宽广的平台、多元的视角，既容人之短，更展人之长，鼓励、支持、帮助同仁进步成长，表现出一位领导和师长的大度与大气。

先生为学求真。他既是一位勇于担当、善于用人的优秀领导，更是一位学术造诣深厚、成绩斐然的著名学者。我觉得“高新实”是发源先生理论研究的突出特点，更有其独特的理论价值与重要启示。

所谓高，即着眼于领袖人物的思想研究。《源道》第一卷的 26 篇文章，有 10 余篇是直接研究领袖人物及其思想的，其中多篇产生了重要影响。在我国，领袖人物的思想观点，往往具有影响最大、见解最高的特点，而且，他们的思想观点应如何更好地宣传与贯彻，需要理论界进行深入研究与阐释。也许正是这样的研究对象、研究主题，无形中将这些元素融入了自己的素养与境界之中。我自己也喜欢研究马克思主义、研究习近平新时代中国特色社会主义思想，有着同样的情怀，却达不到这样的层次。

所谓新，即着眼于时代发展最前沿、最紧迫的问题。改革开放以来，经济社会发展处于广泛深刻剧烈的变革中，我国的一切都变得活跃起来。

从当年研究邓小平决策思想到现在研究习近平生态文明思想，都是他能力与追求的自然延续，是他独具慧眼的天然表达，他在这一领域已经创造出同样令人瞩目的成果。

所谓实，即着眼于重要现实问题展开调查研究。这既需要政治敏锐性，也需要眼光独到性，还需要思想深刻性。三者缺乏任何一个方面，都难以在众多的现实问题中发现重要问题，发现紧要问题，作出深刻分析。所以，他的研究具有“顶天立地”的鲜明特色与厚重价值。

我最初看到这套“四位一体”的文集时，惊讶于书名的深刻与奇妙。《源道》之名，不仅是对成果的汇集与评价的高度凝练，实际上昭示出此书出版之后，发源先生依然沿着探求真知真理之道耕耘，从中感受到他创作一系列成果的“源头活水”。

朱熹《观书有感》中的“问渠那得清如许？为有源头活水来”是深含哲理的名句。愿我们今后的生活与工作，更多地受教于《源道》之源，愿我们未来的岁月与行程，更多地受惠于《源道》之道。

（本文撰写于2023年5月）

作者简介

刘解龙，长沙理工大学二级教授，主要研究领域：中国经济改革与发展、生态文明建设等，主持国家社科基金重点项目等20多项，发表论文300余篇，出版著作（含合著）13部，获得9项省级政府奖。现为湖南省生态文明研究与促进会副会长兼秘书长，湖南省绿色经济研究基地首席专家，湖南省人大财经委咨询专家，系首届湖南省优秀青年社会科学专家，曾任长沙理工大学经济学院院长、发展规划与政策法规处处长等职。

归来仍然是少年

田　耕

我与发源先生的相识，是从读他的文章，听他的报告开始的。很长时间，虽然未曾谋面，心已充满敬仰。

从 20 世纪 80 年代末开始，我先后在乡、区、县、市工作，要为领导写讲话稿、写理论文章、为党委政府起草文件，自己也写些稿件、发些文章。因为工作的需要，加上自己的兴趣，我经常阅读一些理论报刊。

那时互联网没有普及，工作单位地处偏远，报纸、杂志的好文章，就是我学习、借鉴的唯一来源。各单位都有征订任务，从中央到地方的各种报纸杂志，订阅得比较全，也就有机会经常阅读到发源先生的文章。他的文章紧跟形势、观点新颖、文笔优美，读来很受启发，很受用。

我到湖南省直机关工作后，才有缘见到现实中的发源先生。那时给我的印象是：这是一位有大智慧的学者型领导、领导型学者。

发源先生是理论大咖、湖南省委讲师团成员，经常应邀到各地、各单位和各种培训班上做讲座、作报告，我好几次聆听了他的报告。他个子不高，神采奕奕，他的讲课常德口音明显，气场很足，有自己的独到见解和语言风格，每次听了都很过瘾。

后来的机缘，我们先后搬到了同一个小区、同一栋楼、同一个单元居住。作为上下楼邻居，就有了经常见面的机会。退休在家的发源先生满头白发，热情开朗，而我的性格相对内向，往往我还没来得及开口，他的招呼、问候已到。这时给我的印象是：这是一位平和、热情、儒雅的邻家大哥。

其间，得到发源先生亲笔签名的四卷著作《源道》。刚一拿到这套书，就被别有韵味的书名和高雅大气的装帧设计所吸引，就有了阅读的欲望和冲动。他说，源，是周发源名字的缩写；道，便是自己走过的路，做过的事，说过的话，发过的文。发源先生的著作，发源论道，没有比这更贴近作者的书名。

发源先生说，用文字记下来的思想才会传承远播。学而不思则罔，思而不学则殆，学思不写则无。《源道》的每一卷、每一篇文章都经过精心地挑选和编排，诠释了发源先生数十年来求道、问道、悟道、明道的心路历程。《源道》之名，也是对发源先生数十年学术成果的高度凝练，记住历史，记住梦想，记住青春，记住激情。我想，也没有比这更符合全书内容、体现全书价值的书名。

在我看来，《源道》，犹如一道光，给人方向，给人希望，给人力量。在这套书里面，我认识了曾经的，有梦想和激情、博学而睿智的发源先生。

但真正与发源先生共事和近距离交往，是从 2021 年上半年开始，我加入湖南省生态文明研究与促进会的公益队伍之后。

发源先生在临近退休时，敏锐地认识到，人类社会将进入生态文明新时代，习近平生态文明思想深刻揭示了这一规律，湖南省委、省政府高度重视生态文明建设。他发起成立湖南省生态文明研究与促进会并亲自担任会长，这是一个全新的领域。

他曾经和我谈到，习近平总书记说，良好生态环境是最公平的公共产品，是最普惠的民生福祉。过去补路修桥，是一种积善行德，现在的生态环保有很多急迫的问题要解决。我们发挥退休余热，通过社会组织为生态文明建设做点事，为国家、为社会、为老百姓做点事，这是当代的、更高层面的一种积善行德。正是发源先生这种朴素的情怀，撑起了生态文明公益这片崭新的天地。

转行生态文明领域，也正好呼应了《源道》开篇作者表露的心迹——把“留恋”固化，把“希望”续起；以甲子轮回为新起点，不负“第二春”。发源先生按照“高规格、小规模、真管用”的原则，搭建架构，组建队伍，用拼命三郎的精神，开启了真正的第二春。

发源先生对我逐步熟悉了解后，邀约我参与湖南省生态文明研究与促进会的工作。我当时已经参与了传统文化、瑶族文化、乡村助学等公益，策划发起的公益项目已在全国、全省有一定的影响，感觉时间有点不够用，也曾犹豫过。

但源于对发源先生的尊崇，源于我自己从基层工作开始就一直比较关注生态、关注环保。曾经在乡镇工作时就果断制止了一个村子把一片原生杂木林卖掉做柴火的做法。因此，也就欣然接受，在湖南省生态文明研究与促进会做了一名志愿者。

从 2021 年开始，在发源先生的领导下，办年会、做课题、写案例、跑项目、搞活动、做调研……在与发源先生相处的时光里，领教了他对工作的严格要求，也感受到他对人的真诚宽容。从他身上我学到不少，行走在公益路上，共同成长进步。

湖南省生态文明研究与促进会的事业展开后，工作量非常大。而专职人员只有一人。发源先生在做好总体部署的同时，经常是亲自上阵。

记得在做 2021 年湖南生态文明建设典型案例征集，编辑《风景这边独好——湖南生态文明建设典型案例（2021）》一书时，他先后开了 10 多个会议，对每个案例都从理论的高度、实践的经验、推广的价值等角度，提出原则和思路，并认真审阅、逐一修改、最后定稿出版。

该书以纪实、通讯的方式创新案例编写，展示湖南生态文明的生动实践，出版后深受读者欢迎。

2022年，湖南省生态文明研究与促进会在全国率先开展“学习贯彻习近平生态文明思想公益宣传培训三年行动计划”，打造生态文明湖湘样板，讲好生态文明湖南故事，形成了湖南生态文明公益大讲堂品牌。这不仅是全国首创，也是湖南的自觉行动。体现了在发源先生带领下，湖南省生态文明研究与促进会牢记嘱托、敢为人先的责任担当。

经过近10年的发展，湖南省生态文明研究与促进会已经成为全国生态文明领域地方社会组织的一面旗帜，在全省乃至全国发挥了重要的示范引领作用。先后被评为“全国社科联先进社会组织”“全省先进社会组织”“湖南省两新领域标杆党组织”“5A级社会组织”……

在我看来，发源先生转行生态文明这一全新领域，很快做得风生水起，做成全国品牌，还得益于他那种乐观自信的心态，不折不挠的精气神，以及顽强的意志力学习力。

他不到14岁下农村，后来做木匠，最终做官做到正厅级领导，做学问做到成为社科理论界的优秀专家、享受国务院政府特殊津贴、拿全国精神文明建设“五个一工程”奖。这种经历和成就，令人赞叹，令人内心仰望。

曾经在聊天时，发源先生不止一次提到，因为没有学会电脑打字，写作很不方便。今年春节过后，他从海南回来就告诉我，过年期间把电脑打字学会了。这让我惊喜不已！我们两人都没有进过正规大学，都是靠自学一点一滴地积累、沉淀、突破。他常常以自己是电大毕业生而自豪。他那种顽强的学习力和自控力，让我自叹弗如，也让我发自肺腑地敬佩。

发源先生还说过，过去在职时，身体胖，毛病多，每年都要住一两次院。退休后，每周的健身运动雷打不动，不为繁杂琐事干扰；每餐的水煮蔬菜必不可少，不被美味佳肴所惑。几年下来，再没有吃过药、住过院。现在发源先生年近七旬，精神矍铄，满面红光，坐如钟，行如风。

几年共事的日子里，先生给我的感觉是：精力充沛，思维敏捷，身体健朗，心中有梦，眼里有光。让我想到一句话，最适合当下的发源先生：归来仍然是少年！

未来的旅途，祝愿发源先生：永远像一个追光少年，向阳而生，筑梦前行！

（本文撰写于 2024 年 5 月）

作者简介

田耕（原名田振和），男，1966 年出生，瑶族，湖南江华人，中共党员，中央党校研究生学历。现任湖南省生态文明研究与促进会党支部书记。曾先后在乡镇政府、区公所、县委办、市政府、省直机关工作，获一次记功、一次记三等功。主持省部级课题 1 项，在《湖南日报》《湖湘论坛》等报刊发表研究文章 20 余篇，参编文集 5 部。长期从事传统文化、乡村助学、生态文明公益。

《源道》溯源

李曼华

20世纪80年代初，作为湖南省戏剧学校常德歌剧班的学员，我被分配在常德歌剧团，俗称专歌。在那个灰色与彩色服饰相交替也是改革开放的早期年代，每个人都充满着对“大学”和“大学生”的遐想与渴望，也就是对知识与命运的遐想与渴望。

就在那个阶段，有少部分人不但遐想和渴望，更有对命运的挑战与奋斗的行动，此间，经常招呼专歌人去他家享用他的贤妻做的“好吃的”的舞美木工周发源，成为第一个靠常年挑灯夜读自学而踏入大学门槛的专歌人。

专歌人在羡慕发源先生已实现自己梦想的同时，更感叹他坚持不懈、顽强自学的毅力。那时起，除了看到小说等书本里的人被称为标杆外，发源先生成为我目睹的第一个有愚公精神的我的标杆，是唯那个时代才有的向阳而生的时代标杆。

发源先生最终能成为高山仰止及有特殊成就的学者和掌门人，与他童年少年时代经历的苦难，与他所处的时代氛围和他百折不挠的精神气概紧密相关。

我一直称发源先生为“发源兄”。发源兄的《源道》我早就虔诚地拜读过，但绝不敢妄为地评头品足，有的只是至今都潜藏于心的赞叹与崇敬。

《源道》是发源兄不辞辛苦地从底层踔厉攀登至巅峰后，向所有奋斗者呈现出的一条传奇的奋斗之路。发源兄，期待哪天再聚，听您细说《源道》。

（本文撰写于 2023 年 5 月）

作者简介

李曼华，视业金鼎国际文化传媒（北京）有限公司总经理、中国国际卫视（香港）有限公司董事局主席总台台长，中国人民大学在职研究生、DBA 博士班毕业。从业以来，相继采访了近万人次。担任总编导、总策划、总撰稿的影视作品多次获得国家级奖励。

缘与源

——《源道》与我

田　敏

时间犹如珠链，织出经纬上的美丽瞬间，串出人世间的动人故事。我就用曾经的时间节点，抒写我与《源道》的作者——周发源导师之间的缘与源。

一、导师之缘

生命中我们遇到过多少人，有的擦肩而过，有的刻骨铭心。正如《源道》第四卷开篇《我爱索溪的山》和《黄狮寨看日出》，导师对张家界的爱溢于笔端，彼时他怎么知道会与一位张家界的学生有师生之缘？

2008 年 11 月 23 日

拿着湘潭大学给我的导师名字和联系方式，我第一次拨出了导师的电话。电话那头，是一个温和的男中音，问了我一些在湘潭大学 MPA 的学习情况和毕业论文的基本想法，鼓励我好好写论文。我心下紧张的情绪突然释然，庆幸自己碰到了一位好导师。

湘潭大学在给我们 2008 级在职 MPA 班 100 多位同学安排导师时，绝大部分安排的是本校导师，给我安排一位长沙的导师，当时内心很是忐忑，但第一次通话，就给我温暖，让我信任。此后我们就如同亲人一般，节日的问候、平时的关心、相互的走动渐渐多了起来。师生的缘分由此开始了。

2013年4月，我将父亲改编的“四大名著”花鼓词唱本结集出版时，请导师作序，他欣然写道：“生于斯、长于斯，耳濡目染并参与创作这种民族艺术的他们，对花鼓词有太多的喜爱和珍惜，我备受感染，也十分感动。愿这种民族艺术代代传承，不断创新，在中华民族艺苑中生机盎然，吐芳争艳。”导师的序，对于一位普通的创作者而言，是多大的支持和鼓励啊。

二、传道之缘

导师用30多年的功力汇聚成《源道》，第一卷即是从100多篇理论文章中精选的26篇，仔细阅读这些理论文章，可更深刻地体会到导师常常对我说的“用心做学术、用心著文章”。

2009年9月10日

今天正是教师节，下午三点我赶到导师那儿请教毕业论文写作的事，经过一个半小时的交流，导师就论文写作给出了三方面建议：一是关于主题思路方面突出公共管理创新；二是关于论文特色方面要写成管理论文，重在借鉴经验、总结自身典型做法；三是对四个章节的具体建议。因为有了导师的精准指导，论文修改几次之后，2010年12月4日答辩一次通过，2011年1月14日顺利拿到了学位。那一刻，近三年的辛苦被学成的喜悦取而代之，我迫不及待地将这个好消息告诉了导师，导师也为我感到高兴。

2011年1月18日

今天是我参加公开选拔领导干部考试到新岗位任职的第一天，这个过程中的每一步，导师都一直支持我、鼓励我。我体会到，我能从毕业论文研究的园区管理领域跨越到新岗位来，导师为我的进步而开心；我能在新岗位从事研究工作，我们更有交集；新岗位的事业崇高而光荣，值得好好耕耘。

我在新岗位的第一次授课、第一次参赛、第一次课题，都与导师息息相关。他是一位知名的专家、学者、教授，传承“耕读持家”的古训，坚守“文章千古事”的道义，无论哪一方面都是大家，有了他画龙点睛般的指导，自己在学术研究的道路上孜孜以求、其乐无穷。

三、解惑之缘

在崭新的岗位和崭新的日子里，我把《源道》放在案头，从中寻找工作困局的破解之道、生活困境的释然之法。导师的 42 篇讲话和 72 篇随笔，就是世界观和方法论。《学习与人生》是导师一生践行的原则，“学以晓物、学以明理、学以致用、学以养性、学以为乐”的五重学习境界，“专与博结合、学与思结合、学与说结合、学与写结合、学与做结合”的方法论，六十甲子“学不止、思不怠、研不懈、写不停”的人生“第二春”，放在什么时候都是满满的能量和养分。

2013 年 9 月 5 日

这是我到任又一个新岗位的第一天，是全新的挑战。工作连轴转，问题不间断，每天都在异常忙碌中结束和开始，我与导师的联系更紧密了。有些工作上的困惑告诉导师，他及时授业解惑，对我的帮助很大。

导师介绍一些好的工作经验让我学习，也推荐优秀书目让我阅读。他用《团结·敬业·真诚·善良·宽容》引导我，用《与时代同行——〈新时期共产党员修养论〉评介》《思想者的轨迹——读〈求实集〉有感》影响我，用《我们应该怎样工作》开导我，犹如一盏明灯照亮我前行的道路，犹如缕缕春风温暖我奔跑的身影。

2022年11月1日

今天，导师应我之邀约为领导干部授课。导师退休后一直从事生态文明公益事业，各方面的成果在湖南省乃至全国形成了品牌，经常以公益宣讲形式传播习近平生态文明思想。课堂上他侃侃而谈，为张家界这座以生态立市的旅游城市出谋划策、释疑解惑，既让听课的各位领导干部享受了知识盛宴，又启迪大家对张家界生态文明实践的深刻思索。

他说，真正的解放思想，需要有“闯”和“冒”的无所畏惧的精神，要敢想、敢说、敢做、敢为人先，敢于坚持真理，敢于从实际出发，研究现实问题，提出解决办法，大胆作出决策。这应该成为张家界在建设世界一流旅游目的地进程中的清晰觉醒和实践要求。

四、人生之源

探寻人生之源，每个人观照自己和周遭，都有不同的认识和答案。对导师，我充满崇敬和爱戴，对他的家人，我充满热情和感激。与导师交往的16年，我的思想得到新启迪，在导师身上，我学到了更多的智慧。导师从贫苦中走出来，人生经历丰富，对学术的追求成为他一直向上生长的动力。“当人具有梦想并为之奋斗时，当向梦想迈进哪怕是一分一寸时，那是何等的幸福！”，正是为了“记住历史、记住梦想、记住青春、记住激情”才有了《源道》，而这也成为我成长的最好滋养。

导师说：“欲知山中味，须在山中行。”自然万物与我们，万世学问与我们，都是可喜的存在。《源道》是一个人一生精华的荟萃，是一个人从人生之源头至广阔的江河湖海的汇聚，带给我们向上的精神力量，要读懂并运用它们，需要一世的修行。人生有源有头，学问无止无尽，我愿意一辈子在书山的浩瀚中和精神的宏阔里砥砺前行！

（本文撰写于2024年1月）

作者简介

田敏，现任中共张家界市委党校（张家界行政学院）常务副校（院）长，硕士，主要研究方向为行政管理。发表《“三圈理论”模式下张家界旅游与文化融合的思考》《牢牢把握新时代党校工作的根本遵循》《筑牢夯实党校办学治校“生命工程”的路径选择》等文章。

值得学习与追随的好领导

李云峰

我是 2015 年 10 月调到常德市社会科学界联合会以后认识发源先生的。发源先生不仅是常德人，还是迄今为止唯一直接从常德市社会科学界联合会调到湖南省社会科学界联合会工作的常德人，是常德市社会科学界联合会成立以来官至正厅、担任过湖南省直部门主要负责人的第一人，我由此自然产生一种亲切感而倍加珍惜这种缘分，只要我知道他来常德市调研、视察、讲学、指导工作甚至拜访故友，我也一定会抽空陪伴、看望，常德市社会科学界联合会有重大活动我们也要邀请发源先生，争取他的支持、指导和参与。

在我与发源先生多年交往中，我一直感觉他是一个做人称楷模、事业有建树、为学精进不止的德高望重的好领导。《左传》有云："太上有立德，其次有立功，其次有立言"，也即古人说的"三不朽"。发源先生可以说真正做到了"三不朽"，确实令人高山仰止！

其一修身怀德。在这么多年的交往中，我内心感觉发源先生一直是一位谦虚谨慎、和蔼可亲、受人尊敬的好领导。他对待同事朋友是同志和兄弟般的友谊，对待下属是长辈一样的关怀，有着春天般的温暖，尤其是对待老领导、年长者是由衷地尊敬、爱戴和关心。他始终坚持怀德报恩。我记得很清楚的是，他每次到常德都要首先看望长期患病卧床的老领导杨杰，嘘寒问暖、关怀备至。几十年如一日，一个人能做到如此极其不易。

其二事业功成。发源先生在担任湖南省社会科学界联合会领导期间，湖南省社科事业得到长足发展。推动出台湖南省发展繁荣社科事业政策文件和《湖南省社会科学普及条例》；湖南省社会科学界联合会机构队伍包括省社会科学界联合会机关、高校社会科学界联合会、基层社会科学界联合会、社会组织都有很大突破；社科普及走向经常化、规模化、法治化、阵地化，影响日益扩大；社科课题研究更加实用有效、更加规范有序、更加广泛深入，许多重大研究成果都被中央和湖南省委、省政府采纳；建立社科评奖长效机制，权威性高、影响更大……湖南哲学社会科学事业呈现出繁荣发展新局面，学术交流不断，学术氛围浓厚，研究成果丰硕，优秀人才辈出，“社科湘军”在全国异军突起；湖南省各级各类社科组织不断发展壮大，社科工作基础不断夯实，社科队伍结构不断优化，社科工作的覆盖面和影响力不断深化拓展，在服务党委政府科学决策和经济社会发展中的作用越来越重要；湖南省社会科学界联合会的各项事业得到了长足发展，逐步发展成为组织结构较合理、综合实力较强、学术界影响力较大的具有管理职能的学术性人民团体，社会地位大幅提高，社会作用日益凸显，在促进湖南经济、政治、文化、社会、生态文明和党的建设发展进程中，发挥了不可替代的重要作用。

周发源看望老领导中共湖南省常德地委原宣传部部长杨杰及夫人叶志芬时合影。摄于 2017 年 12 月

其三自强不息，学无止境。数十年来，发源先生笔耕不止，在全国各类刊物发表文章数百万字，专著、合著、编著 70 多部，可谓著作

等身，堪称学术大师。可一般人不了解的是，他只上过小学，没上过初中，更不是出自名门名校，而是从做纺织工、剧团布景木工等人生底层一路走来，他是在苦难历程中通过自学上电大、党校等多种途径自学成才的光辉典范，也是励志图强的楷模。

发源先生的文集《源道》共 4 卷。俗话说，文如其人，文以载道。通过研读他的这部著作，就能“窥一斑而知全豹，观滴水可知沧海”。

这是一部丰富的人生著述。《源道》几乎囊括了发源先生对政治、经济、社会、文化、人生的思考。先生在前言中，讲述了他“笔杆子”的起源、发展之路，并讲到“文章合为时而著”“论文是时代的产物，也必然留下时代的痕迹”。通过这部著作，的确可以看出，每一篇文章都与当时的形势、境况相契合。比如，《不断推进马克思主义与中国实际相结合科学化》一文，讲述了中国共产党成立以来，马克思主义的不断传承与发展，以及在理论创新基础上的实践演化，最后得出三点启示：加强学习型政党建设，加强党的执政能力建设，坚持党的群众路线，深刻揭示了马克思主义在中国蓬勃发展的内在经验，该文也成功入选了中组部“纪念中国共产党成立 90 周年党建研讨会”。

《源道》蕴含着丰富的理论功底。读完此书，深深被发源先生的理论知识所折服。比如在第一卷《善于总结经验 实现正确决策——邓小平决策思想的一个显著特点》中，作者从“既总结正面经验，又吸取反面教训”“既立足本国经验，又借鉴别国经验”“既注重历史经验，更强调现实经验”三个层次，讲述了邓小平决策的三个重要特征。如，在分析总结社会主义建设的失误，以及“文化大革命”的教训时，邓小平指出“不管你搞什么，一定要有利于发展生产力”，并且强调无论是反对“左”的倾向还是反对右的倾向，他都始终坚持四项基本原则不动摇。邓小平讲“每年领导层要总结经验，对的就坚持，不对的赶快改”“总结历史，不要着眼于个人功过，而是为了开辟未来，过去的成功是我们的财富，过去的错误也是我们的财富”。书中列举的邓小平的种种论述、种种事例，让我们从作者深厚的理论素养和理论阐述中，看到了一个鲜活的、伟大的、胸怀宽广的领导者和决策者，看到了邓小平坚持将马克思主义与中国实际相结合的生动实践，看到了中国历史上伟大变革的推进和演化。

《源道》充满着鲜活的人格魅力。从书中，可以见到发源先生独具特色的人格魅力，在第四卷《书斋取名记》中，作者讲到，想为书斋取名，从“尽心斋”到“静心斋”，再到“净心斋”，三个不同的名字，展示出作者对读书三个层次的解读，从“知识就是力量”，为功利而读；到“精神调养”，为避世而读；再到“修身齐家治国平天下”，为净化心灵、回报社会而读。层层递进的“读书目的论”，诠释出作者胸怀天下、富于大爱的价值观。作者指出，要“高度重视农民工‘城乡边缘人’这一特殊群体”“使农民工感受到社会的更多关爱”，充分显示出作者深厚的人本主义情怀，值得我们学习与追随。

（本文撰写于 2023 年 7 月）

作者简介

李云峰，常德市人大民族宗教侨务外事委主任委员，中国管理科学院特约研究员，湖南大学硕士研究生校外导师，湖南文理学院习近平法治思想研究所执行所长，常德学院特聘专家。先后出版著作 12 部（套）；在《中国社会报》《湖南社会科学》《湖南日报》、学习强国、红网等媒体发表文章 20 多篇。

梦想的力量

鲁云生

一次偶然的机会,我应邀去湖南省生态文明研究与促进会交流学习,会长周发源先生非常热情地同我们分享了生态文明建设方面的新理念,我受益匪浅,触动很深。临走,先生拿出厚厚的四卷书《源道》,交到我手里,语重心长地说:“云生啊,我这些年走过的路、做过的事、说过的话、发过的文大多记录在这几本书里了,现在赠送给你,你回去好好看看,相信会对你有帮助的。”望着眼前这位如父亲般慈祥的长者,我心中满是感激和感动。从他的眼睛里,我读到了一种坚定,一种力量,一种精神。

回家后,我开始如饥似渴地阅读《源道》,我想透过这每一个文字,去感受“源道”的内涵。从理论文章、调研报告,到讲话发言、随笔短文,一篇篇用心记录的文字,仿佛让我看到了一位追梦人坚持初心、自强不息的奋斗史。发源先生在前言里说:“当人具有梦想并为之奋斗时,当向梦想迈进哪怕是一分一寸时,那是何等的幸福!”于先生而言,虽不是出身诗书世家,正规上学也少,但他始终坚守着读书改变命运的理想信念,坚持刻苦自学,最终成功,取得了官学双丰收的成就。或许,这正是梦想的力量!始于佳作,鉴于实践,《源道》的魅力,让我顿生一种“不畏浮云遮望眼”“乱云飞渡仍从容”的感觉。

梦想，是我们前行的指南针，是帮助我们成功的基石。追梦需要态度，需要信仰，更需要坚守。先生说，人生必须有信仰、有目标、有希望，这样才会具有终生不竭的动力。他是从爱好文学、追梦文学起步的，即便是在艰难曲折、辛苦谋生的日子里，在想读书而不能进入学校的条件下，他始终认为“耕读持家”源远流长，述而不作总有遗憾。他记录的每一个文字，犹如烛光晨曦，予人希望，给人动力，令人向往。

如果把梦想比作一束光，那先生追梦的过程就是在不断地靠近光，再靠近光，而让先生最终成为光的是他脚踏实地、务实创新、锲而不舍的精神以及他顺应时代发展所撰写的学术著作及调研报告。他坚信经世致用是湖湘文化的品格之一，服务社会、服务人民、服务决策是时代对学人的呼唤。因此，他注重开展实地调研、解决现实问题。选择热点难点、紧扣实际实践、深入探讨分析、提出政策建议成为他调查研究和撰写报告的基本思路。翻开《源道》第二卷，一篇篇来源于实践又高于实践的调查报告呈现于眼前，调查表、统计图这些具体的数据分析说明便是最令人信服的依据。正如先生所说，理论既要好听可信，还要好用管用。所以，他花了大量的时间和精力求教于大地和群众，写出了更具指导性和实践性的调研报告，他的课题成果最终得到了媒体的大力推介。

《源道》中有一篇名为《书斋取名记》的文章，记录了先生给他的小书斋变更名字的过程，从“尽心”到“静心”再到“净心”，先生认为，“净心”是读书的最高境界。我想，不光读书，为人处世亦如是矣。“尽心”需时时努力，“静心”需长期磨炼，“净心”更需终生修养。让我们跟随先生的脚步，带上“三心”，以梦想为帆，以勤奋作桨，乘风破浪追光前行。

《源道》有缘，毕生惜之！

（本文撰写于 2023 年 10 月）

作者简介

鲁云生，现任湖南第一师范学院城南书院党委书记，高级政工师，高级职业指导师，湖南省学生就业工作专家库成员，主要从事思政领域与就业方向研究。主持省厅级课题 4 项，省级课题 5 项，参与编写专著 1 部，公开发表论文 20 余篇，多次评为学校“优秀教育工作者”“优秀共产党员”；被中共双峰县委评为“优秀党支部第一书记”；被中共湖南省委、省人民政府授予“湖南省脱贫攻坚先进个人”及“最美扶贫人物”荣誉称号。

人生应该有这样的追求

申永丰

初读《源道》，是8年前。其时，我在湘潭大学出版社任副社长，有幸阅读了还是初稿的书稿，便觉其平实自然，美丽充盈。那时读书看稿子，多是工作需要或者学业需要，功利性目的很强，主动性投入不够，往往是囫囵吞枣，一知半解，没有认真消化，没能真正理解其中的价值与意境。2021年，我回到湘潭大学出版社任职。一次在长沙遇到周发源老师，聊起他退休后的工作和生活，《源道》自然是重点话题。因为敬佩周老师的为学为人，我花了一些时间，用心再读《源道》，别有一番感触在心间。

周老师文如其人。周老师的人生，是一部读不完的书。他喜欢文字，自1984年公开发表第一篇文章《黄狮寨看日出》后，与文字情定终身，笔耕不辍，乐在其中，成在其中。《源道》即是从他发表的数百万字的文稿中，精选出近90万字编辑加工而成。细细品读，如沐春风。一是文字优美。全书文字很美，美如黎明雪色中的太阳，“像一个腼腆的孩子，红着脸，慢慢地走着，走着，每走一步似乎还要回头探望一下”，真能“把人带到一种超凡脱俗的意境”。二是功力深厚。“泉水叮咚，沉积的是遗忘，流出的是欢歌。”易写之人难有高境，难写之人易有深意。周老师之所以能够写出优美的文章，是因为他“崇读、崇思、崇写”，不断提升自身内力修为，将日常工作、生活转化为深厚的文章，让人耳目一新，流连忘返。三是意蕴悠长。《源道》晓畅而不艰涩，平白而有韵致，字里行间的深邃，浪漫到让人心醉。这样的文章，用眼睛读远远不够，用脑用心读，才品得出其中一二味。打开这被岁月折叠的时光，感觉文字多而不错，繁而不乱，一种干净纯粹的清香萦绕心头，招引着我，甚至“蛊惑”着我不停读下去。正如书中所言，人生有限而思无限，在思想的天空中摘取最美的彩霞，把它物化为文字，可以激励自己，也可以启迪他人，是收获与奉献的双赢。不知不觉中，就知道时间都去哪儿了。

周老师知行合一、学以致用。周老师经历非常丰富，他读万卷书，行万里路。1985 年，他考上湖南省委党校理论班，开启了理论学习和研究的航程，一颗学术之星冉冉升起。文章合为时而著，歌诗合为事而作。《源道》凝聚了周老师 30 多年的心血。4 卷本《源道》，选题承载厚重价值，内容回应时代需要，文字呈现美好图景，政治性与学理性兼容，理论性与现实性兼备，思想性与可读性兼顾，唯真唯实，记录历史，展望未来。第一卷的 26 篇理论文章，紧扣时代脉搏，回应群众关切，用精准深刻的笔触书写伟大时代，将论文写满湖湘大地，既好听可信，也好用管用。第二卷的 10 篇调研报告，坚持问题导向，破解发展难题，真正把情况摸清、把问题找准、把对策提实，尽管时间跨度较大，但其中的理论、观点和方法，今天读来，仍然具有很强的实践价值。第三卷的 42 篇讲话发言，记录所思所为，承载使命担当，是他工作理念、思路、方法等的集中展示，既有“普通话”，也有“专业话”，虚实结合，形神兼备。第四卷的 72 篇随笔、散文、书评、序言、短论等，涉及对人生的感悟，对社会的感触，对生活的感想，对朋友的感情，记载了许多美好故事，其中蕴含的思想、折射的道理，呈现的境界，让人“不需要想起，也不会忘记”。

周老师源道至简。周老师是我的学业恩师，更是我的人生导师。20年前，我刚考上研究生，他是我的任课老师，讲授科研方法课，其中，讲如何撰写科研论文、如何做调查研究的场景，从选题到论证再到结论，从思路理顺到观点提炼再到语言组织，历历在目，至今还受用。研究生毕业后，我们一直有联系，我对周老师也有了更多了解。他丰富多彩的人生阅历，积极向上的生活态度，一丝不苟的事业追求，均让我受益匪浅。周老师起点并不高，年轻时种过田，学过艺，进过厂，曾经辛苦谋生，“想读书而不能进入学校”，但他凭着对“真善美的坚守和追求”，通过“读与思、知与行的点滴积累”，长期自省、自励以达自觉，成为知名学者。一路走来，颇不容易。言为心声，语为人镜。周老师热爱工作，热爱生活。生活中，他乐观豁达，真诚宽厚，喜与亲友、师友、书友交流，常用文字记录宝贵的瞬间，描绘心灵的感受，学不止，思不怠，研不懈，写不停，年年开出真情之花，岁岁结出智慧之果。工作上，他慎终追远，勤于思考，倡导“研究性工作”，将其视为一种更高的工作精神、一种科学的工作方法、一种良好的工作品质，是使工作更有成效、更有乐趣、更有价值的工作状态，并总结出研究性工作的四要素：分析情况、明确目标、找准路径，注重方法。

读好书如沐春风，赏佳文似饮甘泉。在这日新月异的时代，工作越来越忙，生活越来越闲，怎样把握快节奏工作的忙碌？怎样享受慢下来生活的快乐？《源道》给出了很好的答案。

（本文撰写于2023年8月）

作者简介

申永丰，湘潭大学出版社党总支书记、社长，湖南省高校思政工作中青年骨干。主要从事行政文化与行政哲学教学和研究工作，主持教育部人文社会科学研究项目、湖南省社科基金重点项目、湖南省软科学项目等课题20余项，出版专著2部、合著3部，在《重庆大学学报（社会科学版）》《湘潭大学学报（哲学社会科学版）》《中国出版》等刊物发表学术论文40余篇，多项成果被《新华文摘》、人大复印资料、学习强国、中国新闻出版广电报等转载、报道，获第四届湖南省社会科学界学术年会学术征文一等奖、湖北省社科期刊第十四届优秀文章三等奖等奖励10余次。

正本清源道春秋

黄渊基

《源道》是发源先生30多年治学为政、著书立说的结晶。我与发源先生曾共事6年，着重谈三点体会。

一、对周发源先生的著述充满敬意

古人云："盖文章，经国之大业，不朽之盛事。"《源道》全套4卷，约87万字，是作者辛勤汗水的结晶。

"源""道"出了理论的"真"。《源道》第一卷收录作者理论文章26篇。"理论是实践的先导。"从1987年发表第一篇学术文章开始，作者陆陆续续在各类报刊公开发表了理论文章100多篇，其中在《求是》发表理论文章7篇（其中内刊2篇），《光明日报》《党校论坛》《党建研究》等大刊名刊多篇，《新华文摘》长文转载2篇，中国人民大学书报资料中心全文转载19篇。这些理论文章，无不透出作者对理论的深刻思考，是作者求真、悟理的深刻体现。

"源""道"出了调研的"实"。《源道》第二卷收录作者调研报告10篇。"文章合为时而著。"作者非常注重结合经济社会发展实际、围绕中央和湖南省委决策部署开展调查研究，形成了大量有针对性、可操作性的调研报告，或得到中央和湖南省领导批示肯定，或进入党委政府政策文件，为党委政府科学决策提供了咨询参考和智力支撑。

“源”“道”出了讲话的“情”。《源道》第三卷收录作者讲话发言42篇。涉及中心组学习会、学会年会、学术年会、学术研讨会等各类会议，有的是学习贯彻上级精神，有的是谋划部署工作任务；有的是工作报告，有的是专题讲课，有的是座谈交流；有的侧重做事，有的注重为人，无不透出作者深切的社科情怀、为民情怀。

“源”“道”出了妙笔的“意”。《源道》第四卷收录作者随笔短文72篇。收录作者创作的书评、短论、散文、随笔等，既有对自然与社会的歌颂与赞美，也有对人生的感悟与反思；既有对自己情感心声的抒怀，也有对他人的真切期望，无不透出作者妙笔生花的笔意。

二、对周发源先生的栽培充满感恩

我于2011年5月至2017年12月在湖南省社会科学界联合会工作，一直在发源先生的关心、栽培下学习成长，满怀感恩。

感恩他的赏识。2011年5月我从中南大学硕士研究生应届毕业，报考湖南省社会科学界联合会，经过了笔试、面试、现场调研写作、面谈、政审等环节，经历了省情与对策研究中心、办公室、《船山学刊》、科研组织处等多部门双向了解，最后把我安排在科研组织处工作。发源先生对我有知遇之恩。

感恩他的领路。我对湖南省社会科学界联合会的认识和了解，对党的哲学社会科学事业的认识和了解，对宣传思想文化和意识形态工作的认识和了解，都是发源先生引领的，是他这位“师傅”领我进了社科殿堂的大门。

感恩他的指导。在湖南省社会科学界联合会的工作，对社科普及、学会管理、科研组织、课题研究、成果评奖、成果鉴定、专家评优、学术交流等工作从慢慢熟悉到得心应手，都是发源先生指导、传帮带的结果。特别是学术论文的创作、调研报告的写作、讲话发言的起草、总结汇报的撰写等，全是在他那里取的经。

感恩他的关心。在湖南省社会科学界联合会的工作学习生活，包括个人职务职称晋升、攻读博士学位、培训进修学习等，发源先生都关怀备至，直到现在，一直还在关心我，鼓励我。可以说，没有发源先生的关心，就没有我的现在。

三、对发源先生的人格充满景仰

发源先生说："人是要有点精神的。不管岗位、年龄如何变化，只要一息尚存，就应有所追求、有所奉献、有所作为，为国家、为人民、为自己。"他政绩斐然、著述等身，为学为政为人都堪称典范，是我一生追随的榜样。

要学习发源先生的好学精神。不管处于人生什么阶段，不管有没有条件，发源先生始终保持学习的劲头，孜孜不倦地学习，终成学术大家。他是享受国务院政府特殊津贴专家、湖南省优秀社会科学专家、湖南省优秀专家，湖南省人民政府院士专家咨询委员会首届、第二届、第三届委员。作品获全国精神文明建设"五个一工程"奖，中国图书奖，湖南省社会科学优秀成果一等奖、二等奖、三等奖、特别奖等省部级以上奖励 15 项。

要学习发源先生的敬业精神。他团结带领湖南省社会科学界联合会全体干部职工，团结带领湖南省社科界几十万大军，夙夜在公，奋发作为，为繁荣发展湖南哲学社会科学事业作出了巨大贡献。湖南省社会科学奖评选、省级社科类社会组织党建、社会科学普及立法、岳麓书院讲坛、湖湘大学堂等工作，在省内外社科界都产生了重大影响。尤其是其在领导优秀社科成果评奖、优秀社科专家评优、课题立项和成果鉴定中秉承"让获奖者有尊严，让评审者无干扰"的理念，严守"不打听、不泄密、不许诺、不打招呼”的纪律，得到湖南省委主要领导和省内外社科界高度赞誉。

要学习发源先生的实干精神。他始终坚持把论文写在大地上，围绕中央和湖南省委重大决策部署开展调查研究。抓湖南省社会科学界联合会的工作、推动社会科学繁荣发展，注重真抓实干。退休后致力于生态文明建设工作，担任湖南省生态文明研究与促进会会长、湖南碳达峰碳中和专家咨询委员会副主任，为湖南生态文明建设建言献策、奔走呼号。

要学习发源先生的勤勉精神。他一生勤勉，下过农村、学过手艺、闯过社会、进过工厂、待过剧团，后来进入党校、进入湖南省社会科学界联合会，最后成为湖南省社会科学界联合会党组书记、湖南省十二届人大常委会委员。他说，实现自己的目标需要不断地努力。人群中有天才，但属于极少数，绝大多数天赋相近，成功与否、成就大小，与勤奋努力的付出多少成正比。“没有躺平的命，那就奋力奔跑”“即使是有一定天赋的人，也必须靠勤奋努力才会取得超过一般人的成就”，这些都是他带给我们的人生启示。

最后以自创的一副对联表达对发源先生的敬意：

上联：厚积薄发，一片丹心报伟业

下联：正本清源，数枝妙笔写春秋

横批：发源传道

发源先生说，将以甲子轮回为新起点，学不止、思不怠、研不懈、写不停，开启自己的“第二春”。祝发源先生人生永远青春、创作永远青春！

（本文撰写于 2023 年 5 月）

作者简介

黄渊基，教授，博士（后），博士生导师，湖南科技学院旅游与文化产业学院院长。主要从事产业经济和公共政策方面的研究。主持国家社科基金项目2项，获湖南省社科成果奖、湖南省科技进步奖等奖项。入选湖南省文化领军人才、湖南省121创新人才培养工程、“湖湘青年英才”支持计划、湖南省首批智库青年拔尖人才。兼任国家社科基金同行评议专家、湖南省旅游学会副会长兼青年专家委员会主任、湖南省美丽乡村建设研究会副会长、湖南省党的建设研究会特邀研究员、湖南省高校管理学类专业教指委委员、湖南省文化旅游职业教指委委员等。

大道至简

章　敏

周发源先生是我从学校毕业参加工作后遇到的第一位单位主要领导。但于我而言，又绝不只是领导，他还是师长，更是榜样。他的勤勉治学、敬业奉公、关爱后学等等，既给十几年前初出茅庐走上岗位的我以工作方法上的有益指导，也给予我努力方向上的长久激励，让我受益良多。

发源先生几十年笔耕不辍，出版的文字有几百万字，收获奖项荣誉无数。这套《源道》(4卷本)则是从中精选精编而成。第一卷是理论文章，从100多篇已刊发的理论文章中精选出26篇。其中就有成果曾获得中共中央宣传部评选的全国精神文明建设“五个一工程”奖。第二卷是调研报告，从近30篇调研报告中选取10篇，均是产生了较大社会效益和社会影响的精品力作。正如发源先生在第二卷后记中所言：“在调研写作的日子里，大家互相关怀、互相帮助、互相砥砺，结下了深情厚谊。那些不辞辛劳、夜以继日、反复讨论、多次修改的场景，至今历历在目。”十几年前，我作为刚到湖南省社会科学界联合会工作不久的年轻人，也曾有幸参与到发源先生主持的一个课题调研中，得到发源先生诸多指导。也正是从那里起步，我开始更加深切地体会到“理论联系实际”的真正含义，也学会了适时转换“书斋思维”，将目光投向更加广阔的“实践田野”。第三卷是讲话发言，从200多篇讲话发言中选取42篇，多为发源先生担任湖南省社会科学界联合会党组书记期间，对湖南省社会科学界联合会和湖南社会科学工作的思考谋划。

这里，我想重点谈谈第四卷。第四卷包括散文、随笔、书评、短论等共72篇。我很荣幸负责第四卷的选编工作，也正因此，我才有机会在整理文稿的过程中，在那一份份年代久远的文学报刊里，在一页页泛黄的手写文稿间，头一次“看”到以前无缘得见的，曾经是“追光少年”的发源先生。《我爱索溪的山》《黄狮寨看日出》《黎明雪色》均是发源先生早年正式发表过的“美文”，读来颇有散文名家杨朔、李健吾之风。在这些文字里，可以读到曾经的那个少年最本真的初心。正如发源先生自己在第四卷的后记中所言：“从学习写作的过程看，我是从爱好文学、追梦文学起步的，写下了一些稚嫩的小说、散文、诗词、剧本等，在下农村、学手艺、闯社会、进工厂和剧团工作的青年时代，在艰难曲折、辛苦谋生的日子里，在想读书而不能进入学校的条件下，这些文字犹如烛光晨曦，予人希望，给人动力，令人向往。”

这份对文字的深情，对读书的热爱深深地植入少年的梦里，一如多年以后，当发源先生第一次拥有了一间属于自己的书房时，那种莫大的欣喜。为此，他还专门写下《书斋取名记》一文，在该文开头这样写道：“终于，我有了自己的书斋。虽然窄小，除了两排书橱、一张书桌、一张座椅，只有五平方米的空间，但它毕竟是我多年的梦想，很久的希求，今天如此亲切地拥在一起，犹如孩子躺在母亲的怀里，激动、温馨而安详。”读来让人动容。草蛇灰线，伏脉千里。可以说，发源先生在之后的人生路上一直不断超越自我，始终坚持勤勉治学、敬业奉献，并取得丰硕的成果，这一切都在这些早期的文字和热爱中有迹可循。

《源道》第四卷中尤值得一提的还有近10篇与船山学有关的内容。这些文章写于2014年至2015年发源先生担任《船山学刊》主编期间，均是为《船山学刊》所作之“卷首语”。这既是发源先生对船山学研究的思想体悟和证道之言，也是发源先生在担任湖南省社会科学界联合会党组书记、主持工作的副主席时，于百忙之中支持百年老刊《船山学刊》的发展的时光见证。

《船山学刊》创办于1915年，由谭嗣同的老师、杨昌济的好友著名湘籍学者刘人熙创办。《船山学刊》百余年来始终与国家民族同呼吸，与时代社会共发展，坚持弘扬船山精神，传承创新中华文化，历经风雨，几断几续，艰难辉煌。自1991年最后一次复刊时起，《船山学刊》就一直由湖南省社会科学界联合会主管主办。在历届期刊同仁的共同努力下，取得过一些办刊成绩，但也经历过一些曲折。发源先生担任湖南省社会科学界联合会党组书记后，作为《船山学刊》主管主办单位领导，一直非常重视和关心百年老刊的发展。尤其是从2014年开始，在作为湖南省社科界掌门人日理万机的繁忙工作中，兼任《船山学刊》的主编，这是对百年老刊发展的最大支持。

2015年是《船山学刊》创刊百年，为了办好这次百年刊庆，发源先生亲自带队，南北辗转，拜访名家，组约优稿。又因为办刊历史久远，许多与刊物有关的历史资料都已经佚失，发源先生为了让百年刊庆更有意义，大力支持编撰《〈船山学刊〉百年文选》和《船山学刊》创刊百年纪念图册。为了找到《船山学刊》复刊有关的批复文件，不惜动用个人友人资源，多方请托，最后终于将刊物最后一次复刊的批复件从北京带回湖南省社会科学界联合会存档，为百年老刊保存了一份珍贵的历史资料。发源先生作为《船山学刊》主管主办单位领导和主编，为刊物所做的这一切，都让我这个后辈末学长久感动。他带着编辑部同仁一起，在北京调研时步履匆匆的背影，至今仍深深地印在我的脑海里，仿如昨日。我想，这份感动，这份记忆，会永远留存在我的心里，无需刻意想起，也永远不会忘记。

现在的发源先生已近杖国之年，仍然在为湖南省生态文明事业而奔走，做了许多卓有成效的工作，结出了累累硕果。正如发源先生在《源道》前言中所引：“老骥伏枥，志在千里；烈士暮年，壮心不已”，“以甲子轮回为新起点，发挥老的优势，学不止、思不怠、研不懈、写不停，不负‘第二春’。”又如发源先生在第四卷后记中所说：“真希望像鲁迅先生那样‘朝花夕拾’，整理旧文稿，重走少时路，回味青春梦。”而我更想说，青春，不是对年龄的定义，而是对精神丰盈状态的激赏。我眼中的发源先生，心中始终有热爱，眼里始终有光亮，归来仍然是少年。发源先生从当初那个在偏僻乡村当学徒的少年，成长为一名社科名家，取得著作等身的成就，其中的精神密码，就蕴藏在《源道》这套丛书的书名之后——永怀当初那个“追光少年”的赤子之心、青春之心。我想，这就是发源先生的至简大道。

（本文撰写于 2023 年 8 月）

作者简介

章敏，中国社会科学院研究生院文学系博士，现为湖南省社会科学界联合会《船山学刊》主编、研究员。中华孔子学会船山学研究委员会副秘书长、中华孔子学会张栻与湖湘文化研究专业委员会副会长、湖南船山学社常务理事。主要研究方向为中国现代文学、女性史、传统文化（湖湘文化）。出版独著学术专著 1 部，参编著作 4 部。发表学术论文、智库文章 20 余篇，3 篇成果获省级领导 4 人次批示并进行应用转化。主持省级课题 2 项，参与国家、省级课题研究多项。主持《船山学刊》工作以来，刊物获得“第六届湖湘优秀出版物”等多项荣誉。“船山学研究”栏目入选中宣部“首批哲学社会科学期刊重点专栏”建设名单。

老师教我求道悟道

杨　澜

2005年，我有幸拜在周老师门下攻读硕士研究生。19年转瞬即逝，但周老师对我的影响是一辈子的。老师的道德文章和人生阅历是一个取之不尽、用之不竭的宝藏；老师对学问、人生、社会的深刻洞察和独到见解让我深深折服；老师的博学睿智、勤奋敬业、开朗豁达、随和友善，深深影响了我们那批学生。

周老师对我最初的影响，源自2004年老师的一篇美文。当时我在湘大校办当秘书，因为工作需要，经常浏览《人民日报》的文章。一天无意中看到一篇精致的散文《书斋取名记》，就被深深吸引住了。“终于，我有了自己的书斋。虽然窄小，除了两排书橱、一张书桌、一张座椅，只有五平方米的空间，但它毕竟是我多年的梦想，很久的希求，今天如此亲切地拥在一起，犹如孩子躺在母亲的怀里，激动、温馨而安详。”文中，周老师围绕给书斋取一名号，描绘出读书的三重境界：尽心、静心、净心。老师最后写道，读书自“尽心”开始，“静心”相承，“净心”而毕，是一个循环往复的过程。“尽心”需时时努力，“静心”需长期磨炼，“净心”更需终生修养。老师惜字如金，千余字的短文，精致优美、充满哲思，让人回味无穷。直至如今，每当我工作期间写材料，或是下班后走进书房，就会想起周老师的这篇文章，想起读书和写作的意义，想起身上肩负的责任，真是深入骨髓的影响。

周老师对我的影响，还源自他精益求精的工作态度和勤勉务实的职业操守。这和我对父亲的认知是一样的。我的父亲早年是一个木匠，靠一门精致的木工技术养家糊口。周老师与我父亲有一段相似的人生经历，年轻的时候也做过木匠、雕过窗花，是一个阅历丰富的智慧学者。在我的认知里，木匠不啻世界上最让人尊敬的职业。我的父亲经常告诫我，办公室工作不能马虎，写文章也好，做会务也罢，一定要严密严格，严丝合缝，争取做到极致。老师和我的父亲一样，对工作极为专注负责，他审改我们的硕士论文，一字一句一标点一段落，都是认真对待，毫不含糊，让人肃然起敬。古语云："良工不示人以朴"，木匠身上所体现出来的"工匠精神"是很多人应该学习的。我们现在拜读老师的文章，都有深刻的感受，观点鲜明、逻辑严谨、文笔洗练、气韵通畅，读来让人神清气爽，如沐春风。我想这就是"工匠精神"的一个重要体现吧。

周老师对我的影响，还体现在待人接物的和善友好与热情周到上。老师在湘大任硕士研究生导师期间，还担任着湖南省社会科学界联合会的副主席和党组书记，工作非常繁忙。但只要是学生前往拜访或请教学术问题，不管多忙，他都要抽出时间接待我们，耐心给予指导。除了学习上的悉心指导，老师对学生的工作也是一如既往地指导支持。2023 年年初，根据单位工作安排，我要组织一场"师道大讲堂讲座"，准备邀请一位德高望重的老先生给年轻教师们讲堂课。我抱着试试看的心态邀请了老师，老师欣然答应了。让人感动的是，为了讲好这堂课，老师牺牲了整整两个月的时间精心准备课件；即使在度假期间，他还在电话中跟我认真探讨讲座的题目、内容，以及讲座安排的各种细节。讲座当天，老师以《我的学问人生》为题，以全程高能的激情，为湘大新入职的年轻教师们倾囊讲授了他的为学之道。老师指出，做学问应当勤奋，要多学多思多写，学而不思则罔，思而不学则殆，学思不写则无。

老师还指出，质疑是做学问的标配，创新是做学问的灵魂，应当具有怀疑批判和求新求真的态度；要从主题、角度、方法、材料和结论上谋求做学问之新路，敢于“猜想”，另辟蹊径，才能做出管用的研究成果。现在回想起当天的讲座，仍感受益匪浅。

老师对我们学生的影响，难以用三言两语来表达。我撰了一副并不工整的对联，表达对周老师的尊敬之情。

上联：立功立德立言，先生雄文四卷

下联：为学为师为人，弟子品读一生

横批：源远流长

（本文撰写于 2024 年 3 月）

作者简介

杨澜，现任湘潭大学党委教师工作部部长、教师教学发展中心主任。主要研究高教管理、大学精神。在《光明日报》《中国社会科学报》《湘潭大学学报（哲学社会科学版）》《湖南日报》等刊物发表文章 10 余篇，主编出版文集 2 部，主持和参与完成省级课题等研究项目 10 项。

魅力之“源”

王志刚

我与周发源先生相识9年有余，在岁月的长河里，这只是转瞬即逝的一瞥，却给我留下了非常深刻的印象，不管是治学、从政，还是为人、处世，发源先生都展现出令人惊叹的魅力，犹如夏季的一股清风、冬日的一缕阳光，让人倍感温暖和清新。

对哲学社会科学深入骨髓的挚爱，源于基层、着眼实践、情系百姓的特质，是发源先生学术人生的魅力之“源”。

发源先生潜心哲学社会科学研究40多年，著作等身，硕果累累，凝聚着他对哲学社会科学、对三湘大地深深的挚爱。他的研究来自实践，又指导着实践，既有“严肃的”理论问题，如《论邓小平决策思想的基本特征》，又有“火热的”现实问题，如《新农村建设要做好五项工作 处理好三个关系》等。正如他在《源道》前言里写道：“理论既要好听可信，还要好用管用。经世致用是湖湘文化的品格之一。服务社会、服务人民、服务决策是时代对学人的呼唤。”可见湖湘学人的优秀传统深深地影响着发源先生，他自觉地将开展实地调研、解决现实问题作为自己研究的主要方向，始终坚持“服务社会、服务人民、服务决策”，坚持“选择热点难点、紧扣实际实践、深入探讨分析、提出政策建议”的基本思路，从而使他的研究成果总是那么“好听可信”、那么“好用管用”。

发源先生是从基层一步一个脚印成长起来的，正因为他来自基层，所以他浑身洋溢着“泥土”的气息，总是那么鲜活、那么真实。发源先生文风清新，语言朴实，正如他的为人，总是那么充满亲和力、充满感染力，读之研之，犹如与一位老友倾心交谈。

发源先生先后荣获全国精神文明建设“五个一工程”奖、中国图书奖等省部级以上奖励15项，这是对一个学者长期跋涉、辛勤耕耘的充分肯定，沉甸甸的成就，沉甸甸的人生，展现出发源先生学术生命的高度与厚度。

对哲学社会科学事业的无限忠诚和担当，对廉洁从政清白为人的永恒坚守，是发源先生从事领导工作的魅力之“源”。

发源先生不仅学术研究成果丰硕，“当官”也“硕果累累”。他是一个真心实意搞服务的“官”。他在主持湖南省社会科学界联合会工作期间，念兹在兹的始终是如何让湖南哲学社会科学这艘大船走得更稳、走得更好、走得更远。《源道》第三卷的42篇文稿，是从他200多次讲话发言中精选出来的，涵盖了社会科学事业的方方面面。比如，2009年7月30日，他在参加长沙市社科联读书活动时提出：“社科联工作要务实创新推进。”2013年2月27日，他在湖南省市州社会科学界联合会主席座谈会上强调，要“充分发挥‘联’的作用，联好、联优、联出特色，使社科资源在全面建成小康社会和推动经济社会发展中发挥更大的效益”。在他的推动下，高校、科研院所、社会团体、新型经济组织等各类社科资源实现了大联合、大团结。

发源先生对官僚主义深恶痛绝，《源道》第一卷第一篇文章就是《十七年反官僚主义斗争的历史反思》，又出版专著《直击官僚主义》，对各种各样的官僚主义进行了解剖。他以身作则与官僚主义作坚决的斗争。在《防止和克服“官本位”的消极影响》一文里，发源先生旗帜鲜明地对社会上把“是否为官”和“官位高低”作为衡量一个人社会地位和价值的现象进行了批判。

对基层社科组织建设的关注，对社科队伍建设的牵挂，是发源先生为人的魅力之“源”。

在发源先生的关怀、推动下，怀化市13个县（市、区）在湖南省率先建立县级社会科学界联合会，并从职能、机构、编制、经费等方面明确规范，为怀化市社科事业的发展夯实了基础，为湖南省县级社会科学界联合会建设作出了示范。发源先生还多次深入怀化市侗乡苗寨、田间地头、工厂企业等开展调查研究，手把手地指导基层社科工作者如何开展调查研究。

发源先生特别重视队伍建设，注重利用学术年会、骨干培训班、课题评审会、青年工作委成立等活动，为年轻一代的成长鼓与呼。比如，2014年5月4日，在湖南省社会科学界联合会机关第一次青年工作委员会成立大会上，鼓励年轻的社科工作者“做有梦、唯真、务实、崇善的青年”；又如，2011年8月22日，他在湖南省社会科学界联合会系统骨干培训班上强调：“通过开展学术活动，培养、发现和推出一批青年人才……青年学者代表着湖南社科界的未来，各种学术活动中，一定要注重青年人才，发挥他们的作用。”在包括发源先生在内的各方面努力下，湖南一批忠诚担当、勇于创新的年轻学者脱颖而出。

发源先生是虚怀若谷、不耻下问的典范。2020年5月16日，他签名赠送我六本个人著作，我欣喜若狂，一口气全部读完，并在书中写下了很多学习心得。比如，在《邓小平决策思想研究》第二章中，我密密麻麻地写满了学习体会：“20世纪70年代末期安徽省凤阳县小岗村开展的包产到户试点，可能不是农村家庭联产承包改革最早的实践探索。1942—1943年间，晋冀鲁豫地区遭受罕见旱灾、蝗灾，此时，国民党对根据地实行了严格的经济和军事封锁，为了打破国民党对根据地的双重封锁，邓小平积极响应中共中央号召，推动晋冀鲁豫边区军民掀起大生产运动，发展工农业，克服财经困难，也为后来的农村改革之路提供了经验。”发源先生听说之后，把我的学习心得要去，全部浏览了一遍，对我说了很多鼓励的话，并说如果《邓小平决策思想研究》一书再版，一定把这些研究成果吸收进去。发源先生的鼓励给了我莫大的鼓舞，更加激起了我对哲学社会科学研究的兴趣。

发源先生没有丝毫“官气”，总是以老友的身份与我们交往，不遗余力地帮助年轻人。我有幸与发源先生成了“忘年之交”，每次我去长沙出差，或者他到怀化调研，只要有时间我们都会见面一叙。发源先生对年轻人的关心厚爱深深地影响了我，我对自己身边出现的“好苗子”也特别厚爱，总是及时地肯定他们、帮助他们。

一代人有一代人的使命，一代人有一代人的担当，如果我们都像发源先生那样不遗余力地关心基层扶持青年，我们的事业就一定会繁荣兴盛、后继有人！对哲学社会科学事业深入骨髓的挚爱、对湖湘山水和湖湘发展魂牵梦绕的牵挂、对年轻学者发自肺腑的关怀，我想，这就是发源先生的魅力之“源”。

（本文撰写于 2024 年 5 月）

作者简介

王志刚，中共党员，苗族，经济学在职研究生，怀化市农业农村局四级调研员，全国农业农村系统先进工作者，多次被嘉奖、记三等功，怀化市作家协会会员，怀化市新型智库首批入库专家，基层社会科学工作者，参与并执笔完成省级重大、重大委托、重点及省级智库课题8个，主持市级重大、重点课题 6 个，在省部级刊物发表调研及理论文章 30 多篇，主要研究方向：区域经济、“三农”问题。

勤学求实为民

钟　征

一年前，在一次湘大师生聚会上有幸结识了周发源老师。最初的印象是和蔼可亲的学者型领导，几次接触，特别是拜读了周老师《源道》四卷书，听了《源道》学术交流座谈会上名家大师的高论之后，对周老师为人为官为学的心路历程有了更深的了解，并深受其教，受益良多。今日以“勤学求实为民”为题有感而发，一则表达对周老师内心的敬仰，二则激励自己砥砺前行。

勤学是周老师毕生追求，也源于对学习的痴迷，知识改变命运，造就了周老师从木工到大家巨匠的传奇励志人生。受传统文化的熏染和自己对知识的渴求，周老师崇读、崇思、崇写贯穿一生。《源道》前言中写，从小对读书写作却分外热爱。读古今中外经典名著，虽囫囵吞枣、一知半解，但兴味盎然、如饥似渴；回想当年与老师、同学围绕“是什么”“为什么”“怎么办”的各种讨论、辩论、争论，那种胸怀坦荡、意气风发、唯真唯实学术氛围，引发了多少思想的漪澜。周老师出版专著2部、文集1套，主编参编著作70余部，在《求是》《人民日报》《光明日报》等发表文章300多篇，作品先后获全国精神文明建设“五个一工程”奖、中国图书奖等荣誉，这些都是坚持崇读、崇思、崇写的写照。

求实是周老师为学之道，“文章合为时而著”，围绕当时热点难点，解决现实问题是周老师中后期研究的主要方向。如主持“取消农业税后农村改革问题研究”课题，主编《新农村之路》丛书，分析回答了当时农村改革发展的一系列重点难点问题。紧扣实际实践、深入调查研究是周老师为学的重要方式。如主持“民营企业党的建设问题研究”课题，历经10个月，辗转湖南、北京、四川、浙江多地开展调研，采取开座谈会、问卷调查、企业考察、专题访谈等方式，全面掌握民营企业党的建设的第一手情况，撰写的《让党旗高高飘扬在“民企”这个阵地上》，系统回答了民营企业党建的若干问题。经世致用、服务社会、服务人民、服务决策是周老师为学的主要追求。《发展农民专业合作组织的调查与建议》《湖南人才发展研究报告》等调研报告，受到了国家和省领导肯定和批示，并影响决策，形成政策，产生了积极而重要的影响。

为民是周老师的动力源泉。也许是有着下农村，做木工、纺织工等各种人生经历，从小厚植民本情怀，我刚接触周老师就感觉很亲民，读周老师文章著作之后，发现为民服务这条主线更加脉络清晰。《直击官僚主义》分析解决脱离群众、脱离实际、做官当老爷的领导作风等问题，《邓小平决策思想研究》鲜明地提出决策必须以人民群众利益为出发点和归宿。退休后本应享天伦之乐时，还在研究和践行习近平生态文明思想，做生态文明的志愿者、实践者、推动者，笔耕不止，劳作不止，奔走呼号不止，为民服务是其不二的价值取向和动力源泉。

老骥伏枥，志在千里。周老师今年六十有八，还在学不止、思不怠、研不懈、写不停，勤学求实为民贯穿一生，是学生后辈们为人为官为学之楷模，也将激励我们砥砺前行。

（本文撰写于2023年12月）

作者简介

钟征，男，1975年10月生，湖南长沙县人，法律硕士，会计师，现任湘潭市岳塘区荷塘街道党工委书记，四级调研员。湘潭市第十三届党代表，获湘潭市“心连心走基层，面对面解难题”活动先进个人，湘潭市“干部敢为”先进典型等荣誉。

五种称谓道崇敬

姬广科

作为湘潭大学的校友，我很荣幸到母校参加《源道》学术交流座谈会。常有湘大学子饱含深情地说："天大、地大，我爱湘大！"今天我脑海也浮现了一句话：到了湘大，再大也是小，再小也是大。湘大的光荣历史、教授专家总是让我仰望，感觉自己永远是个小学生；湘大日新月异的发展、朝气蓬勃的气象，也让我有一种豪迈之情，为母校今天的成就感到无比自豪，也感觉自己大了起来。作为后学，也作为湖南省生态文明研究与促进会副会长，借着这种豪迈之情，从我对《源道》作者发源先生的五个称呼，来表达我对发源先生做人、治学、为官等方面的崇敬之情。

我与发源先生相识于 2009 年。15 年来，我们联系从少到多，从未间断；感情从淡到浓，不断深厚；认识从浅到深，不断升华。我对发源先生的敬仰之情常激荡在心中，称呼也常变化，主要是——主席、书记、常委、会长和发哥。这五个称呼也代表了我认识发源先生的五个维度。

——称呼"主席"，是因为发源先生曾长期担任湖南省社会科学界联合会副主席，是名副其实的专家、学者，说明了他治学的专业、专心、专一、专情。从《源道》里我看到了发源先生对官僚主义持续的深度研究、对邓小平决策思想的探索思考等理论文章，无一不体现着他深厚的理论功底，对社科研究的执着追求。

——称呼“书记”，是因为发源先生曾担任湖南省社会科学界联合会党组书记，湖南省社科界的“掌门人”，是名副其实的正厅级领导干部。从《源道》里我学到了他的讲话、讲课、发言、谈话、报告和调研报告，民营企业党建的研究、湖南人才环境建设的调研、关于优化发展环境的调查与思考等，这些内容对当下的政策制定仍然有着指导意义，令我印象深刻，体现着发源先生从政的务实、真实、实在、实干等宝贵品格。

——称呼“常委”，是因为发源先生曾担任湖南省人大常委会委员、法制委员会委员，在任期间做了大量立法调研，为推动法治湖南建设做了许多有意义的工作。尤其是为了从法律层面有效推动湖南省社科普及、提升三湘四水百姓的人文素质，他积极呼吁推动《湖南省社会科学普及条例》制定工作，并亲自担任立法调研组组长，仅用三年不到的时间就出台条例。这么短的时间就推动立法从“构想图”变成“实施法”，在湖南省立法史上都是罕见！《源道》里收录了当时的议案，如果不知道这个背景，可能感觉就是个议案而已，但因为我那个时期常请教于发源先生，了解当时的过程，常被他求真、唯真、“时时放心不下”的为民情怀所打动，更被他“一万年太久，只争朝夕”的奋斗精神所感染。

——称呼“会长”，是因为发源先生 2015 年牵头创建了湖南省生态文明研究与促进会，并当选为会长。我有幸加入这个组织后，才知道了他创会的不易。当时是没有经费、没有场地、没有队伍、没有职能、没有专业，但是经过发源先生与同仁们不懈地奔走努力，湖南省生态文明研究与促进会现在已经成为湖南省乃至全国有着很大影响的生态文明研究的省级智库，连续 7 年举办的湖南省生态文明论坛也成为研究和宣传习近平生态文明思想的知名品牌。这些努力和成绩，无一不体现了发源先生的公益情怀，是真正有大爱、博爱、真爱的最美志愿者。我一开始还不明白发源先生退休后为什么明明可以选择安逸，却选择了辛劳？我在《源道》里找到了答案，他写道：“人是要有点精神的。不管岗位、年龄如何变化，只要一息尚存，就应该有所追求、有所奉献、有所作为，为国家、为人民、为自己。”

——称呼“发哥”，不仅是因为发源先生长得像周润发那么帅，更是因为发源先生对我们晚辈的恩情、亲情、友情。看到他的和蔼可亲、平易近人，看到他唱歌时的书生意气、撸铁健身时的蓬勃朝气，总让我自然而然地高兴，轻快地喊出“发哥”这个称呼。

我亦师亦友的主席、书记、常委、会长、发哥，为什么能那么又专、又实、又真呢？为什么能做到又有爱、又有情呢？我在《源道》里发现了一些线索分享给各位：

——他在《人到半百细细过》结尾写道：“但愿走在人生尽头时，蓦然回首，还留有几道清晰的、深深的痕迹。”

——他在《书斋取名记》结尾写道：“‘尽心’需时时努力，‘静心’需长期磨炼，‘净心’更需终生修养。”

——他在《春节漫想》中写，如何度过短暂的人生，每个人必须做出自己的回答，有三点是不可或缺的：信仰、勤奋、包容。

最后，借用《源道》第四卷最后一篇文章的篇名——《立足新起点 更上一层楼》，真心祝福发哥身体健康、家庭幸福，披荆斩棘再出发，更上一层楼，不负人生第二春！

（本文撰写于 2023 年 5 月）

作者简介

姬广科，现供职于湖南省财政厅科研所，兼任湖南省生态文明研究与促进会副会长。出版专著《突发事件应急管理中的政府责任机制研究》，参与国家社科基金重点项目“地方政府应对重大自然灾害的对策研究”，在《求索》《湖南社会科学》《湘潭大学学报（哲学社会科学版）》等核心期刊发表多篇学术文章，荣获一等功。

四个“关键词”话先生

邹　琳

在人生的旅途中，常常会遇到一些给予我们关爱和帮助的人，他们犹如明灯般照亮我们前行的路。对我而言，周发源老师就是这样一个令我受益终生的人。《源道》是从老师三十多年来的几百万字文章中精选出来的，涵盖了理论文章、调研报告、讲话发言和随笔短文等多个方面，展示了他在社会科学研究领域的深刻思考与丰硕成果。除了对我们社会科学工作者能够起到极大指引作用的前三卷之外，即便是以记录散文随笔为主的第四卷，也是令人读起来爱不释手。《我爱索溪的山》展示了老师爱山的情怀，刚毅的个性和不随波逐流的坚持；《黄狮寨看日出》则体现了老师对美好未来的向往与追求，突破重围的坚定信念和对自然力量的敬畏；《黎明雪色》又表现出了老师对淡雅高洁的执着，对故乡亲情的感怀与对和谐自然的尊重……就像老师为自己的书斋取名从“尽心”到“静心”再到“净心”的过程，让我们认识到突破物质世界到达精神世界的饱满与富足才是人生的根本价值所在。一边学习和品读，一边领会和回味，一位伟大的父辈形象便跃然纸上，亲切、慈祥、文雅、博爱、大度……这些既引导着我，又激励着我，促使我勇担使命，源道而行，写好人生的美丽续章。

在我的心里，老师其人如果是一篇上等佳作，那么这篇上等佳作有如下四个“关键词”：

智　慧

作为一位卓越的学者，老师在自己的领域内有着深刻的洞察力。他对于社会科学多个领域有着独到的见解，并能够将复杂的概念和理论用简洁清晰的语言传达给他人。他的大智慧不仅表现在对学术知识的熟悉和把握上，更体现在他对问题的深刻思考和全面分析上。善于思辨是他作为一位杰出学者和导师的重要品质之一。他具备敏锐的思维能力和批判性思维的素养，能够深入思考问题的本质和复杂性，从多个角度进行分析和探索。他以独特的思考方式和深入的见解，对不少社会现象进行深入剖析，为学术界带来了新观察、新思考、新观点。

他的睿智不仅是学术上的，更是管理和领导层面的，这使得他成为一个全面发展的学者和领导者。作为湖南省社会科学界联合会的主要负责人，他能够准确把握本单位本领域整体发展的方向和目标，并在复杂的环境中做出明智的决策。他善于权衡利弊，着眼当前，思考长远，并通过有效的组织和管理，推动事业科学发展。

老师的智慧还体现在他对学生的指导和引导上。作为湘潭大学公共管理学院的兼职导师，他能够准确把握学生的需求和问题，通过深入地交流和探讨，帮助学生解决困惑并找到自己的方向。他时常鼓励学生广泛阅读，从各个领域汲取智慧的养分。他善于激发学生的思维，启发他们独立思考和追求真理。他的回答和建议常常让人眼前一亮，引发思想的火花。他的睿智不仅来自他的知识储备，更来自他对学生个体差异和需求的敏锐洞察，以及对教育过程的深入思考和改进。老师以其深厚的学术造诣和宽广的学识，不断激发着学生们的求知欲望。

梦　想

老师是一个怀揣梦想的人，他对于学术研究和教育事业充满了热情和追求。他始终保持着对知识和智慧的渴望，不断探索和追求自己的学术理想。作为一名学者，老师怀揣着对学术真理的探索和发现的梦想，坚定地朝着自己的目标努力前行。他对自己所从事的研究领域充满热爱，并且不断追求卓越。他对于解决学术难题和挑战充满了热情和渴望，不断寻求突破和创新。他不满足于表面的成果，而是追求对问题本质的深入理解，努力发掘新的领域和视角。

老师相信教育的力量，坚信教育可以改变人的命运。他致力于培养和启发学生的才华和潜能，关注学生的全面发展，注重培养学生的创新思维和综合素养。他让每个学生都能发现自己的兴趣和潜力，努力为他们提供好的教育资源和环境。他以身作则，用自己的行动和努力去影响和激励学生。他与同事们分享自己的研究成果和心路历程，与他们共筑心得、目标和梦想，激励大家共同追求学术突破和工作实效。

总的来说，怀揣梦想并努力实现梦想是老师取得成就的重要动力之一。他不断追求，用自己的实际行动追逐着自己的梦想。他的梦想也激励着身边的人，让他们相信只要持之以恒地追求，梦想是有可能实现的。老师的梦想和精神将继续激励着更多的人，推动他们朝着自己的目标迈进，创造更加美好的未来。

刻　苦

学术研究是一个艰辛的过程。老师虽然接受正规的学历教育和学术指导较少，但他不畏艰难险阻，勇于面对各种学术难题和挑战。他会花费大量的业余时间，投入大量的精力自主学习，反复阅读、研究和分析相关的文献和数据，深入了解相关研究领域的前沿动态。他经常参加学术会议和研讨会，与同行进行讨论和交流，不断拓宽自己的知识和视野。在研究过程中，他展现出了极强的毅力和坚持不懈的品质。甘愿承担研究中的困难和挫折，从不轻易放弃。无论是遇到实证研究中的数据分析困难，还是在理论探索中的思考难题，他都会缜密思考、尝试不同的方法和途径，以取得准确而有价值的研究结果。他明白学术研究的道路并不平坦，但他始终坚信努力和坚持会带来回报。

老师对于学术研究的要求严格而严谨。我发表的第一篇学术论文就是在他的指导下完成的，在提出修改意见的时候，他注重细节和精确性，对研究工作保持高标准、严要求的态度深深地影响了我。他在自己的研究中更会反复检查和修改自己的研究设计、方法和论证过程，确保研究的可靠性和可信度。他深知学术研究需要严密的逻辑推理和论证，因此会对自己的研究成果进行反复推敲和验证，以确保其科学性和可行性。总之，老师展现了在学术研究领域吃苦耐劳的品质。他对学术研究的热情和执着使他能够克服困难和挫折，持之以恒地追求真理、探索真理。他的吃苦耐劳精神不仅为自己的研究事业奠定了坚实的基础，也为我们后辈树立了榜样，对推动学术繁荣发展很有价值。

豁　达

乐观豁达是老师的一大特点，也是突出优点，这种心态使他在面对挑战和困难时，展现出强大的应对能力和心理素质。他遇到学术困难和挑战时，不会轻易受挫，而是以乐观的心态面对。他相信办法总比困难多，困难是可以克服的，对待复杂难题，他总是不懈地努力探索，充满信心地寻找解决方案。这种乐观的态度不仅让他在学术研究中不断突破自我，也为我们树立了积极向上的榜样。作为一名导师，他总是不断地鼓励学生们要相信自己的能力，勇于面对困难和挑战，从失败中吸取教训，不断提升自己。他以自身乐观的态度和豁达的心境，帮助我们树立正确的人生观和价值观,激励我们积极面对生活的各种挑战。他注重培养学生们的心理素质和应对能力，让我们在面对困难时能够保持积极乐观的心态，不被挫折所击倒。

老师的乐观豁达在社交和人际关系中得到了充分体现。他待人和善、乐于助人，与朋友、同事和学生之间建立了良好的沟通和合作关系。无论是在学术交流中还是在团队合作中，他始终保持开放的心态，愿意倾听他人的意见和建议，积极参与讨论和合作，与他人共同成长。他的乐观豁达为他赢得了广泛的尊重和认可，也为他与他人建立了良好的互信基础。可见，老师的乐观豁达亦是他成功的重要因素之一。这种心态使他在面对学术、教学和人际关系的种种挑战时能够保持冷静、乐观和积极，不断取得突破和成长。他的乐观豁达对我们产生了积极的影响，激励我们以积极乐观的心态去追求自己的目标和梦想。

如师如父的周老师，是我们的好朋友和精神导师。我们将怀着无尽的感激和敬意，继续走在他为我们指引的“源道”之上。在我们生命的旅途中，遇到一位先生这样的良师，是一种奇妙的缘分。他的关爱和成功，将永远铭刻在我的心中。愿我们都能珍惜这份缘分，将他的教诲融入自己的人生中，为他的付出而自豪。愿我们在他的引领下，在追寻真理的道路上越走越远，成为像他一样有智慧、有热情、有责任感的人。

（本文撰写于 2023 年 6 月）

作者简介

邹琳，湘潭大学法学学部知识产权学院副教授、美国俄亥俄州立大学访问学者。致力于新技术环境下知识产权制度、国际和涉外规则的研究。出版专著《英国专利制度的产生和发展研究》，公开发表学术论文二十余篇。主持国家社科基金、省教育厅重点、省科技厅软科学等十余项高级别科研项目；参与国家社科基金重大项目三项。兼任湘潭大学校工会副主席，湖南省法学会知识产权法学研究会副秘书长，湖南省生态文明研究与促进会常务理事，湖南省法学会法律文化研究会副秘书长，湖南省法学法律专家库青年专家，湖南省知识产权局专家库专家等。

小荷未露“尖尖”时

王卫平

我与周发源先生是50多年的老友好友，我比他大两岁。记得是1972年年初，我的父母落实政策回到了原单位，我为生活计，去了常德地区木材加工厂做临时工。无独有偶，发源弟也来到了这里。“同是天涯沦落人”，相同的社会地位加上意趣相投的缘分，自此开始了我们半个多世纪的深厚友情。

当年的我们，还是青涩少年，生活拮据，工作无着，最迫切的期望是早日返城参加有编制的稳定工作，加入光荣的工人队伍。积极向上、渴望知识、渴望尊重、渴望成功的潜在意识又让我们时而“蠢蠢欲动”。我们两人有个共同特点，学历不高却喜欢读书，学了书中的道理和故事就喜欢“炫耀张扬”。于是，偶尔会出现工间休息时不少工友们听我们“阐经”的场面。特别是发源弟，“阐经”时口若悬河，眼放金光，常让人听得瞠目结舌，忘掉手中的活计。这种现象严重威胁到了老班长的威望，他时常拉下老视镜翻起上眼皮盯着发源弟，说他“爱出风头，耽误工作”。终于有一天被他抓到了“现行”。那天发源弟正在用手电钻给枕木打螺丝眼，老班长冲过去吼道：“你怎么打的，螺杆都穿不过去！”发源弟当即拿起一根螺杆，一斧头就打过去了，说：“谁说打不过去！”气得老班长嘴巴直哆嗦。其实当时是发源弟自己把螺丝眼打歪了，上下两根枕木只对得上半个眼，后面工序的女工力小打不过去，反映到老班长那里，他一心想借机出口气，狠狠批评发源弟，没想到一激动话没讲清楚，反被抓到了辫子。

发源弟不知道的是，这事为平时被老班长管得严严的小青年们出了口气，让大家津津乐道了好几年。

那时，我住在常德市城西落路口，那里是发源弟上下班的必经之路，他时常在我家落落脚，有时晚上也来海阔天空地聊天。我奶奶常说："周发源爱看书、懂礼貌、又勤快，是个知事的伢子。"我的妹妹们也喜欢听他讲故事，特别是鬼故事。发源弟到我父母家去过多次，我父母都是高级知识分子，也对他印象很好，评价甚佳。

几年后，发源弟到桃源纺织印染厂参加工作，后又调到常德歌剧团工作，我也到了常德卷烟厂工作。那段日子我仍不时去看发源弟的妈妈。周妈妈住在常德市光荣路旁的一间平房里。我们每次见面都是周妈妈主讲，每次都离不开两个话题：一是发源弟小小年纪就下农村，为生计四处打工，吃了不少苦，却从不对她说苦。一次还给她买了一件羊皮袄！原来发源弟早年间曾无意中听母亲说过，这辈子就想穿件羊皮袄，他就一直记在了心里。当他第一次挣到100元工资时，马上就想到了母亲的心愿，拿出80多元给母亲买了件羊皮袄。每当说到这里，周妈妈便扭过头去擦擦湿润的眼角。二是还没有幺儿媳妇。发源弟是父母最小的儿子，随着年龄的增长，他的另一半老没有着落，这是周妈妈晚年最挂心的大事。她告诉我，单位上有个女孩子主动给他洗被子，他却不太理别人，等等。每次都不忘叮嘱我给他找个对象。后来我终于麻起胆子给他引见了一位我的同事。女孩很优秀，刚从车间调到科室，听我对发源弟的极力夸赞后答应见面，但在我家里见了一面后就没有了下文。我不好去问，估计是其时发源弟还在常德歌剧团做木匠，那只蜻蜓还看不到落脚之地的原因。

看来，好多事都是有缘分的，急不得，不然发源弟就找不到后来堪称完美的另一半。

发源弟从桃源调到常德工作后，我们的见面又多了起来，和以前不同的是，他的工作室连着卧室，房子里除了总有几位听客外，还多了不少书籍，最打眼的是一套《青年自学丛书》。还有一罐饼干，熬夜用的。而他和我的交谈也多了不少数理化方面的内容。有一次发源弟拿出一道一元二次方程式让我帮他解，说是搞了一晚上还没解出来，当场我解了几次也不行，回到家后才解出来。第二天我拿了答案去，没想到他也解出来了。我俩都喜欢看书，只是我偏爱小说，而他的涉猎更为广泛，如今又增加了文史哲和数理化。这段时间，我渐渐发现，发源弟早就在不断地积蓄能量，向他后来的目标奋进。

后来，他考上了湖南电大大专班，接着又考上了湖南省委党校本科班，毕业后便去了常德市委党校当老师……

自此，小荷开始崭露头角，直到“满塘绿荷摇莲灯，一天红云看丹霞”。

（本文撰写于 2023 年 10 月）

作者简介

王卫平，中国共产党党员。中国武术协会会员，中国武术六段，国家太极拳一级裁判，湖南省太极拳高级教练。杨式太极拳第六代传承人，湖南省常德市永年杨式太极拳推广中心法人代表。2015 年获湖南省首届“湖湘太极精英”奖，湖南省第六届太极拳锦标赛杨式太极拳冠军，太极剑亚军。在《武当》等刊物上发表太极拳相关论文多篇。

人生路上的指路明灯

雍容波

何其有幸，能成为周老师的首届硕士研究生！一晃二十多年过去了，周老师严谨笃实的学术风范、高尚务实的道德品质无时无刻不在影响着我，成为我的指路明灯，让我勇往直前。

品读周老师的《源道》，深深感受到这既是一位智者学术成果的结晶，也是一位老者人生经验的累积。它内容丰富、体系完整，深深吸引了我，让我仰视。下面，我将就其中收录的《毛泽东的人格风范》谈谈自己粗浅的认识。

在《毛泽东的人格风范》这篇文章中，周老师评论毛泽东具有立志高远、唯真务实、坚韧不拔、虚怀若谷、严于律己的人格风范。其实，这又何尝不是周老师做人做事的标准，又何尝不是周老师给我们立下的高标准和生动典范。

立志高远。我记得第一次师生见面，周老师引用马克思的一句话激励着我们："在科学上没有平坦的大道，只有不畏劳苦沿着陡峭山路攀登的人，才有希望达到光辉的顶点。"周老师将自己14岁插队农村，后立志报国，自学成才的经历向我们娓娓道来，听得我们热血沸腾。

唯真务实。是周老师的启蒙把我带入了学术殿堂，周老师对我们的要求就是要求真求实。当我们学术浮躁的时候，周老师总会给我们注入一针“清醒剂”，让我们多读经典才能走得更远；当我们觉得前途迷惘的时候，周老师总会鼓励我们要“板凳坐得十年冷”，安心学术。

坚韧不拔。周老师用自身经历向我们生动阐释了何为坚韧不拔——插队务农、进城务工、自学成才、成为学者。周老师对知识渴求的坚韧不拔的精神感染着我们每一个同学。

虚怀若谷。周老师即使学术成果丰富，但他从不高看自己低看别人，相反，他会诚恳地让同学们给他的文章提建议，并虚心接受。当他受邀来到湘潭大学韶峰论坛讲座，他总会留出充足时间和同学们平等交流。

严于律己。周老师教我们的时候虽然已身居要职，但是他从来不以权谋私。很多次，都是师母亲自下厨招待我们，让我们感受到亲人的关心和家庭的温暖。

在周老师的教导和关怀下，我也早已为人师，希望自己时刻谨记老师的教诲，成为一个对社会有用之人。

（本文撰写于 2023 年 9 月）

作者简介

雍容波，湖南第一师范学院马克思主义学院副教授、博士，湖南师范大学与湖南第一师范学院联合办学硕士生导师；主要研究毛泽东思想、习近平新时代中国特色社会主义思想，发表学术论文 30 余篇，主持完成省级及以上专项课题 6 项。

奔赴山海的情怀

王　芳

《源道》是周发源老师从1984年至2015年间撰写文稿中精选出的150篇文章合集，既有系统的学理探讨，也有社会现象的深刻剖析，更有触动人心的人生感悟。翻开《源道》，引人入胜，从理论到实践，周老师都在用思想的清泉润育滋养着我们的心灵，指引着我们如何“为学为事为人”。

立志如山。周老师在《源道》前言中写道：“我虽不是出身诗书世家，正规上学也少，但从小对读书写作却分外喜爱”“当人具有梦想并为之奋斗时，当向梦想迈进哪怕是一分一寸时，那是何等的幸福！”正是有着对读书写作的执着追求，始终坚持刻苦自学、读书改变命运的理想信念，才书写了老师从小木匠到大专家到湖南省社科界掌门人的励志传奇人生。记得18年前的那个夏天，带着对新知识的渴望，对读书的热爱，我从英语专业跨专业考上了行政管理的研究生，有幸成为周老师的学生。正是从那时开始，在周老师的引领下，我开始了一个全新领域的学习。周老师的治学精神无时无刻不在影响着我，让我一步步畅游在知识的海洋，感受着学术的魅力，坚定自己的信仰与追求。在我参加工作后，更是时刻谨记周老师的教诲，研究性、创造性地开展工作，就像周老师在《我们应该怎样工作》一文中所写一样，分析情况、明确目标、找准路径、注重方法，不断开拓前行。这些年，老师用言行诠释了坚定理想信念、坚持终身学习的意义，鞭策我一直向前奔跑。道阻且长，行则将至，行而不辍，不辜负这份青春与年华。

行道如水。周老师常说，用乐观的心态面对生活，生活就充满了阳光。只要用乐观豁达的心态对待一切，就会逆也乐，顺也乐。人的一生应该怎样度过？在追求与乐观中前行。周老师是一位踔厉奋发、开拓创新，在社会科学领域成就显著的学者，更是自强不息、乐观向上的正能量典范。周老师始终用他的人格魅力鼓舞着我们，水无常形，遇高山则成瀑布，遇大地则成江海，遇小道则成沟渠，遇容器则成万物。因水“无我”，不自卑不自傲，始终保持乐观平和的心态，才能九曲到海。参加工作后，我长期在园区招商岗位上工作，从开始的新奇，到中间的厌倦，再到后来的热爱，心态也是反反复复。周老师不仅在学业上给予我们指导，在工作、生活中更是如同父亲般的关心关爱，给予鼓励。慢慢地，我看到了自己的点滴成长与进步，不管遇到什么难题，我始终坚信“办法总比困难多”，始终保持着一颗感恩的心。《源道》中有篇《书斋取名记》的短文，文章虽短小，但内容充实、意义深远，描述的是周老师给他的小书斋取名的过程。“尽心”开始，“静心”相承，“净心”而毕。“尽心”需时时努力，“静心”需长期磨炼，“净心”更需终生修养。读书如此，工作如此，人生更应当如此。

感恩老师，感恩《源道》。周老师用他最具力量的文字彰显了一颗最纯粹的初心，似是透过云雾的一束光，温暖而坚定，为我们驱散前路的重重迷雾，照亮我们的人生。有梦、唯真、务实、崇善，“我愿是一棵树，根在大地，心向蓝天，不负养分，回报绿蕴”。

（本文撰写于 2023 年 7 月）

作者简介

王芳，中共党员，硕士研究生，现任湘潭市岳塘区板塘街道党工委书记、一级主任科员。先后在街道办事处、经济开发区、商务局工作，获湘潭市产业项目年先进个人、2019—2021 年湘潭市真抓实干督查激励工作先进个人、湘潭市招商引资先进个人、湘潭市争先创优工作先进个人等荣誉，并获三等功一次、嘉奖多次。在《前沿》《齐齐哈尔大学学报（哲学社会科学版）》等刊物发表论文多篇，参与省社科基金重点课题 1 项。

启迪心灵的智慧之旅

黎明奇　赵方靓

初识《源道》是去年在周老师家里，那天我们喜出望外地得到了老师亲笔签名的赠书。我们是同届的同门学子，都在长沙工作，所以每次都是相邀着一起去看老师。

这次恰逢湘潭大学举办《源道》学术交流座谈会，在微信朋友圈中看到师友分享读书的体会，便再次拿出《源道》细细品读。

《源道》是周老师理论造诣的集大成之作，是多年来对学术、社会和人生的思考与总结，凝结了老师的人生智慧和阅历。再次重温《源道》，多年来老师给学生们谈心交流、启迪开导的画面跃然纸上，老师讲过的金句、语重心长的话语不断地回响在耳边。

作为周老师的学生，我们有幸深受他的熏陶和指导。他对我们的治学、为人处世等方面的影响是深刻且深远的。周老师不仅在学术上给予了我们全方位的指导，更通过身体力行的榜样作用，让我们在人生道路上受益匪浅。有次我们去看望周老师，刚好明奇在工作上遇到了一些挫折，心情低落到谷底。在周老师家的炉火旁，周老师耐心地帮他分析事情的原委，指导如何解决问题、面对困难，很快让他精神振奋、走出阴霾。这些年，我们每次去周老师家里，总能感觉收获满满，工作上更有方向了，学习上更懂方法了，生活中的困惑消失了……

老师总能拥有神奇的力量。

《源道》也能够起到这种作用，它是一座珍贵的人生智慧的宝库，将继续激励无数读者，帮助他们悟道，探索治学、从政、生活的真谛。书中的理论文章展现了周老师深厚的学术造诣和敏锐的洞察能力，而调研报告和讲话发言则展示了他对实际问题的深入研究和务实的态度。通过阅读《源道》，读者能够深深感受到周老师对学术的执着追求和对社会问题的关切。他的思想极易触动读者内心最深处的共鸣，引领读者思考人生的意义和价值。书中强调的诚实守信、责任担当、勇于创新、宽厚包容都是周老师始终践行的理念和默默坚守的准则。

记得第一次去老师家，是 2009 年湘潭大学硕士研究生入学以后，我们怀着忐忑的心情，从大学出发，经过漫长的车程才抵达了长沙。一晃毕业十多年了，我们依旧保持着定期去老师家汇报的习惯，每次见面都会有不一样的启发，都能汲取到学术和人生的宝贵养分。作为学生，我们由衷地感谢周老师的教诲和指导。懈怠困顿的时候，找不到方向的时候，想想周老师对我们的鼓励和期待，想想周老师没有任何家庭背景，没有任何的先天性优势资源，凭借着自己踏踏实实与持之以恒的努力，凭借着对于读书写作、教书育人、服务社会的热爱，达成了立德立功立言的卓越成就，我们就没有任何不努力奋斗的理由。

最后，祝愿周老师前路灿烂，继续为学术界的发展和社会进步作出卓越的贡献。愿《源道》这部书能够广泛传播，激发更多人的思考和探索，为更多的人生之旅注入智慧的光芒，启迪追求真理、奋发向上的勇气和动力。让我们共同珍惜这趟宝贵的智慧之旅，共同为社会的发展和进步贡献力量。

（本文撰写于 2023 年 5 月）

作者简介

黎明奇，男，湖南醴陵人，1986 年生，长沙学院教师，中共中央党校（国家行政学院）博士研究生。

赵方靓，女，1983 年生。毕业于湘潭大学公共管理学院，硕士研究生。目前就职于长沙市市场监督管理局。

保持本真而朝向圣洁

周　宇

发源先生是我的叔叔。这些年，我与他在一起的时间甚至超过了我的父亲。他对我言传身教，在他身上感受的不仅仅是学识上的魅力，更是向上、拼搏、奉献的精神力量，是他把我从小我引向大我，从现实之我引向理想之我，我既是侄儿，更是学生，叔叔是我们全家学习的榜样和标杆，是我们最敬佩的人。

反复阅读《源道》，我认为它是一部改造世界和解释世界的著作，或许各个层次的人都可以从中找到自己。发源叔无官无富之基，全靠打拼与自强，做过农民、木匠、工人等社会底层职业，经历电大、湖南省委党校、中央党校等学习阶段，后官至正厅实职，成为学术名家，出书立著多部，发表文章300余篇，可谓当代立功、立德、立言之楷模。我们可能抱怨自己的出身平凡，苛责身处的环境不好，怨恨自己生不逢时，或者正处于人生低谷，或许正迷茫，读读《源道》，定会起到解怨释惑之效。它证明，支撑一个人变得越来越好的是正确的价值观、美好的品质、坚强的意志。人生最好的贵人，就是努力向上的自己。

我一直在思考一个问题：叔叔既不是官二代，也不是富二代，为什么可以在学术上、职务上取得如此高的成就，成为湖南社科界的掌门人？我想，原因可能有很多，但最主要的是有一种精神，它引领人的发展。

用心体悟，可以发现他取得成功有且不限于以下三个方面的精神密码。

一、源于学术又超越学术的思辨之心。“一生不变，一生求变。”这是他经常和我讲的一句话。他忠诚于自己的事业，忠诚于自己的爱好，社科事业一干就是30多年，硕果累累。他总是教导我们：“文章千古事，仕途一阵子，历史上的皇帝贵人我们可能记不住几位，但是千古名句则流传百世，启迪世人。”他追求的志向不是功名利禄，而是把自己奉献给热爱的社科事业，追求的是不朽的学问和真理，退休以后还一直笔耕不止。他的书桌上有一幅寿山石雕刻的耕牛奋蹄图，取名“勤耕必富”。他的读书治学，至少从三个方面可见一斑：一是爱藏书，更爱读书。除了在《杂忆五味》《书斋取名记》等文中可以找到他酷爱读书的例证之外，生活中的点点滴滴更是可以显现出来：他家里有个车库，里面装的全部是书，各种书籍分门别类摆放，整整齐齐，他经常会去看一看、翻一翻。有一次，我协助他清理书库，看见他在装有几百本签名书的书柜前伫立良久，这本书看看，那本书翻翻，似乎与老朋友对话。至今，一位满头白发的清瘦老者在车库细心清点书籍的画面，常常出现在我的脑海之中，可以让我深切地感受到，这些书就是他最好的老朋友，是他最珍惜的财富。他家的10平方米书房，也被评为长沙市雨花区“十佳书屋”。他告诉我，读书要读经典，不要做书虫，要把书读薄，掌握核心要义；又要把书读通，悟出新体验、新思想。二是既坚持，又执着。我记得发源叔曾经和我说过：“我做事就是认准目标，持续努力，不达目的不罢休。”《源道》中也写，人是要有点精神的。以甲子轮回为新起点，不负第二春。这种持之以恒的奋斗精神，正是社会上出现“躺平”现象最需要的精神食粮，值得大赞、推崇与宣传。我的导师王泽应教授同样也是如此，近古稀之年，仍笔耕不辍，每年发表10多篇CSSCI核心期刊文章，真是值得我们年轻人学习。从工作经历来看，发源叔从下农村、木工学徒起步，36岁调到湖南省社会科学界联合会，从一名副科级干部升至党组书记。在一个单位从最基层干到一把手，且与机关干群关系融洽，许多人亲切地称他“发哥”，实属罕见。从治学来看，他总是与时代同步，着眼现实，把研究重点放在经济社会热点问题之上，服务于党和政府决策，“官僚主义”“三农问题”“民企党建问题”等多项研究成果获得中央领导的肯定性批示，进入决策，形成政策。三是爱独立，崇自由。他经常说：“学术只有第一，没有第二，要敢于创新、敢于猜想，敢于向权威挑战，质疑是做学问的标配，创新是做学问的灵魂，另辟蹊径，才能做出创新而管用的研究成果。”他这种自由独立的思想，是扎根于自立自信精神沃土的，从而保障他始终在学术上自由生长，向阳向上，开出异花，结出硕果。

我想，正是因为他源于学术又高于学术的超越精神，一生不变对社科事业的追求与执着，一生求变的科学态度审慎对待研究，才有今天之非凡成就。

二、于平凡之中又显高贵的圣洁之心。《论语》中有言：“子温而厉，威而不猛，恭而安。”我认为这句话是他的真实写照，举手投足间处处显示着君子的风度，保持严格自律。从日常的点滴中，我感觉到这种君子风度是刻在骨子里的善良意志，让人如沐春风。一是一心为公。他一直致力于社科事业，一心为公，几十年如一日，各项大事、要事不胜枚举，其中有一件事让我深深感动。他把一批资料给我保管，我有幸翻阅到一本厚重的材料——《湖南省人文社会科学馆大事记及附件（2013—2014）》，详细记录了他为该项目建设，步履维艰持续奔走的全过程，他的这一构想和具体内容，得到了几任湖南省主要领导的支持，并于2014年5月通过湖南省发展改革委立项，为将来的建馆奠定了立法支撑和政策保障。一次次的汇报材料和请示、多个部门的书面批复、三任湖南省委书记和多位湖南省领导的多次批示，都展示他倔强和执着的拼命三郎精神，作为后辈，为他这种一心为公，遇水架桥、逢山开路的作风，攻坚克难的拼搏精神所折服。二是一身正气。他有一股不信邪、不怕事的浩然正气，对我们也是同样要求严格，绝对不允许我们以权谋私。记得他和我讲过，在刚开始担任《湖南社会科学》编辑时，特别注重年轻学者的发现和培养，从成堆积压的文稿中，公平公正地筛选了一批高质量的文章刊发，不乏现在很多著名的教授学者。有一位刚正博学的著名学者，年轻时，在没有与发源叔有任何私交情况下文章被刊发出来，特别感动，与发源叔成为好友。有一次湖南社会科学优秀成果评奖他担任评委，会后给发源叔发了这样的短信："周书记英明，评审越来越公平了。""有些人，身体鞠躬但心却不鞠躬，而对您，我虽身体没有鞠躬，但心却鞠躬。谢谢您的正直，谢谢您为湖南社会科学界作出的贡献，谢谢您凛然为真正的学者、真正的学术撑腰！"我想，正是他这一身正气，为湖南社科界快速发展创造了良好的公平正义环境，使一批真正有水平、有能力、有理想的学者能有机会脱颖而出。三是谦虚低调。他总是说："要高调做事，低调做人。我履职干事时，是厅级干部，必须大胆作为，敢于担当；日常生活中，我就是一个普通人，我尊重每个人的人格与尊严。"生活中，他就是这样一个人，时刻保持谦虚谨慎，从来没有以厅级干部自居，他向我们提出四个学习：向书本学习、向实践学习、向他人学习、向自己学习，这种海纳百川的空杯心态和习惯，是他取得卓越成就的另一重要品质。

三、尊重生活而又超越生活的本性之心。正是因为起步于社会最底层，历经磨难，使他更懂得生活的苦，更能体会他人的难。他热爱家庭、热爱生活，退休之后，他没有以功成身退自居，也没有因功德圆满而傲，退的是职位，增的是大德与学问之修，举手投足之间尽显本色。一是平易近人。《道德经》讲："圣人在天下，歙歙焉为天下浑其心，百姓皆注其耳目，圣人皆孩之。"古往今来，越是厉害的人，越是童心未泯。他们有着丰富的灵魂，天真的心性，活得通透自如。发源叔就是如此，与他在一起，会不自觉地放下包袱，忘却烦恼，感知生活的美好。不管是达官显贵，还是贩夫走卒，他都是平等视之。让我印象深刻的一件事就是：前些日子，他专门请健身房的几个年轻健身教练吃饭，完全没有任何架子，与他们有说有笑，几个年轻教练一直说周叔叔学识渊博，和他在一起很开心快乐。再如，家里亲人有大小事情，他都尽力亲自到场，实在走不开身，就会委托我们代为转达祝贺与慰问。家里的每个孩子都非常喜欢他，他学识渊博，总是不厌其烦地向孩子们解答各种“为什么”。二是生活简单。他的生活，是如左宗棠一副对联描述一样：“发上等愿，结中等缘，享下等福。”他随遇而安，平时基本不吃晚饭，以清煮青菜为主，房子没有豪华的装修，更没有多高级的现代家具，都是多年前的老家具。他能够创造最好的，也能承受最差的，比较高档的饭店可以吃，路边摊同样吃得津津有味。三是习惯良好。他不抽烟、不嚼槟榔、基本不喝酒，无不良嗜好，业余爱好就是下象棋和健身，每次去他家里拜访，不是在看书，就是在健身。

历经天华成此景，人间万事出艰辛。大作横空出世并非偶然，司马迁说《诗经》三百篇“大抵圣贤发愤之所为作也”。我认为《源道》根本不是写出来的，而是发源叔用双脚走出来的，记录的不仅是他个人追求至善而至宇宙真理无穷的勇敢过程，更是后人仿效和学习的人间大道、人间正道。非常幸运有如此杰出的叔叔，作为他的家人，唯有全力传承和发扬他的思想作风和为人为学，践行到工作和生活中，并传承和教育好我的孩子，才是对他最大的尊重和敬仰。

循着发源叔的足迹，遇见光，追逐光，努力成为光！

（本文撰写于 2024 年 4 月）

作者简介

周宇，中共党员，湖南师范大学哲学博士，现任职于长沙市雨花区人大常委会。先后在基层区级党委、人大、政府、街道办事处、村、义务教育学校等多部门多岗位工作10余年，荣立个人三等功一次，嘉奖多次。在《人民日报》《伦理学研究》《中国社会科学报》《湖南社会科学》《湖南日报》《新湘评论》《人民之友》等刊物发表学术文章10余篇。主编出版文集1部，参与国家社科重大项目研究1项、省级重大委托项目课题1项。

父亲的“道”

周　觅

发源先生是我的父亲。作为女儿，写父亲，评价父亲的作品，既万分荣幸，又诚惶诚恐。从小到大，父亲都是我的偶像。孩童时，他是我最喜欢的“伙伴”；少年时，他是我最好的榜样；成年后，他是我最强大的力量。2015 年，父亲 60 岁时，将过去 30 多年留下的文字进行梳理，选编成书，取名《源道》。在我眼里，这四卷书就像是他对自己成长的回顾，对所取得成就的总结，是他走过的“道路”，说过的“道理”，也是希望读书之人能够悟道、得道，有所得、有所获。《源道》中有些文章我很熟悉，有些却是头次读到。既惊叹于父亲的“产量”，更敬佩文章的质量，优美凝练的文字，闪闪发光的智慧，逻辑严谨的分析，令人深思的哲理，都让我脑海中浮现出无数个夜晚父亲在书桌前伏案工作时的背影，字里行间透露着 30 多年来他身体力行地教会我的道理。

勤奋之道。父亲在《杂忆五味》中写到过，他 13 岁小学毕业后就随我奶奶下农村，中断了学业，直到成年后才自学考上了电大，之后又自学考上湖南省委党校读本科。没有家庭背景，没有老师指导，还要工作赚钱养自己和我奶奶，其中的艰难、付出的努力可想而知。父亲常说他并不是天才型选手，记忆力甚至算不上优秀，但他专注、有毅力、肯下功夫，真是“把别人喝咖啡的工夫都用在工作上”。为了考上电大，他将最爱的象棋扔掉，连续几年不曾碰过；数学从负数开始学起，草稿纸堆满了床底。为了写好《十七年反官僚主义斗争的历史反思》一文，连续几个月泡在湖南省委党校、湖南省图书馆、常德市档案馆阅读文献、查找资料，做了成百上千张阅读卡片。

从我记事起，每年春节回老家，父亲都要带上一大袋子的书，平日忙于工作，宝贵的假期时光能让他静心阅读和写作。这几年，每次到海南过冬，他都会快递过去几十本书，给自己布置写作“任务”，笔耕不辍，完成了多篇佳作。古时欧阳修读书学习有“三法”：枕上、马上和厕上。在我看来，父亲也是如此。这么多年，他的床头永远有书和笔，每晚入睡前都会进行阅读；家中的卫生间长期摆放着书和笔，如厕时他总会看上一小段；客厅的茶几或阳台的桌子上也是随时可见书和笔。来我家的人都会赞叹父亲的书房，就像一个迷你图书馆，更惊叹的是书房的书父亲几乎都读过，80% 的书上都有他阅读时留下的笔墨痕迹。

每每翻看《源道》，一篇篇的文章，一段段的文字，时刻提醒和激励着我：没有鸿运当头，没有天赋异禀，所有的出众和成功都是一连串细节的叠加，所有的惊喜也都是勤奋与努力的累积。

坚持之道。人们常说，一时的努力或许并不难，难的是持之以恒、坚持不懈。父亲在《源道》的前言中写道：“以甲子轮回为新起点，发挥老的优势，学不止、思不怠、研不懈、写不停，不负‘第二春’。”在父亲的一言一行中充满了坚持的力量。在学术上，他坚持深耕自己的研究领域。从 1987 年《十七年反官僚主义斗争的历史反思》一文的发表到 2013 年《直击官僚主义》一书的出版，父亲对官僚主义的研究长达 20 余年；从准备撰写《论邓小平决策思想的基本特征》一文到《邓小平决策思想研究》专著形成，父亲对邓小平决策思想进行了 5 年的深入研究。如今我也走上了学术研究之路，父亲给我最多的指导就是选好研究的大方向，然后坚持下去，不能当“万金油”。

在生活中，他有不少坚持了很多年的习惯。比如，写日记。这个习惯从什么时候开始的我不清楚，但从我记事起，他每天都会一个人在书桌前回忆当天的事和人，然后一一记下。直到现在，家里存放了上百本日记本，这既是他工作学习生活的记录，更是他重要的资料来源。读大学时，我几次效仿父亲写日记，开始1—2个月还能坚持，但是时间长了就觉得很是枯燥无趣，时不时还会因各种事情而忘记，最终都没能坚持下来，很是惭愧。

父亲最令人敬佩的就是但凡他下决心要做的事，就一定会坚持下去，并且取得成效。由于长期超负荷的工作，父亲身体一直较胖，有不少小毛病，几年前决定减肥。不爱运动的他开始找教练进行针对性的训练和减重，调整自己的饮食结构，大概5个月时间瘦了约20斤。减肥本就不是容易的事情，而维持体重更是不易，但父亲做到了。这几年他的体重保持得很好，坚持每天晚餐只吃青菜，每周保证3次健身训练。在他的坚持下，不仅体重得到控制，身体变好了，而且体型得到了改善，原来的驼背没有了，快70岁的人，背挺得比年轻人还直。

古人说：“道阻且长，行则将至；行而不辍，未来可期。”我想这就是父亲于学习、生活中告诉我的道理：那些看似信手拈来的从容，都是厚积薄发的沉淀。

创新之道。父亲是一个具有开创精神的人。年轻时做木匠，尽管他的手艺和技术不是最好的，但他的活却很多，工钱也高，就是因为他总会设计新的款式，打出来的家具与众不同，很受欢迎。儿时，我喜欢缠着父亲讲故事，因为他讲的故事书上都没有，父亲自创的独一无二的《王小二系列》，陪伴我很多年，至今记忆犹新。我挑食的时候，父亲会讲王小二如何与地主斗智斗勇吃到鱼的故事；我觉得冷时，父亲会讲王小二如何通过跑步运动和地主换衣服穿的故事；他还会讲王小二如何用隐身草和地主换金钱帮助穷人的故事……这些故事，应情应景，妙趣横生，特别有意思。其实后来我才知道这些故事都是他根据当时的情境临时编出来的，通过生动的故事让我懂得如何处理生活中的小麻烦小问题，这大概是最好的教育方式了。

在学术研究上，父亲更是不墨守成规，在思辨中创新。在《我的学问人生》中他写道："创新是做学问的灵魂，发展学问的不竭源泉"，做学问他一直坚守"一生不变，一生求变，坚守初心，引领潮流"。他研究反官僚主义的20多年中，就是在质疑和批判中探索前行，提出了自己新的见解，形成了独特的体系，得到了领导和专家的肯定；当年在学术界研究邓小平理论的热潮中，他提出的"邓小平决策思想"很有新意，做出了不少高质量的理论成果，获得了全国精神文明建设"五个一工程"奖；他主持的"取消农业税后农村改革问题研究""民营企业党的建设问题研究"等课题，无论是选题、写法还是结论在当时都具有前瞻性和创新性，既回应了时代发展要求，又解决了实际需求。对于学术研究的创新，他总结为"五新"：一是主题新，选择别人没写过的主题；二是角度新，从新的角度去谋篇布局；三是方法新，用别人没有用过的方法论证问题；四是材料新，用以往没发现的资料说明问题；五是结论新，得出新思想、新观点、新论断。

古人云："以不息为体，以日新为道。"在父亲不断的推陈出新中，我渐渐懂得学习生活如果仅仅只是模仿，便无法跳出固有模式，眼界便会越来越小，人生发展之路便会越走越窄。

谦虚之道。父亲是个平易近人、幽默风趣之人，生活中总是笑眯眯的，从不摆官架子，居高自傲。于我而言，他是长辈也是朋友。考试失败时，他会开导我，成绩并不重要，学习的过程更重要；工作不顺时，一方面他会帮助我找到自己的问题，另一方面又会和我一起"出气"；受到委屈或不公时，他会安慰我"宰相肚里能撑船"。他的下属、学生、晚辈们，健身房的教练，甚至是家里的保姆都喜欢与他交谈，总能受益良多。

父亲是个乐于接受意见，喜欢表扬和鼓励后辈的人。父亲写文章总是反复修改，不但自己一遍遍修改，还会请别人提意见，不论对方什么身份，只要合情合理，他就会虚心接受。记得父亲写《书斋取名记》时，我正在读高中，捧着刚刚完成的手稿阅读时，很是兴奋。文章较短，语言风格与平日父亲写的理论文章十分不同，雅致中有些许活泼，朗朗上口，又富有哲理。当时心里就琢磨着，若是高考时我的作文有如此水平，一定能拿个满分。父亲让我提提修改意见，思来想去，我怯怯地提出可以将第一句“我终于有了自己的书斋”改为“终于，我有了自己的书斋”，更加强调对于书房的梦寐以求。父亲听后觉得非常好，立马采用了建议，直到现在还调侃我是他的“一字之师”。这个被接纳的小小的改动，给予了当时的我大大的信心和鼓励，也点亮了我心中的写作之光。

大智者必谦和，大善者必宽容。在父亲为人处世的细节中，我看到了他的人生格局，也深深地影响着我，让我记得始终怀着平常心、包容心、感恩心、谦虚心和敬畏心。

人们常说，父亲如山，沉稳陪伴；父亲似海，深远广阔。我觉得父亲更像书，包罗万象，常读常新。我的父亲从小小木匠到社科大家，艰苦奋斗，勤勉敬业，包容豁达，谦虚低调，他的言与行，温暖着我、照亮着我、指引着我。唯愿父亲身体康健，继续自己的热爱，圆更多的道，道更多的源。

（本文撰写于2023年8月）

作者简介

周觅，女，1985年12月生，湖南常德人。中共湖南省委党校（湖南行政学院）期刊社副研究员，长沙理工大学博士研究生，湖南省生态文明研究与促进会理事。主要研究方向为农村发展与自然资源管理，在各类学术期刊发表论文40余篇，其中CSSCI期刊论文4篇，2篇被人大复印报刊资料全文转载，1篇被《新华文摘》观点摘编。

《源道》文集之品鉴

《源道》论

肖浩辉

春节刚过，发源教授给我送来他的新作《源道》第一至四卷。我拜读以后，觉得这是一部很有意义的好书。书名“源道”，顾名思义，应是“发源论道”的意思，集中展示了他三十多年来“论道”的精华。“既有回眸总结过去之意，也是放下再启未来之想。”“就是想把‘留恋’固化，把‘希望’续起。”纵览全书，可以看到他治学风格的四个特点：

一、针对现实，有目的地研究马克思主义理论，提高理论水平。早在七十六年前，毛泽东谆谆教导我们：“要有目的地去研究马克思列宁主义的理论”，用马克思列宁主义之“矢”，射中国革命之“的”，从中找出固有的而不是臆造的规律性，作为我们行动的向导。发源教授进入理论圈后，官僚主义现象引起了他的关注，在掌握大量资料的基础上进行研究，撰写了第一篇论文《十七年反官僚主义斗争的历史反思》，此后，他继续抓住这个主题，有目的地进行深入研究，最终形成了《直击官僚主义》专著，理清了官僚主义的八方面二十四种表现和危害，找出了产生官僚主义的根源，分不同情况开出了医治官僚主义的良方，对防治官僚主义具有重要作用。领导机关决策是否正确，关系到事业成败，特别是改革开放新时期如何正确决策，是各级领导机关和领导干部面临的新问题。发源教授适时地抓住这个新课题开展研究，发表了一系列论文，最终形成了《邓小平决策思想研究》专著，全面系统地阐释了邓小平决策思想的基本内容：解放思想，实事求是的决策精髓；人民利益高于一切是决策的价值选择；面向世界，面向未来，面向现代化是决策的战略眼光；着眼全局，突出重点是决策的辩证方法；原则性与灵活性有机统一是决策的高超艺术；民主化、法制化、科学化是决策的科学精神。这是一本集学术性、创新性、现实性和可读性于一体的好书。对于帮助各级领导完整准确地掌握邓小平决策思想，推动决策民主化、科学化、法制化，提高领导水平，具有重要作用。

二、深入实际，调查研究，当好党和政府决策的参谋。毛泽东有一句名言："没有调查就没有发言权。"运用到社科研究工作，应当是没有调查就没有动笔权。没有调查研究的文章，是一张空洞无用的废纸。发源和他的团队，把深入实际、调查研究、解决现实问题作为研究的主要方向。带领团队深入农村、企业搞调研，掌握第一手材料，提出有价值的意见，供领导机关决策参考。例如2005年全国取消农业税，他和他的团队及时抓住"取消农业税后农村改革问题研究"这个课题，深入农村搞调查，经过反复研究，写出了以"以乡镇机构改革为切入点 推进农村综合配套改革"为主体的系列调研报告，编写了《新农村之路》丛书，回答了当时农村改革中的许多重点难点问题。国务院分管农业的领导以及中共湖南省委、省政府领导先后作了批示，充分肯定，一些有价值的建议进入了决策领域。还安排课题组成员直接参加指导湖南省沅江市的改革试点工作。收入本书第二卷的十篇调查报告都具有类似的价值和作用，受到有关方面的好评。这是社会科学研究的必由之路和最佳形式。

三、实话实说，虚实结合，指导湖南社会科学的繁荣发展。2009年，湖南省委任命发源教授为湖南省社会科学界联合会党组书记，担负组织推动全省社科事业繁荣发展的重任，领导讲话是传导思想观念，指导工作的一种重要方式。在六年多的时间里，他在不同场合，对不同问题、不同人群讲了两百多次话，从选入第三卷的四十二篇文章来看，有以下四个特点：通过总结历史经验，指导现实工作；宣传党的理论和政策，推动它落到实处；有虚有实，虚实结合，以虚带实；讲真话、讲实话、讲新话、讲管用的话、讲有益于人民的话，让讲话发挥导向作用，成为指导工作的杠杆。

四、以文会友，诚实交友，促进学者专家同舟奋进。在社会科学界联合会这个圈子里，交往的多是学者专家，以文会友、以学交友是常态，心诚文实是基础。发源教授在同学者长期交往中，形成了一些随笔、书评、序言等，从已收入第四卷的七十二篇文章来看，有叙情、有赞誉、有激励、有沟通、有磋商、有建议，态度是诚恳的，文字是实在的，密切了同学者专家的联系，增强了相互之间的感情，促进了社科界同仁在繁荣发展社会科学的长河中同舟奋进，也激励了一批年轻的学者创造辉煌。

这四个特点，归结起来就是一个字，“实”。面向实际研究，深入实地调查，实话实说，诚实交往，发扬了我党理论联系实际、密切联系群众的优良传统，应当大力提倡，使之成为社科界治学的主流风格！

（本文撰写于 2023 年 10 月）

周发源看望老领导湖南省社会科学界联合会原党组书记、主席团执行主席肖浩辉研究员时合影（右）。摄于 2024 年 4 月

作者简介

肖浩辉，研究员，曾任中共湖南省委党校教育处副处长，中共湖南省委党校副教育长，湖南省社会科学界联合会党组书记、执行主席，湖南省科学社会主义学会会长、名誉会长，中国科学社会主义学会常务理事、资深顾问，湖南省政协第五、六、七届委员，第七届常务委员等职务。共出版著作30本，发表文章220多篇，其中有的获全国或省级一等奖，有的为文摘报刊转载。先后荣获“湖南省先进工作者”“湖南省优秀理论工作者”“湖南省荣誉社会科学专家”称号。

读《源道》反官僚主义论文的感受

罗小凡

官僚主义是官僚体制的表象。官僚体制的产生是由于生产力的发展促进社会分工多样化而需要专门人员组织管理、有了剩余的生活资料可以供养这类脱离生产劳动的人。于是，社会分化为劳心者（治人而供养于人）与劳力者（治于人而供养人）两大群体。众人之事由公众合议的原始民主制让位于主要由少数人处置的集中制，这种制度明显增强了劳动力的组织性，大幅提升了生产力，使社会形态发生了质的飞跃，与其同根同源的私有制的产生，成为人类文明进步的两大标志。官僚体制与私有制相辅相成，不断变化，总的趋势是作为生产力发展的动力不断削弱，阻力不断加强，发展前期最突出的是其阶级性。相应地，作为其表象的官僚主义之性质、作用也在不断变化。在阶级对抗的社会中，它是基本的且与公众情绪对立的形式；在无产阶级专政（人民民主专政）的条件下，他因与政权的“人民性”完全不符，理应成为一种非主导的、逐渐淡化的形式，但由于世界范围内的阶级斗争仍然尖锐、国内阶级斗争并未熄灭，作为最顽强的习惯势力，在相当长的时期内，仍然是一种最可怕的势力，是影响执政党的存亡和国家兴衰的重大因素。正由于官僚主义的影响如此恶劣，存续的时间如此长久，由其反映的本质——官僚体制的发展已经实现了一次否定之否定的过程（第一次为对原始民主的否定，第二次为对少数人统治的否定），这一过程具有明显的、积极的历史意义，而官僚主义的历史作用则始终是消极的。它与官僚体制的联系在官僚体制发展的各个阶段也经历了复杂的演化，远非本文开始给出的定义所能概括。这就给我写这篇体会文字出了第一道难题。《源道》中反官僚主义的专论共六篇，其他论文有的也涉及这一论题，对官僚体制（特别是作为其主体的制度）的性质，地位、任务、作用、结构、机理以及因时而变的动态趋势；官僚主义的内涵、源流及其在新的历史条件下的形态、危害、防治对策都作了系统性的分析：讨论官僚主义而不讨论官僚体制难以正本；讨论官僚体制而不讨论官僚主义不足清源。《源道》所论，已收正本清源之效，要做全面评价，绝非本文篇幅及本人功力所能致。这是我遇到的又一难题。面对这两大难题，又想说点实在话，就只得就这几篇论文中所反映的学术态度和研究方法谈点粗浅的体会。

一、立意深远，选题精准。心胸开阔、乐担道义，是成大事、求显学之本。什么是显学，就是对认识和改造现实世界能起显著作用的学问。对官僚主义的探究，正是这类学问之一。在理论上它是管理科学、领导科学、国家学说之具有突出地位和特色的分支。在实践上是关系政党、政权存亡、国家民族兴衰的决定性因素之一，是党的建设、政权建设中必须坚持不懈，一抓到底的长期任务。课题意义深重，涉及面广，这就要求研究者不断积累理论、历史知识；提升观察、分析、概括能力。所下功夫，绝非“十年磨剑”所堪比拟。《源道》作者选择反官僚主义作为自己学术研究的主攻方向时，年方而立，能自觉地响应历史呼唤、现实要求，选择如此重大的政治课题，体现了高度的使命感；能够沉下心来，几十年内一如既往勤学苦思、求实求真，体现了强烈的自信心。

二、尊重实践，固本培元。实践是理论之源。离开实践的理论文章，通常都是寻章摘句、拾人牙慧的文字游戏，只能以灰色面目示人，贻笑大方。只有实践，方出真知。实践第一于为学之道的体现有三：一曰回顾历史，尊重前人的实践。前人结论，已经长期且多方面的实践检验，有其合理性，多数在一定条件下具有相对真理性，在研究中较易掌握，且能常用常新。《源道》作者正是从此入门，边用边学，从论据和方法两方面扎实根基的。他的反官僚主义的开篇之作：《十七年反官僚主义斗争的历史反思》，就是从总结前人的历史经验，领悟、抽象出规律性认识的。一开局路就走对了。二曰调查研究，尊重今人的实践。当前实践丰富多彩、生动活泼、变化万千，所谓“生命之树常青”，指的就是这类实践是理论创新的动力和辨别是非的标准，是追求真理的不二法门。由于现实的复杂性和动态性，掌握这一法门实属不易。《源道》中各篇反官僚主义的文章，对于官僚主义的现实表现、危害、成因、变化以及反官僚主义的成功案例，尽可能做了详细阐述，下足了苦功夫、硬功夫，直击课题要害，揭示的理论就具有了鲜活的生命。三曰总结经验，尊重自己的实践。从实际出发，探究、验证理论的过程，是研究者的思维实践，对这一实践加以抽象，完成历经实践—理论—实践—理论的实事求是全过程，推进了认知的螺旋式上升。《源道》中不少反官僚主义的论点，在多篇文章中屡次提及，常见新意，这就是理论与实践紧密结合的妙处。

三、立场坚定，是非分明。官僚体制对于人类社会是一把双刃剑。在很长的历史时期内，它惩恶扬善，维护社会稳定；组织动员，发挥全民合力。迄今为止，凡是某一时期官僚体制机构严密，运作有序的国家、民族，在这一时期都相对繁荣兴盛。但是这种体制为剥削阶级所掌握时，首先是维护、扩展这一阶级利益的暴力机器，对内剥削、压迫人民；对外掠夺凌辱他族，泯灭人性、血债累累。消极作用与积极作用此消彼长，长期共存，随着时间的推移，恶的一面日益突出，对社会发展的阻力越来越大，最终丧失它存在的合法性。无产阶级革命，就是要把这种体制的控制权由剥削阶级手中转移到人民手中。尽管这种体制发生了质的变化，人民掌控下的官僚体制不再与人民根本对立，但是习惯势力是最可怕的势力。新的体制有了发挥积极作用的充分而广泛的时空。但消极方面也不可能不在较长时间内留有相当明显、但可以逐步淡化的痕迹。这就是共产党人执政条件下，仍然存在官僚主义的历史根源。官僚主义在剥削阶级执政的条件下是体制的主要表象，且不可克服，而在人民执政条件下，则是与党的群众路线完全对立的非主流表象，必须而且可以抑制、清除。迄今为止，官僚体制经历了由非阶级社会以管理组织为主质变为阶级统治下以暴力强迫为主，目前阶段又在局部地区，（例如社会主义中国）质变为以管理组织为主，完成了一次否定之否定的全过程，其中剥削阶级统治时期，还包含着一系列王朝、政权的更替，创造了一部波澜壮阔、丰富多彩、不断量变的政治史，作为其表现形式的官僚主义也必然发生相应的量变与质变。针对如此相互交叉、渗透、不断变动的多种矛盾，要厘清脉络、是非，研究者必须有坚定的立场。《源道》作者旗帜鲜明地运用阶级分析法解剖矛盾，揭示本质，拨乱反正，体现了坚持真理与维护人民利益的高度一致。对韦伯官僚制理论的批判就是有力例证。

四、锲而不舍，寻根究底。官僚体制虽然历经演变而具有不同的时代特点，但始终是一种委托－代理制度。经济、文化条件的制约，使本属全社会组织管理的公共事务职责，只能交给少数人执行。基本的社会关系（人与人的关系），变成了委托人（全社会）与代理人（官僚）的关系，从供给的角度看，代理人的生活资源来自委托人，理应是委托人的仆人，从管理的角度看，代理人又掌控着委托人难以掌控的特殊权利，这种权利之合法性的度极难界定，极易越权，在利益分配中代理人处于绝对优势地位，很容易从思想到行动异化为委托者的主人（在阶级统治条件下，还是不择手段争取个人利益最大化的贪婪而残酷的主人）在无产阶级专政（人民民主专政）时期，这种颠倒的主仆关系理应颠倒过来，切实、全面地肯定委托人的主人地位。但是要使这种必然性成为现实性很是难办：从观念上，官为民主，高人一等的潜意识在官、民中都相当普遍地存在。“当官不为民做主，不如回家卖红薯”“让人民说话”等似是而非的说辞，不仅在文艺作品中常见，而且还是不少官员的口头禅。在行动上，官僚主义屡反屡犯，某些时段变本加厉（与阶级统治时的官僚主义仍有质的差别，不能因官僚主义的存在而否定社会主义制度的优越性），漠视损害人民利益、为人民所不齿的贪腐行为，屡禁不止；不作为、乱作为的懒政现象时有发生。官僚主义仍然是寄附在社会主义制度上的最大毒瘤。十八大后，经全党坚持不懈，严肃惩治，官僚主义得到了有效遏制。但在清除存量、锐减增量方面，仍不尽如人意。列宁说，如果有什么东西能摧毁社会主义制度，那就是官僚主义。苏联的变质解体，证明了列宁的预见。但是这种委托－代理制度的消亡又必须以经济文化的充分发展，足以保证人人都能自由发展为条件。所以列宁又说，要消灭官僚主义，只有使人人都成为官僚。也就是官僚主义的消亡要以国家的消亡为前提。官僚主义的发展史是政权发展史的重要内容之一。毛泽东指出，对国家政权发展消亡的问题，必须提到世界观的高度认识，这一论断，对研讨官僚主义问题，同样具有指导意义。贯彻这一思路，《源道》中，《论官僚主义存在的原因》与《官僚主义起源再思考》两文，就经济、文化条件对官僚主义的产生与演变进行了深刻分析，揭示了官僚主义发生、发展与灭亡的主客观条件，论证了主观条件可以通过主观努力，从思想教育，制度约束等方面较快改进；客观条件，则必须通过提高经济、文化发展水平、从改变官僚主义存在的基础入手，化解阻力，增强助力，不可急于求成。在现阶段，听任官僚主义发展，就是不关心党和政权的兴衰存亡，没有家国情怀；要求在社会主义初级阶段就消灭官僚主义则是不切实际的幻想。《官僚主义的内涵、源流、形态与防治研究——以社会分工为视角》一文，以社会分工为视角，分析了官僚主义与私有制同源，均以生产力发展和生产关系变化为依据。它的重大演变必然而且只能与生产资料所有制的演变相适应。体现了用唯物史观指导，探寻从根本上解决官僚主义问题的正确思路。

（本文撰写于 2023 年 10 月）

周发源看望老师罗小凡时（右）合影。摄于 2024 年 5 月

作者简介

罗小凡，湖南省社会科学界联合会主席团原执行主席，湖南师范大学、海南省委党校等校教授。1998 年，被评定为湖南省荣誉社会科学专家。主要研究公共政策，撰写专著 5 部、论文 160 余篇，主编、合编著作 46 部。主持、参与完成国家社会科学重点课题 4 个，主持出版《社会蓝皮书》9 部。获省、部级社会科学研究成果奖 17 项。部分著作荣获“第五届全国精神文明建设‘五个一工程’奖”“湖南省第四届社会科学优秀成果一等奖”。

《源道》有源 奋斗无期

刘建武

发源同志从领导岗位上退下来以后，把自己30余年间的研究成果，汇集成册，以《源道》为书名结集出版，是值得庆贺的一件好事。

翻看着发源同志这些年来发表的研究成果，联想到30多年来与他交往的点点滴滴，令我感慨万千。作为一名理论工作者，发源同志以高度的政治敏感，始终站在理论和实践发展最前沿。从对官僚主义现象的历史反思到对资产阶级自由化思潮的坚决批判，从对邓小平决策思想的系统研究到对“三个代表”重要思想的深刻阐释，从对乡镇机构改革的重点关注到对民营企业党建工作的深入思考，从如何推动哲学社会科学的繁荣发展到推进人才强省的具体建议，从关注农村的改革发展到为生态文明建设的奔走呼号……，反映的是发源同志30多年来站在理论和实践发展最前沿的所思所想、所作所为，反映的是发源同志一以贯之的真心、真情和真意。《源道》就是这一奋斗过程的生动记载，体现了数十年间一个理论工作者对党和国家事业的真心拥护和真情投入。

发源同志的奋斗历程，给我们很多启示。我感觉有两个方面特别重要，一是勤奋和执着是走向成功的必由之路。发源同志是从30岁进入湖南省委党校理论班的时候才开始理论学习和研究工作的，这确实不能算早。但他以强烈的求知欲和对真理的热爱，以常人所没有的勤奋和执着，全身心投入到了理论的学习和研究之中。热爱就会付出，付出就有回报，付出越多就收获越大。从1985年进入湖南省委党校理论班开始学习理论，到1995年其执笔撰写的理论文章获得中宣部全国精神文明建设“五个一工程”奖，靠的就是他的热爱、勤奋和执着。二是理论研究必须和解决实际问题相统一。发源同志研究的问题，都是实践中遇到的必须回答的重大问题，他的研究始终坚持面向实践、面向问题、面向人民，回答的是实践之问、时代之问和人民之问。这也是发源同志的研究成果，能够引起关注的原因所在。

发源同志离开领导岗位并退休多年了，但他的思考和研究并没有停止。我喜欢人们说的这样一句话：“人生六十刚开始。”对于一个理论工作者来说，退休之后，有了更充裕的时间进行学习和研究，有了更自由的空间进行探索和思考，有了更丰富的经历进行比较和鉴别。所以60岁之后，应当把理论研究的工作做得更好。我们敬爱的周恩来总理生前经常讲的一句话是“活到老，学到老，改造到老”，我愿以此与发源同志共勉！

（本文撰写于2023年9月）

作者简介

刘建武，湖南省毛泽东研究中心主任、湖南省马克思主义理论研究会会长、教授、博士生导师。享受国务院政府特殊津贴、“湖南省优秀专家”、湖南省首批智库领军人才，兼任湖南省当代中国马克思主义研究中心学术委员会主任。主要从事当代中国马克思主义、中共党史党建的研究和教学，先后主持国家社科基金项目及教育部重大攻关项目等项目30余项，在《求是》《人民日报》《光明日报》《马克思主义研究》《中共党史研究》等报刊发表文章200余篇，出版个人专著10余本。成果先后获中宣部全国精神文明建设“五个一工程”奖、教育部人文社科成果奖、湖南省哲学社会科学优秀成果奖等10余项。

五"道"及启示

曹健华

非常高兴参加《源道》学术交流座谈会。听了著作编辑出版的过程，我感到真的是不容易、可敬可佩，充分感受到了发源先生对"道"的艰辛探索和顽强坚守。

《源道》书名取得非常好。古人讲，道生一，一生二，二生三，三生万物，"道"是什么？道就是源、就是根、就是魂。《源道》深刻阐释了"道"的历史逻辑、理论逻辑、实践逻辑和价值逻辑。读了该书，我认为这部著作阐述和展示的是理论创新之道、实践探索之道、智力支撑之道、追求发展之道、深厚友谊之道。

说它是理论创新之道，是因为著作研究探索了马克思主义的基本原理和党的创新理论。有多篇文章告诉我们，如何学习马克思主义，如何掌握马克思主义，如何运用马克思主义，如何学习好运用好马克思主义的立场观点和方法，特别是告诉我们如何推进马克思主义在实践基础上的理论创新，所以我想这是一部研究阐释马克思主义理论创新的著作。

说它是实践探索之道，是因为著作研究阐释了改革开放实践。作者思考探索了许多必须回答的重大问题：为什么要进行改革开放？怎么来进行改革开放？改革开放政策是怎样形成的？等等，著作里对这些问题都作出了研究阐释。

说它是智力支撑之道，是因为这是一部研究阐述决策咨询、智力支撑的著作。在这部著作里，很多文章是关于决策咨询、智力支撑方面的，既从理论上阐述了怎样着眼党的理论和路线方针政策，怎样着眼党委和政府的中心工作，怎样着眼社会关注的热点、难点、痛点、焦点和堵点等问题，做好决策咨询和智力支撑，又收入了10篇调研报告，从实践上回答了如何开展决策咨询和智力支撑，提供了一种示范。

说它是追求发展之道，是因为这是一部研究阐释哲学社会科学繁荣发展的著作。发源先生在湖南省社会科学界联合会领导岗位工作多年，对于如何把握好哲学社会科学发展的内在规律有深刻的体验和认识，对于如何处理好讲政治与做学问的关系，亦即学术探索、学术研究自由和宣传宣讲的政治纪律的关系有独到的见解。对于如何正确研究或者找准真的问题，避免假的问题，对于如何使研究成果更体现时代性、把握规律性、具有创新性，都有充分论述，给我们很多的启发。

说它是深厚友谊之道，是因为这部著作记录了许多深情厚谊的故事。著作中记录了很多美好的故事，很多感人的交往，很多动人的情感。同志之间这种真诚的友爱，真挚的情谊难以忘怀。所以我觉得，《源道》是一部研究“道”的著作，理论创新之道，实践探索之道，智力支撑之道，追求发展之道，深厚友谊之道。这是阐述马克思主义理论创新的著作，是探索改革开放实践的著作，是研究决策咨询、智力支持的著作，是繁荣哲学社会科学的著作，也是记录同志美好关系的著作。

读后深受教育，非常感动，深受启发。其主要特点和启示有四个方面：一是真正做到了理论与实践相结合，有理论方面的深入分析，又有实践层面的归纳和总结。二是体现了历史与现实相贯通，既具有历史的深邃眼光，又从现实的维度深刻分析历史之变、时代之变。三是国际和国内相关联，既有广阔的国际视野，又从当代中国的基本国情出发，着眼当代中国发展的理论和实践。四是事实与价值相结合，既有发源先生的初心、坚定的立场和观点，又始终坚持从事实出发来讲道理。读了这部著作，使我们进一步明白了“道”的原理、“道”的学理、“道”的哲理，让我们进一步对马克思主义理论，特别是对习近平新时代中国特色社会主义思想有了更深入的认识，对改革开放、对建设社会主义现代化强国有了更深的了解，对决策咨询、智力支撑有了更深的体悟，对繁荣发展哲学社会科学有了更深的把握和更多的认识，对同志之间的友情、友爱、友谊会更加地珍惜。

我认为，这是一部非常难得的好书，体现了时代性，把握了规律性，具有创新性，值得细心地品味，好好地学习。

（本文撰写于 2023 年 5 月）

作者简介

曹健华，中共党员，法学博士，二级教授，博士生导师。现任省人大常委会委员、财政经济委员会副主任委员。先后被评为湖南省社科规划管理先进工作者、全国党校系统优秀科研管理工作者、湖南省干部教育先进工作者、湖南省高等学校优秀党校教师。主持、主研国家社科基金、教育部人文社科基金、湖南省社科基金重点项目等国家级、省部级科研项目 11 项；参研国家社科基金、湖南省社科基金等科研项目 20 余项；公开发表论文 100 余篇，《新华文摘》、人大复印报刊资料全文转载 10 余篇；独著、主编著作 8 部；多次获得湖南省、全国党校系统等省部级优秀科研成果奖。

悟“道”思“源”

盛明科

道，是宇宙的根本，生育万物，养育万物，运行万物，悟道，就是领悟道理，领悟宇宙的根本。初读《源道》，还不甚理解发源先生如此命名的深意，细细品味，方知用心至深。道之大“精充天地而不竭，神覆宇宙而无望，莫知其始，莫知其终，莫知其门，莫知其端”，发源先生以“源道”一词为著作题名，不仅仅是对自身数十年来从事社科工作的经验感悟集结，更是以散点透视的方式，立足“学术人生”之道，向读者呈现了理论到实践、实践出经验这一社科研究的朴素真理，书写了一位教育者真实且丰厚的科研历程，再现了一位研究者“深挖井”与“建油田”的学术扎根精神。

《源道》4 卷 150 篇 87 万余字，卷卷都是爱学术的至诚之心，篇篇都是爱教育的至臻之色，字字都是爱研究的至真之态。

“源”之“道”，首在扎根学习。“深挖井”方能“饮甘泉”。凡是传世之作、千古名篇，必是植根生活、笃定恒心、倾注心血来完成的。发源先生以对真理、逻辑、理论的好奇之心，关注风云际会的改革大潮、疾风骤雨的社会转型、纷繁复杂的观念碰撞，逐渐展开了对党和国家主要领导人思想轨迹和特征的研究、对官僚主义的研究，不断进行学术耕耘，在时代大势下留下了归属各个时代的痕迹。他以强烈的求知欲参透了中国人民选择中国共产党领导的历史逻辑，以敏锐的洞察力明晰了马克思主义党建理论中国化的理论逻辑，以缜密的逻辑思维揭示了党中央依托科学理论管党治党的实践逻辑，真正承担起了让科学理论更轻松更亲切地走进大众心中，让伟大思想更快更好地变成人民群众的伟大实践这一理论宣传工作者的重要使命。

“源”之“道”，要在扎根基层。科学理论总是源于实践又指导实践，并在实践中得以升华。习近平总书记强调，要“在实践中深化规律性认识，努力在调研中吃透情况、把准脉搏，在调研中指导工作、解决问题”。《源道》第二卷紧扣具体实际，全面展现社会风貌，深入挖掘群众需要，真实反映群众愿望，着力解决群众诉求，从乡镇机构改革到发展农民专业合作组织，从民营企业党建到做好群众工作，从人才环境建设到创新驱动发展，全方位、全领域、多维度地探讨了解决社会问题的现实之“道”，写好了调查研究的“前半篇”文章。作者笔下大量针对性强、实效性强的调研成果，受到了国家和湖南省领导的肯定并被决策采纳，实现了调研成果的转化，灵感取之于民，做好了调查研究的“后半篇”文章。

“源”之“道”，重在扎根岗位。从任职湖南省社会科学界联合会党组书记的那刻起，他就自觉承担起了凝聚社科战线、发展社科事业、展示社科价值的使命任务。顾大局、抓关键、看细节、下基层，从政治高度转方式促发展、从女性视角呼唤新的社科平台搭建、从长者角色说出对青年的谆谆教导……42 篇发言稿道不尽近 7 年的履职生涯，更绘不出背后的坚守与付出。发源书记在《奋发有为的 30 年》一文中写道：“30 年，在历史长河中只不过是短暂的一瞬，但省社科联独立建制的 30 年，却永远珍藏在一代又一代社科人为之奋斗的记忆里”，而《源道》第三卷的出版正式将这一幅文脉传承的壮美画卷徐徐展开在读者，尤其是更多青年一代社科工作者的眼前，激励他们在新时代励精图治、奋发有为、接力前行，以敬业奉献的精神躬耕在科研一线，为谱写中国梦的湖南篇章作出更大贡献。

“源”之“道”，贵在扎根生活。“既然来到了这个世界，总得为人类留下点什么，在世界上走一遭，总要留下点痕迹，哪怕是不很多、不成熟的思想也行。”抱着将所思所感所获付诸社会的信念，发源先生扎根生活沃土，写下了数十篇随笔短文，收录进《源道》第四卷。其中，有在感受山河自然时参悟的人生哲理，有在品读社科巨作时迸发的真知灼见，也有在关切焦点问题时做出的情感抒怀。他时时秉持“在汲取深厚的人民智慧中坚定创作之本、在扎根广袤的生活沃土中固守创作之道、在投身火热的时代大潮中拓宽创作之路、在传承悠远的中华文脉中锻造创作之魂、在融入灿烂的人类文明中凝聚创作之力”的创作准则，让个人作品贴近实际，引发大众共鸣。

发源先生“学术人生”的扎根之“道”，塑造了他令人敬仰的“学术人格”。发源先生是胸怀祖国、坚守初心的楷模。自学术启蒙之初，发源先生就将马克思主义崇高信仰和个人的政治理想紧密相连，在不断追问“是什么、为什么、怎么做”的脑力激荡中，确定了一生的奋斗方向，坐热“冷板凳”，把科研论文写在了祖国大地上，把科研成果应用在了实现国家现代化的伟大事业中，把人生理想融入了为实现中华民族伟大复兴的中国梦的奋斗中。发源先生是追求真理、严谨治学的样板。非出身诗书世家的他却对知识有着十足的好奇心，坚持独立思辨、理性质疑，做学问时始终做到向外看、向内求、向前走，落笔字斟句酌，求证小心谨慎，每一篇研究主题都充斥着“真理的味道”。发源先生是甘为人梯、奖掖后学的典范。作为湖南省社会科学界联合会原党组书记及多所高校兼职教授，发源先生培养了大批政治领域的领导干部、专家学者，不仅指导他们的学业，在生活与工作中也给予了其家长般的关爱，时时刻刻以行动感化人，以精神涵养人。于学生而言，他是学习上的老师，是工作中的前辈，以知识分子的素养，关切学生的发展，关心科研的前路，以心系人民的育人情怀亲身传承着师者精神。

根深才能叶茂，本固方可枝荣。任何巍峨高山之下都有不可撼动的坚固基石，任何光彩成功背后都有不计其数的辛苦付出。读《源道》字字珠玑、句句箴言、段段入心，时代一直在向前，发源先生学不止、思不怠、研不懈、写不停，不断在新的领域扎下新的根茎，牵引着自身走向更广袤的深处，令人敬重。于读者，尤其是社科工作者，唯有从时代先锋中接过使命火炬，成为有根系的人，做根本的事，为国家、为人民、为自己。

（本文撰写于 2023 年 5 月）

作者简介

盛明科，湖南人文科技学院党委副书记、校长。主要从事公共管理研究。主持国家社科重大招标专项、国家社科基金等项目 10 余项。出版专著 6 部，在《中国社会科学》《政治学研究》等发表论文 120 余篇，《新华文摘》全文转载 2 篇，《中国社会科学文摘》等转载 10 余篇。获湖南省哲学社会科学优秀成果一等奖、二等奖等 5 项。入选湖南省“芙蓉学者”奖励计划、“121”创新人才工程，获全国宣传文化青年英才、湖南省优秀青年社科专家称号。

满满喜悦读《源道》

罗宏全

《源道》面世，好评如潮。作为与发源先生相识近半个世纪的同乡、同事、同岁好友，我自然是打心眼里高兴！在这颐养天年的时候，有幸分享发源先生的沥心之作，我特用一月有余的时间，通读了《源道》四卷。读着读着，一种喜悦、敬佩、自豪、赞美之情油然而生；读着读着，一幅索源求道，奋力登攀的画面呈现眼前；读着读着，一种感觉《源道》成功既是自然，更是必然的理念生动呈现。他的研究成果、学术贡献、理论创新是新时代宝贵的精神财富！我要说："不容易，不简单，不平凡！"

有理想，有追求，总是充满着蓬勃朝气。心中有目标，怀揣有梦想，始终保持初心不改。从农村到工厂，从学校到机关，一路走来，坚信知识改变命运，勤奋成就人生，实现多次华丽转身。读书是他最大的爱好，求知是他奋力前行的动力，微笑是他完善自我的法宝。发源先生就是这样一年一年地坚持，一步一步地跨越，一次一次地腾飞，为《源道》的成功储备了充足能量。

有格局，有担当，总是保持着昂扬正气。时刻把党的建设，国家治理，社会发展，民生需求作为自己高度关注和深度研究的主题。难能可贵的是他在连续二十年的时间里，对邓小平理论进行了系统研究，这是顺应时代发展潮流，服务改革开放大局的重大贡献。我还应他之邀参与了《论邓小平决策思想的基本特征》一文的起草工作，深感荣幸！把官僚主义的内涵、源流、形态、防治说清楚，讲透彻，这又是他特殊的理论贡献。农业税取消是利国利民的英明决策，但实施中的新情况、新问题层出不穷，又是他带领团队深入实际，调查研究，拿出了有理有据有办法的调查报告，得到领导重视，纳入了政府决策，给乡村振兴注入了活力，成为理论联系实际的典范。这种站位高、格局大、贴实际的理论探索，为《源道》的成功积累了宝贵财富。

有智慧，有情怀，总是洋溢着聪明才气。文如其人，言为心声，能把高深的理论问题，复杂的社会矛盾，用质朴的语言讲述得有条有理，让人们读得懂，想得通，这是发源先生练得的一门真功夫。讲实话，说真话，用事实说话，这使他赢得了朋友，收获了友情。多年前，在他的身边，一批热血青年，夏夜月光沙龙，冬日围炉夜话，谈天说地，吟诗颂文，大家很是开心。多年后，他已是知名专家，但只要回到老家，总要邀上老朋友，听听真心话，说说家常话，大家照样很开心。善听百姓心声，善解群众意愿，为《源道》成功奠定了坚实的群众基础。

捧读《源道》，确实受益匪浅。期待发源先生研究生态文明再著新篇。

（本文撰写于 2023 年 7 月）

作者简介

罗宏全，男，1955 年生，湖南澧县人。常德市政府退休干部。曾获全国精神文明建设“五个一工程”奖，全国劳动保障工作一等功等荣誉。

文章合为时而著

刘建平

书可言志，文可传情，翻看《源道》，不由得对周发源同志 30 多年写作生涯的心路历程产生共鸣，对周发源同志 30 多年笔耕不辍的精神品格产生思考。

周发源同志是学以致用的典范。他读万卷书，行万里路，曾经下农村、学手艺、闯社会、进工厂剧团，但他始终向往和践行"耕读持家"的文化传统，凭着从小对读书写作的分外喜爱和心中怀揣的梦想，"崇读、崇思、崇写"，把对读书、工作和生活的知行思感融于笔端，化成文章。《源道》即选自他 30 多年来创作的几百万字文章，该文丛的出版，不仅是发源同志知行合一的生动写照，更是一次深情的心灵致敬，一次温暖的精神接力！同时也是湘潭大学出版社记录名家大师家国情怀与社会担当的又一精品力作。

2016 年 5 月 30 日，习近平总书记在全国科技创新大会、两院院士大会、中国科协第九次全国代表大会上的重要讲话中指出："广大科技工作者要把论文写在祖国的大地上，把科技成果应用在实现现代化的伟大事业中。"深受"经世致用、敢为人先"的湖湘文化影响，周发源同志一直以服务社会、服务人民、服务决策为己任，扎根湖湘大地，将开展调查研究、服务现实问题作为研究的主要方向。自 1985 年开启理论学习和研究航程以来，自觉用马克思主义理论、观点和方法分析、研究问题，笔耕不辍，勤到功成。特别是担任湖南省社会科学界联合会党组书记后，对如何推动全省社科事业繁荣发展进行了深入思考和谋划。《源道》全景展现了周发源同志的“学问人生”。其中，有对理论焦点的深刻剖析，有对实践热点的深入调研，有对工作经验的深层思考，有对人生价值的深切感悟，有对伟大时代的深情表白。认真品读这些作品，心灵能得到慰藉，思想能得到启迪。难能可贵的是，周发源同志从领导岗位退下来以后，重整行囊再出发，将大量时间、精力投入生态文明研究与促进，学习研究宣传贯彻习近平生态文明思想，取得了非常显著的成绩，为服务“三高四新”战略定位和使命任务作出了积极贡献。

湘潭大学地处伟人故里、红色之城湘潭，是毛泽东亲自倡办、亲笔题写校名并亲切嘱托一定要办好的“双一流”大学。红色基因，是刻在我们骨子里的精神图腾。立德树人、服务国家战略与地方经济社会发展，是我们扛在肩头的职责使命。近年来，学校抢抓新一轮科技革命和产业变革机遇，坚持守正创新，服务“国之大者”，沉下心，埋头干，不断向科学技术广度和深度进军。《源道》的出版，就是我们扎根伟人故里，全力推进“双一流”步伐，为建设现代化新湖南的又一次奋力书写。周发源同志是标准的湘大人，长期关心、支持、参与学校人才培养、科学研究工作。20 年前，他就担任我校公共管理专业硕士生导师，指导学生，指点后学，研究学术，探究真理。他将自己的成功经验，毫无保留地传授给了师生；他将自己的高水平成果，义无反顾地贡献给了学校。2023 年 4 月，他还来校，作 2023 年首场“师道大讲堂”主题报告，阐释学问人生之道；出席第五届湖南省高校公共管理类学科院长（系主任）论坛并发表主题演讲，阐述学术创新之途。这种矢志不渝的情结，笃行不怠的坚定，奋斗不止的追求，是湘大精神的重要体现。

文章合为时而著，歌诗合为事而作。把论文写在祖国的大地上，把科技成果应用在实现现代化的伟大事业中，是时代的课题，是新时代广大科技工作者的行动指南。2020年8月24日，习近平总书记在经济社会领域专家座谈会上的重要讲话中指出，新时代改革开放和社会主义现代化建设的丰富实践是理论和政策研究的“富矿”，我国经济社会领域理论工作者大有可为。如何立足现实、扎根“泥土”、挖掘“富矿”，以理论和实践成果回答时代课题，《源道》给出了很好的答案。衷心希望周发源同志眼前那片思想之海不断拓展，心中那束希望之光永远闪耀，学不止、思不怠、研不懈、写不停，在治学路上不断抒写更多精彩！

（本文撰写于2023年5月）

作者简介

刘建平，法学博士学位，二级教授，博士生导师，国家革命文物协同研究中心主任、中国旅游研究院红色旅游研究基地首席专家。教育部高校文化素质教育指导委员会委员、国家文化公园专家咨询委员会专家、全国普通高校毕业生就业创业指导委员会委员、中国中共党史学会理事、湖南省旅游研究基地首席专家、湘潭长株潭一体化咨询专家委员会委员、湖南省文旅厅旅游规划咨询专家、湖南省首批121人才工程入选人员、湖南省高级导游。荣记湖南省委组织部和湖南省人事厅一等功，获评国家教学成果二等奖，获评“全国红色旅游工作先进个人”。出版著作27部，发表论文140余篇，主持参与课题80余项。

以文辅政的社科业界标杆

王和平

在这暖意融融、繁花似锦的红色五月，在人文胜地、科教殿堂的湘潭大学，共话发源之道，共叙社科情怀，共学楷模精神，共谋社科发展，是一次快乐而有意义的相聚。

近代以来，湖湘文化继承光荣传统，迅速崛起，豪迈放歌。以发源先生为代表的湖湘学子，秉承经世精神，弘扬湖湘文化，孜孜不倦、敢为人先，成为社科业界标杆、学界楷模。一方面，他以课题研究为龙头，深耕学术，著作等身又等心。主持或参加国家和省部级课题数十项，出版专著、主编参编著作 70 多部。在众多包括国家级各类报刊发表文章 300 余篇，其中有不少著作文章获过全国全省性大奖，如 1999 年出版个人专著《邓小平决策思想研究》，是唯一系统研究邓小平决策思想的理论专著。另一方面，他注重理论联系实际，围绕中心、服务大局，以文辅政，着力推动哲学社会科学高质量发展。30 余年，躬耕基层一线调研，其调研成果多次获中央领导和省领导的批示肯定，不少建议被决策部门采纳运用，先后被评为湖南省优秀中青年专家，享受国务院政府特殊津贴专家，湖南省优秀社会科学专家，湖南省优秀专家等。同时，他长期担任湖南省社会科学界联合会重要领导职务，牵头出台《湖南省社会科学普及条例》这一法规，为社科界和哲学社会科学繁荣发展作出了重要贡献。可以说，发源先生既是著名学者，也是湖南社科界的领导者；既是智库研究的深耕者，也是哲学社会科学的普及者；既是湖南社科界的骄傲，更是青年学者学习的典范。

培根曾说：“书籍是在时代的波涛中航行的思想之船，它小心翼翼地把珍贵的货物送给一代又一代。”《源道》凝结了发源先生1987年从省委党校毕业后30余年学问人生的智慧精华、思想精华，具有特定的学术价值和社会价值，是发源先生心路历程的总结，为社科界繁荣发展提供思想源泉、为广大青年成长成才提供借鉴参考。总体来说，该文集具体有以下六大特点：

一是站位高。“不畏浮云遮望眼，自缘身在最高层。”该文集着眼“高”字，其理论文章、调研报告均牢牢把握正确政治方向，善于用政治眼光观察问题，对党的创新理论深学笃信，对“国之大者”“省之大计”了然于胸，善于运用党的创新理论研究新情况、解决新问题、总结新经验、探索新规律。

二是情怀真。“衙斋卧听萧萧竹”“一枝一叶总关情”。有家国情怀才能激发内生动力，有真情实感才能提出真知灼见。发源先生长期在社科领域耕耘并卓有成就，正是秉持“真”字，厚植人民至上的为民情怀，其30多年的学问之旅始终把百姓的急难愁盼、安危冷暖作为“方向标”，紧扣人民对美好生活的新期待，寻找问题、发现问题、分析问题、解决问题，为党和政府破解发展难题咨政建言。

三是选题准。“凡事预则立，不预则废。”《源道》中的文章、报告均抓牢“准”字，对标中央精神、跟进党政关切、回应民生急盼，找准服务大局与发挥优势的结合点，特别是围绕做好事关全局的战略性调研、破解复杂难题的对策性调研、新时代新情况的前瞻性调研等，精准对需、靶向发力，使研究成果与党政工作同频共振。

四是调研深。“纸上得来终觉浅，绝知此事要躬行。”《源道》中调研报告和理论文章的字里行间启示我们，深入基层、深入群众、深入一线才是写好调查报告的重要基础。他的调查研究致力于“深”字，坚持“身入”与“心至”，放下架子、俯下身子，耐心倾听、虚心请教，既摸清综合情况又了解典型案例，既听干部意见又听群众呼声，既了解成绩经验又发现问题不足，真正把各方面情况摸清吃透，达到“言之有据、言之有理、言之有度、言之有物”的水准。

五是转化好。“文可载道，以用为贵。”发源先生的文章紧扣“转”字，把成果转化作为履职的落脚点，在建立有效的转化落实机制上下功夫。《源道》中围绕官僚主义、邓小平决策思想、“三农”问题、民营企业党的建设、社科普及立法、社科公平评价等实际问题，其牵头写的调查报告，绝大部分都进入党委、政府和有关部门的决策，充分彰显社科人才建言献策不可替代的重要地位、不可或缺的特殊作用。

六是功底厚。“不积跬步，无以至千里；不积小流，无以成江海。”文集充分显示发源先生的深厚功底，既有人文底蕴的厚重，也有工作阅历的丰富，亦有实践历练的经常，这与其几十年如一日勤学苦思、笔耕不辍分不开。正如发源先生曾在《杂忆五味》一文中写道：“我曾幻想当诗人、作家，从小就特别喜爱看书，虽然不能完全理解书中的知识，却也能沉浸其中，即便之后在做工人、闯社会的日子里，不论再忙再苦再累，也从不忘看书学习。”

总之，《源道》是发源先生立功立德立言的倾情之作、真挚之作、扛鼎之作，值得我们深学、细读、精研、笃行。我们相信，有发源先生的老骥伏枥、虚怀若谷、提携后学，哲学社会科学繁荣发展的百花园必将迎来更加蓬勃的时代景象和时代气度！

（本文撰写于 2023 年 5 月）

作者简介

王和平，历任湖南常德市澧县界岭公社办公室秘书、农技员、大堰垱区公所区委秘书、王家厂镇人民政府副镇长，核工业湖南矿冶局政工办、办公室秘书，湖南核工业华兴超硬材料厂副厂长、厂长、局办公室秘书、副主任，湖南省国防科工办秘书处副处级秘书、助理调研员、副处长、处长，湖南省国防科工局副巡视员，省委统战部副巡视员，郴州市委常委、市委统战部部长、市政协党组副书记。2021 年 2 月起任湖南省社会科学界联合会党组成员、副主席。

三个有幸话“源道”

秧 励

读了《源道》并回顾与周发源先生的交往，我的感受概括起来是“三个有幸”。

一是有幸与周发源先生2021年在一起工作，参加湖南省党史学习教育巡回指导，他任组长，我任副组长。在完成湖南省委交办任务的同时，让我跟咱们第十二巡回指导组的这位组长、师长、兄长“三长”，学习了许多的宝贵知识和经验。有对党的光荣历史的更具体、更生动的认识和了解；有对理想信念更坚定的理解和体会；有对如何开展好工作在方法上的启示：既精益求精、科学严谨而又实事求是、灵活应变。巡回指导常德市、怀化市、张家界市、湘西自治州党史学习教育任务的过程中，得以让自己党性修养得到进一步增强，工作的方法、技能等方面也得以提升。我庆幸，我们组的全体同志遇到了好组长、好师长、好兄长！

二是有幸参加湖南生态文明公益大讲堂公益宣讲活动。发源先生带领我们这些宣讲专家既学习，又宣讲，还进行研讨交流，让我对习近平生态文明思想的丰富内涵、来龙去脉、重大意义等等，有了更深刻的领会与内心认同。什么是生态文明？习近平总书记为什么这么高度重视生态文明？我们应该怎么推进生态文明建设？发源先生发起组织的这一活动，确实让每一个参加讲课的人和有机会听课的人，都有收获。一位来自最基层的村党支部书记黄季明用朴素的语言交流了他对生态文明的认识："生态文明建设最根本的，就是尊重、敬畏、顺应自然，不蛮干，莫逆天而行！文明就是两个字：'懂事'！"

我负责宣讲的重点是：深刻领会好习近平生态文明思想、扛牢"守护好一江碧水"的政治责任。我也用简洁明了的概括来表述怎样叫守护好一江碧水：山清水秀了，鱼鸟多了，江豚欢笑了，环境变美了，产业发展了，老百姓的生活幸福了，就是好！

三是有幸提前拜读了发源先生的《源道》（2021 年发源先生送给我一套）。让我对"道"如何去"源"、如何去"悟"、如何去"行"，有了诸多的思考与收获。

这套书的名字取得很有意味，很有水平，整个装潢设计也很美观雅致，显得平实而高档，让人一看就爱不释手，有让人忍不住去翻开细细阅读的冲动和欲望。我仔细读了前言，又看了部分文章，确实好，是高水平的佳作！理论文章，大气磅礴，论证严密，说理深刻，紧扣时代。怪不得发源先生有多篇文章被《求是》杂志、《光明日报》等权威刊物选用。本书收录的随笔短文，包括散文、书评等，既文采飞扬，激情荡漾，又朴实真切，以小见大，富含哲理，透露出生活各方面的道理、哲理。如第四卷的开头一篇文章《我爱索溪的山》，作者与一个采药女孩的对话，让人深受启发。作者问仙女桥高不高，怕不怕，采药女说："山再高，也没有人高"，并且自豪地说，"你看着，仙女桥一会儿就在我脚下了！"还有《我们应该怎样工作》一文，讲述了一个人应对工作的科学态度，也让人深受教育。文章讲，一个人分配到什么岗位工作，有许多因素，不一定能自己选择，但怎样工作，用什么态度和方法去工作，则可以由自己决定。"三百六十行，行行出状元。"状元怎么产生？也许有天分、机遇、才能等诸多因素，但关键在于对工作的热忱、执着、追求，在于有扎实的工作态度和科学的方法。这样有特色和韵味的文章不少，确实是散文中难得的佳作。

想起黄宏和巩汉林合演的修鞋匠与有钱老板的小品。巩汉林演有钱的老板，企业开张需挂牌匾，要几颗钉子，他来到街头找修鞋匠（黄宏饰演）用钱买，财大气粗，言语不当，两人发生了戏剧冲突。黄宏以普通劳动者身份，讲出了什么是“道”，又该如何去走“正道”！他讲，修鞋的有修鞋人的“道”，当老板经商有经商的“道”，人穿鞋走路，车辆在马路上行驶，要各行其道！经商有商道，车子有车道，做人有人道！万事万物都有其应当恪守的“道”！只有走“正道”，才能得“正果”！

回到发源先生的《源道》，“源”可作动词理解，是指要去不断地探索、发现、研究、总结、创新、发展并实践！也可以作副词解释，即“来源”“源自何处”！不管怎么理解，我的个人理解是：发源先生以革命工作几十年对党的忠诚、对事业的执着追求，把几十年的心血汇集在一起，他在这套书中所源的“道”，就是我们共产党人应当遵循的“道”，是我们党执政兴国、服务人民的“道”！我想，在今后的工作中，我们既要诚心诚意地读好这套书，把“道”源好，把“道”悟好，更要把“道”践行好！中国古代圣贤说过，“道可道，非常道”，光闭门修道，不可能悟得其真谛；要把“道”付之于实践，“既内得于己，又外施于人”，要通过“源道、悟道、行道”，去修身齐家治国平天下！

（本文撰写于 2023 年 5 月）

作者简介

秧励，男，苗族，湖南花垣县人，1966 年生，中央党校研究生学历，副教授，中共党员，现任湖南省岳阳市政协副主席、党组副书记。

莫道桑榆晚 为霞尚满天

曾 言

我与周发源先生相识于20世纪90年代末，20余载深受先生熏陶培养，得益先生倾囊相授。先生学识渊博，治学严谨，潜心科研，著述等身；先生为人谦和，孜孜拼搏，官至正厅，乡音不改，心念母校。身为先生母校湖南电大（现湖南开放大学）一员，深以先生为榜样，以先生为自豪。先生曾感慨道："电大学习对我人生来讲，是有奠基意义和开创作用的。电大三年的学习，为我1985年考上省委党校本科班打下了坚实基础，成为我扭转命运的关键一步！"母校曾为先生做过专访《学不止、思不怠、研不懈、写不停》，正是先生笔耕不止，学术人生的真实写照，他以实际行动将电大"让学习伴随一生"的校训发扬光大！

怀着这样崇敬的思绪，认真拜读先生的《源道》，如沐春风，如饮甘霖，主要体会有三：

一是以文载道，闪烁着真理的光芒。本书收录的理论文章彰显了先生理论研究的系统性，其研究涉及中共几代领导集体的理论与实践，特别是研究了邓小平、江泽民、胡锦涛等党和国家领导人的思想轨迹和特征，极大地贡献了中国特色社会主义理论研究成果；先生理论研究的前瞻性，如其在20世纪80年代就研究官僚主义问题，时至今日，对于指导我们党内破除形式主义、官僚主义等顽瘴痼疾仍然有着很强的理论和实践价值；先生理论研究的原创性、创新性，如其邓小平决策思想的研究，就体现了主体性、原创性、创新性，是时代的产物，是学思践悟的结晶，弥足珍贵；先生理论研究的政治性，如其《党的领导是中国人民的历史选择——兼驳党的领导的合法性需要“重新认定”》《不断推进马克思主义与中国实际相结合科学化》《高举中国特色社会主义伟大旗帜》《加强党性修养五题》等，从中都可以学到如何讲政治、讲党性。

二是以文辅政，闪耀着理政的智慧。本书收录的十篇高质量调研报告，反映了先生大兴调查研究之风，坚持问题导向，心系为民情怀，探究解难纾困，高层多次批示肯定，可谓政府决策“智囊”，如《以乡镇机构改革为切入点 推进农村综合配套改革》《让党旗高高飘扬在“民企”这个阵地上》；本书收录的发言讲稿，富有哲学思考，体现了方法论意义，从中可以找到开展工作打开局面的方式方法，如《五手齐抓促发展》《课题研究要把握的几个问题》等等。

三是以文化人，闪现着人格的魅力。本书涉及经济、政治、文化、社会、生态等诸多领域，包括学问、学风、学人、学术诸多方面，与其说这是一套记录先生走过的路、做过的事、说过的话、发过的文的书籍，不如说它更像是一次人生哲学的探索。“源道”，我的理解，就是我们每个人生命中最根本的东西。这是一本立人正己的书，谈《学习与人生》，讲《毛泽东的人格风范》，发《严肃待权 严谨用权 严格监权》的律己之言；这是一本诗意哲理书，如《黄狮寨看日出》《书斋取名记》，让人不由得沉浸在其中，感受到人文情怀的美好。

在我看来，《源道》犹如烛光晨曦，予人希望，给人动力，令人向往，这是一座宝藏，可以时时挖掘，又是一坛陈酒，历久弥甘。正如先生所言，出这套书，就是想把“留恋”固化，把“希望”续起。先生刚逾花甲之年，“莫道桑榆晚，为霞尚满天”。莫言说，七十正当年，百岁众人期；曾言说，七十古来稀，老当更益壮。期待先生“第二春”出更多大作，出更多精品，衷心祝愿先生理论之树常青、学术之树常青、人生之树常青！

（本文撰写于 2023 年 5 月）

作者简介

曾言，研究生学历，研究员职称，现任湖南开放大学党委委员、纪委书记、省监委驻校监察专员。主要研究廉政法学与高校思想政治教育。曾在《高校理论战线》《中国教育报》《湖南师范大学学报》《人民法院报（理论版）》《医学与哲学》等核心期刊公开发表学术论文 30 余篇，出版专著 2 部，主持湖南省社科重大委托课题等省级以上科研项目 7 项。曾被湖南省教育厅、省人事厅授予“全省师德先进个人”称号，被湖南省委教育工委授予“优秀党务工作者”称号。

“接天线”与“接地气”的学问家

谭崇恩

近期，我认真品读了周发源先生的文集《源道》，最深的感受就是：先生在社科研究中既做到了“接天线”，也做到了“接地气”。

我认识先生是在20世纪90年代初，至今卅年有余。此后，一直跟随先生在社科战线工作。社会科学界联合会本身是一个社科学术组织的管理机构。先生一路从基层干起，直到成为湖南省社会科学界联合会的主要掌舵人。他在服务全省社科专家、社科组织的同时，不断学习、不断思考、不断探索、不断研究，取得了十分丰硕的社科成果。四卷本的文集《源道》只是其中的一部分。其他如《邓小平决策思想研究》《直击官僚主义》等学术专著在全国社科界产生了十分积极的影响。他既是优秀的社科管理专家，又是优秀的社科理论专家。这一点对于我这个同行来说，是望尘莫及的！

他善于“接天线”

先生在长期的社科研究中，一直很好地把握了“接天线”。所谓“接天线”，是指紧跟党的思想理论创新步伐，认真学习贯彻党的创新理论，并用以指导自己的社科研究。正如他《源道》前言中所说，他十分注重“研究中共几代领导集体的理论与实践，特别是主要领导人的思想轨迹和特征。”

《源道》第一卷共收入论文 26 篇，涉及邓小平理论、“三个代表”重要思想、科学发展观的文章就有 18 篇。他在后记中指出，本卷的一个主题是“中国特色社会主义理论体系特别是邓小平理论的研究，占了全书大部分篇幅”。他执笔撰写的《论邓小平决策思想的基本特征》一文发表于《求是》1995 年第 5 期，是全国最早研究邓小平决策思想的理论文章之一，获得第五届全国精神文明建设“五个一工程”奖，产生了广泛的影响。此后，他又先后发表了《论邓小平坚持和发展社会主义的方法论原则》《邓小平面向现代化决策的主要内容和鲜明特色》《马克思主义在中国第二次历史性飞跃的四大特征》等系列文章，对邓小平理论尤其是邓小平决策思想进行了深刻的阐述。在研究“三个代表”重要思想方面，他撰写并发表了《论“三个代表”重要思想的理论品质》。文章全面阐述了“三个代表”重要思想鲜明的时代性、明确的主体性、坚实的科学性的理论品质，并指出，正确认识和准确把握这些理论品质，对于提高全面贯彻“三个代表”重要思想的自觉性和坚定性具有重要的理论意义和实践意义。在研究科学发展观方面，他先后发表了《和谐社会与和谐意识》《科学发展观的“三个统一”》等理论文章，指出科学发展观实现了继承与创新的统一、理论与实践的统一、民族特征与时代精神的统一。

在 2011 年，为了回顾总结建党 90 周年的根本经验，他与人合写了《不断推进马克思主义与中国实际相结合科学化》一文，入选中共中央组织部和全国党的建设研究会主办的“纪念中国共产党成立 90 周年党建研讨会”。文中指出：“通过推进马克思主义与中国实际相结合科学化，去实现马克思主义中国化、时代化、大众化，这是我党领导革命、建设和改革不断取得胜利的源泉。”要“在科学把握形势的基础上不断推进理论创新”“在创新理论指导下制定正确的路线方针政策”。

他乐于“接地气”

所谓“接地气”，是指社科研究要主动关注现实，自觉地服务于湖南的经济社会发展。先生传承了湖湘文化经世致用的优良品格，以极大的热忱投身于改革开放和湖南的现代化建设实践，善于从实践中总结经验，并上升到理论高度，然后再去更好地指导实践。正如他自己所说的，服务社会、服务人民、服务决策是时代对学人的呼唤。进入 21 世纪以后，由于工作岗位需要，也是受湖湘学人传统影响，开展实地调研、解决现实问题成为研究的主要方向。

2005 年，全国各地纷纷取消农业税。针对这一重大变革，他牵头主持了“取消农业税后农村改革问题研究”课题，主编了《新农村之路》丛书，分析回答了当时农村改革发展的一系列重点难点问题，受到国家和湖南省领导的重视并影响决策。国务院领导和中共湖南省委、省人大、省政府多位领导作出肯定批示，并安排课题组成员直接参与指导湖南农村改革试点——沅江市的改革试点工作。2008 年，针对民营经济快速发展中党的建设相对滞后的现状，他又主持了“民营企业党的建设问题研究”课题，深入湖南、北京、四川、浙江等地进行调查研究，撰写了以《让党旗高高飘扬在“民企”这个阵地上》为主体的系列调研报告，分析回答了当时民营企业党的建设若干问题，受到中央领导、中央组织部和中共湖南省委领导的重视，他们分别作出肯定批示，对推进民营企业党建工作产生了积极影响。《求是》、人民日报社《内部参阅》《党建研究内参》等刊物对课题成果予以推介。

除了以上两个案例外，先生还主持和参与重要课题研究几十项。《源道》第二卷还收录了《发展农民专业合作组织的调查与建议》《湖南人才环境调研报告》《湖南人才发展研究报告》《湖南省创新驱动发展面临的困难、潜力和建议》等调研成果。这些调研报告，针对热点难点问题，紧扣实际实践，深入探讨分析，提出了政策建议，在当时均产生了积极的影响。先生真正做到了把文章写在湖湘大地上。

先生服务湖南经济社会发展的成果还体现在对社科工作的具体指导和对湖湘文化研究的大力支持上。他长期从事社科组织管理工作，尤其是成为湖南省社会科学界联合会的掌门人之后，积极推动制定《湖南省社会科学普及条例》，在推进社科普及、提高社科类社会组织党建工作水平、整合社科资源、服务发展大局、优化社会科学评价体系等诸多方面推出了不少新举措，开创了湖南省社科工作的新局面。《源道》第三卷收录的《推进社科普及 服务科学发展》《着力提高社科类社会组织党建工作的科学化水平》《办好湖南省社会科学界学术年会的四条经验》《课题研究要把握的几个问题》《献智改革 服务发展 努力推动全省社科工作再上新台阶》等讲话文稿，无疑是对管理经验的高度凝练，也必将对以后的社科工作起到引领作用。从《源道》第四卷收录的文章中，可以窥见先生对湖湘文化研究的大力支持。他亲自撰写《〈虞舜大典〉的学术价值与现实意义》《传承发扬虞舜文化是一项光荣任务》等文章，呼吁研究和弘扬虞舜文化。印象尤为深刻的是，该书收录他研究王船山的文章有9篇之多。《船山魂与中国梦》《船山思想与民族精神》等文章对这位生活于明末清初的伟大思想家作出了十分精准的评价：王船山是湖湘文化的重要精神源头，是中华传统文化特别是传统哲学的集大成者，还是民族复兴的启蒙先声；船山之学开启了中国近代社会变革的思想新潮，在中国历史文明演进中树立起一座不朽的思想丰碑；船山思想是中华传统文化的重要组成部分，它阐述的大义至上、知行并进、依民立国、文明进化、理欲合性、农商并举等思想，至今仍有重要的借鉴启迪价值；"船山魂"深深地影响了一代又一代仁人志士特别是青年才俊，是他们为祖国强盛、民族复兴拼死抗争、努力奋斗的重要的精神食粮。这些文章对推动船山思想的研究和弘扬无疑将起到十分积极的作用。

发源先生在社科研究中，善于“接天线”，乐于“接地气”。“接天线”源于政治担当、职责使命；“接地气”源于湖湘文脉、经世品格。他的社科研究成果既讲好了“普通话”，又说出了“湖南话”；既把握了时代脉搏，又弘扬了湖湘传统；既体现了思想引领，又落实了问题导向。正因为此，才会有思想的高度、历史的厚度、解决问题的力度、观照现实的温度。这也是《源道》的特色所在。

（本文撰写于2023年6月）

作者简介

谭崇恩，湖南衡阳人，1966年生，衡阳市文联二级巡视员，曾担任过衡阳市社会科学界联合会主席、市委宣传部副部长、市文联主席，研究员。主要研究湖湘文化与衡阳地域文化。公开发表过《论船山精神》《明翰精神与湖湘文化》等学术文章。出版过专著《唐生智评传》，主持编纂《衡阳历史文化丛书》。主持过多个省市级社科基金课题，多次获省市优秀社科成果奖，被评为市级学科带头人、市优秀社科专家。

不忘初心、奋发作为、矢志不渝的追梦人

李　倩　李建国

习近平总书记说："一切向前走，都不能忘记走过的路；走得再远、走到再光辉的未来，也不能忘记走过的过去，不能忘记为什么出发。面向未来，面对挑战，全党同志一定要不忘初心、继续前进。"

读罢发源先生的《源道》一书，我们的强烈感受是，发源先生不忘初心、奋发作为，且矢志不渝地追逐自己的梦想。

发源先生将书取名为"源道"，以"记下走过的路、做过的事、说过的话、发过的文""记住历史、记住梦想、记住青春、记住激情"。当然这个"记下"，只是部分地记下，或者说是概要地记下，或者说是大致地记下，或者说是留有遗憾地记下，而不是完整地记下。发源先生说："这样选编，是为了减少篇幅，便于阅读：也是为了记下'可记'的文字，鞭策自己。"

首先，书名"源道"就内含不忘初心之意。

"源道"这个书名，根据我们的理解，既取自发源先生名字中的"源"，又取自老子哲学中的"道"，既借鉴了社会生活中人们对"源道"的释义，又有发源先生这个名字的本义，还有发源先生对自身成长历程的概括。

"源"，除了发源先生名字中含有"源"字外，还有两层意思：一是水流出的地方，如河源、泉源、发源、源头、源远流长；二是事

物的根由，如来源、资源、渊源、能源、起源、策源地等等。

“道”，是中国哲学的最高范畴，是老子哲学的核心概念。《道德经》开篇就说：“道可道，非常道；名可名，非常名。无名，天地之始，有名，万物之母。”大意是说，道，可以说，可以名，但道不是我们所说的一般有名有象的事物，因为那不是永恒之道。道产生于天地之先，是开天辟地之始；道产生于万物之前，是生育万物之母。所以这个道难以彻底地讲述出来，是一种“视而不见”“听之不闻”“博之不得”的“先天地生”“惚兮恍兮”“寂兮寥兮”“不可名状”的精神实体，只可以直观体验。同时也说明，道不是口头上的空谈，而是实际的存在。“道生一，一生二，二生三，三生万物。”天地万物都是由道生出来的，道创生了万物，万物就要守住道的精神，依道而行，顺其自然。道是天地万物的本源，也即终极真理。

老子哲学的“道”含义丰富而复杂。不同情况下所说的“道”其含义往往不同，如道路之道、道理之道、人道之道、商道之道、诡道之道、孝道之道、君臣之道、知道之道等等。“道”的本义是运动的源头，就是道路，后来引申为做事的方法、途径、本源、本体、规律、原理、境界、原则和终极真理等等。

可见，发源先生将书取名为“源道”，是真动了一番脑筋的，既体现了他的初心，又体现了他在人生道路上始终不忘初心。他“不是出身诗书世家，正规上学也少”，但如今，发源先生撰写专著2部，主编参编著作70多部，还发表文章300多篇，主持省部级以上社会科学研究课题近30项，撰写调查报告30多个，作品分别获全国精神文明建设“五个一工程”奖，中国图书奖，湖南省社会科学优秀成果一、二、三等奖和特别奖，被评为享受国务院政府特殊津贴专家、湖南省优秀专家、湖南省优秀社会科学专家、湖南省“121人才工程”第一层次人选、湖南省优秀中青年专家，这些成绩的取得，是发源先生“崇读、崇思、崇写”的结果，是他不忘初心的结果。“源道”这个书名概括了发源先生不忘初心、矢志不渝的成长之道。《源道》这套书所反映的，是发源先生的为学之道、待人接物之道、行政为官之道、追求真理之道。“源道”是他哲理人生的概括，具有很高、很深的哲学意蕴。

其次，不忘初心、奋发作为，是发源先生的成长之道。

发源先生的初心，是“崇读、崇思、崇写”。

“崇读”，就是崇尚读书，喜欢读书。发源先生从小就“分外喜爱”读书。“读古今中外经典名著，虽囫囵吞枣、一知半解，但如饥似渴、兴味盎然，为书中的人物、故事、情感、哲理、文采、方法所折服，经常摘录、背诵、模仿名家的文字，幻想成为诗人、作家。”考入中共湖南省委党校理论班学习后，对理论学习的兴趣日趋浓厚，“从马克思主义的伟作到资产阶级学者的名著,从文史哲到经政管各种经典，真理的力量激起了我如饥似渴的阅读欲、求知欲”。从《源道》这套书的内容中引经据典，信手拈来，我们便可看出发源先生读书的广度和深度。

“崇思”，就是崇尚思考，喜欢思考。发源先生在回忆湖南省委党校理论班的学习时说：“与各方面‘高人’对话后醍醐灌顶的愉悦感，引发了我强烈的问题意识、真理意识和‘打破砂锅问到底’的思维习惯。回想当年与老师、同学围绕‘是什么’‘为什么’‘怎么办”的各种讨论、辩论、争论，那种胸怀坦荡、意气风发、唯真唯实的学术氛围，引发了多少思想的漪澜。”《源道》这套书中，那种崇尚思考、喜欢思考、善于思考的学风跃然纸上。

“崇写”，就是崇尚写作，喜爱写作。“写”的本义就是用笔在纸上或什么东西上做字，然后再发展为写作、写生、抒写等等。发源先生小时候经常摘录名家的名言警句，也是一种写。他写下了一些“稚嫩而充满梦想的诗歌和文章”，尽管没有发表，但也是一种写作。他到黄狮寨看日出后，写出了《黄狮寨看日出》发表在《旅游天地》上，既是一种写作，同时又是一种思考。可以说写作一直伴随发源先生走到了花甲年龄，直至现在。

发源先生并不是专职的社会科学研究人员。可以说，很多专职的社会科学研究人员还没有发源先生这样高的学术成就。发源先生 1985 年考入中共湖南省委党校理论班才开始接触理论工作。从中共湖南省委党校理论班毕业后，先后到常德市委党校、常德市社会科学界联合会工作，调到湖南省社会科学界联合会后，出任过办公室主任、科研处处长、软科学研究室主任、《湖南社会科学》主编、《船山学刊》主编，后升任湖南省社会科学界联合会副主席、党组书记，他的理论研究的学术成就都是业余时间奋发作为，通过读、思、写取得的。

他在中共湖南省委党校理论班学习时撰写的毕业论文《十七年反官僚主义斗争的历史反思》，就在《理论探讨》上刊发。应当说，当时他才开始接触理论，学习时间紧，学习任务重，而要写出这样高质量的理论探讨性文章，不是搞创作，而需要查阅和研究多少资料，没有奋发作为的精神是不可能完成的。

1995 年，他执笔撰写的《论邓小平决策思想的基本特征》一文在《求是》杂志刊发，并获得全国精神文明建设“五个一工程”奖。此时他正任办公室主任，当然办公室主任一般很能写，但办公室主任的工作是繁杂的。办公室是一个单位的综合部门，办公室主任要负责上传下达，协调各个部门之间的关系，还要迎来送往，负责与外面的联系。起草公文、领导的工作报告，是办公室主任的分内工作。可以说，在工作时间里办公室主任只能做好工作职责范围内的事情，而无暇他顾的。在中国共产党中央委员会主办的《求是》杂志上刊发的高质量高水平的学术论文，是他在业余时间奋力写成的。

发源先生出任湖南省社会科学界联合会副主席后，把理论研究的重点放在了为党和国家工作服务、为省委省政府重点工作服务上，先后撰写了30多个调研报告，为党和政府的决策提供了重要参考。

如2004年，党中央、国务院开始实行减征或免征农业税的惠农政策。2006年1月1日，废止《农业税条例》，数亿农民告别了“皇粮国税”。取消农业税以后将会对政府间财政关系、农村基层政权、农村公共服务的供给方式和管理产生巨大的冲击和影响。为了服务党和政府的决策，发源先生亲自挂帅组织调研组在湖南、湖北进行广泛的调研，写出了《以乡镇机构改革为切入点 推进农村综合配套改革——关于深化农村改革的调查与建议》的调研报告，呈送国家信访局和湖南省委省政府。调研报告认为，农村综合配套改革必须按照发展社会主义市场经济的要求，把行政体制、经济体制和社会管理体制改革有机结合起来，以制度创新和提高市场化水平为基本取向，坚持立足当前、着眼长远，统一政策、因地制宜，上下结合、自主互动，以工哺农、尊重市场的原则，在试点的基础上出台全国性和全省性的改革方案，以县为单位，派驻工作组到乡村进行“一对一”的全程蹲点促改，确保改革有序推进，为充分发挥农业的经济、政治、文化、社会等综合功能，促进农村经济社会发展，构建社会主义和谐农村注入活力。湖南省委省政府主要领导认为调研报告“颇有见地”“提出了很有参考价值的建议”，并批转有关部门研究采纳。调研报告的许多内容进入湖南省农村综合改革试点文件。

又如随着改革开放以来民营企业的不断发展壮大，如何加强和改进民营企业党的建设，充分发挥民营企业党组织的战斗堡垒作用，以巩固党的执政基础和扩大党的群众基础这个问题尖锐地提到了执政党的面前。发源先生又亲自挂帅组织调研，主动担当了破解民营企业党的建设一系列问题的任务。于2007年12月至2008年9月，调研组先后深入湖南、北京、四川、浙江等地实地调研，写出了《让党旗高高飘扬在“民企”这个阵地上》的调研报告，呈送中央组织部和中共湖南省委。调研报告提出，充分认识民营企业建立党组织，既是党的需要，也是民营企业发展的需要；民营企业解决组织覆盖的问题，关键在于从实际出发，根据企业自身的实际，创新组织设置方式；民营企业党建应发挥好政治导向、教育引导、团结凝聚三个作用；民营企业主只要符合条件，可以推荐担任党组织的负责人；要着力加强民营企业的党务干部队伍建设；民营企业党组织应发挥自身优势，着力做好思想政治、参与决策、培养人才、先锋示范、维护权益等方面的工作；民营企业党组织可以创新活动内容、活动载体和活动方式来开展活动；地方党委应提高认识，明确责任，大力推进民营企业党建工作。

发源先生亲自挂帅撰写的为党和政府工作决策服务的调研报告，都得到了有关领导的充分肯定。如2006年撰写的《发展农民专业合作组织的调查与建议》的调研报告，湖南省人大常委会领导认为很好，既有较强的针对性，也有一定的可操作性。如2010年撰写的《湖南人才发展研究报告》，中共湖南省委主要领导就明确指出，摸清了家底，对全省人才状况作了全面深入的分析，很有参考价值。很多调研报告提出的建议直接被省委省政府的有关文件采纳作为行动部署，足见这些调研报告的质量和水平。

发源先生作为湖南省社会科学界联合会党组书记、主持工作的副主席，亲自调研，亲自撰写调研报告不是他本职工作的主要内容，是他为党和政府工作决策服务的主动担当。关于这一点，就很值得我们很多领导干部学习。

发源先生“崇读、崇思、崇写”，“读”出了学识，“思”出了特色，“写”出了水平。

再次，奋发作为，矢志不渝，是发源先生的成功之道。

我们认为，发源先生的人生和事业都是成功的。

发源先生“不是出身诗书世家，正规上学也少”，却成为享受国务院政府特殊津贴专家、湖南省优秀社会科学专家；发源先生不是官二代，出身于普通家庭，但官至正厅级。这在当今社会是不多见的。如果说不忘“崇读、崇思、崇写”这个初心，促成了发源先生成就了学术人生和事业的话，那么发源先生一直信奉不唯上，不唯书，只唯实，只唯真，是共产党员的优良品质和光荣传统，追求一个“善”字：“待人处事，强调心存善良、向善之美；与人交往，讲究与人为善、乐善好施；对己要求，主张独善其身、善心常驻”，他的品质决定他是不可能去买官的。他的官位是凭借自己的能力，干出了实绩而得来的。他主编《湖南社会科学》杂志时，使《湖南社会科学》成为全国的中文核心期刊，创造了《湖南社会科学》在学者和读者印象中的辉煌时期。他主编《船山学刊》时期，造就了《船山学刊》的黄金时代。他升任湖南省社会科学界联合会副主席后，分管的工作风生水起。主持湖南省社会科学界联合会的全面工作后，开创了社会科学界联合会工作的新局面。官至正厅级，个中奋发作为，历尽艰苦的滋味只有自己知道。他曾在湖南省社会科学界联合会机关五四青年节座谈会上向青年干部作“学习与人生”的讲话时，讲到了学习的五种境界，即学以晓物、学以明理、学以致用、学以养性、学以为乐；提升了学习的境界，就能养成“大气、才气、正气、锐气、雅气”等“五气”。提升学习的境界是一个过程，在这个过程中，要实现五个结合：专与博结合、学与思结合、学与说结合、学与写结合、学与做结合。发源先生在湖南省社会科学界联合会青年工作委员会成立大会上的讲话中，还交流了“有梦、唯真、务实、崇善”的人生体会。

有梦：就是一要有信仰，“有了信仰，人生就会胜不骄、败不馁，就会‘屡败屡战’，愈挫愈勇，就会永远过着‘有意思的生活’”。二要有激情，“激情是一种对事物的态度。……保持了这份激情，才会有干事创业的动力；只有凡事都想干了，事业才会有希望，梦想才会成真”。三要有创新，“时移世易，时代和事物的变化呼唤着与时俱进，不断创新”。创新是一个民族也是一个时代不断进步的灵魂。

唯真：一是求真，就是追求真理，“吾爱吾师，吾更爱真理”。二是求诤，就是要多交敢于对你“泼冷水”、直言规劝的挚友诤友，坚持真善美，摒弃假恶丑，扶正祛邪。三是求信，就是要坚守诚信，言行一致。

务实：一要敬业，就是“坚守自己的岗位，做到在其位，谋其政，负其责，尽其能”。二要敬“小”，就是一切从小事做起，“不积跬步，无以至千里；不积小流，无以成江海”。三要敬“细”，细节决定成败。习近平总书记指出：“于细微处见精神，于细微处也见品德。”

崇善：一要存善心，就是要“从善良的愿望出发，与人为善，与事为善，与己为善”。二要讲善言，就是要注意语言美，不要口出狂言，出言不逊，而要用善言去关心人、感动人、激励人，传播正能量。三要举善行，就是要把关心人、爱护人、帮助人当成快乐的事情去做，积极行善，乐于行善，坚持行善，就能真正拥有“善邻”，遇到“善师”，享有“善友”。

我们认为，这就是发源先生人生和事业取得成功的切身经验，其中不知包括了多少“读”出来的智慧、“思”出来的智慧和“写”出来的智慧。

发源先生人生和事业取得成功的重要原因，还有一个是坚韧不拔、矢志不渝。1987年写出《十七年反官僚主义斗争的历史反思》一文在理论界引起反响后，他并没有停止对反官僚主义的思考和研究，间或有反官僚主义的文章面世，至2013年终于撰成《直击官僚主义》一书。《直击官僚主义》一书不仅吸取了学术界反对官僚主义的研究成果，而且在作者不断沉淀的思想基础上多有创新，提出了很多既有理论意义又有实践意义的方略，是一部既有学术理论价值，又有实践参考价值的反对官僚主义的学术著作。1995年写出《论邓小平决策思想的基本特征》一文获得全国精神文明建设“五个一工程”奖后，他并没有止步于这个大奖项，而是进一步拓展邓小平决策思想的研究，1999年撰成《邓小平决策思想研究》一书，获得了中国图书奖。现在已退休多年，发源先生仍然立志要向那些退休后做出了显著成绩的前辈学习，“以甲子轮回为新起点，发挥老的优势，学不止、思不怠、研不懈、写不停，不负‘第二春’”。发源先生是一个不忘初心、奋发作为且矢志不渝的追梦人。

但愿发源先生在“第二春”活得更加精彩，取得更加丰硕的学术成果。

（本文撰写于2017年10月）

作者简介

李倩，湘潭大学法学院宪法与行政法学专业硕士研究生毕业，获硕士学位。现在湖南工商大学图书馆工作，馆员。在《湖南社会科学》《大视野》《湘潮》《魅力中国》《出版人》等刊物发表论文、书评10余篇。

李建国，曾任湖南人民出版社社长、编审，中南出版传媒集团产业研究院研究员。享受国务院政府特殊津贴专家，湖南省第四届优秀中青年专家，湖南省新闻出版首届领军人物。出版著作有《辽沈战役研究》《淮海战役研究》《平津战役研究》《编辑工作思与行》，还主编或参与撰写著作10余部，发表论文和书评70余篇。

参其变而知其常

王泽应

近读周发源《源道》文集，虽未能详读，但在通读第一卷、浏览第二卷、翻阅第三、四卷之际，内心深处涌动一种“由器入道”“因道贯器”和“道器合一”的感觉，发现那些看似现实和主潮的论文实则浸润着深刻的历史理性，精湛的哲学智慧，高远的伦理精神，不仅值得一读，且有让人欲罢不能的阅读感召力汩汩而至。四卷文集凝聚着作者三十二年来理论致思的心血，实践服务的情操，以及资政育人的品性，其中有学术论文的系统阐释，调查报告的实证分析，亦有讲话报告的微言大义，以及随笔杂论的情理融合。那些关于官僚主义的深刻洞观，关于决策思想及其战略思维的高远论述，关于马克思主义在中国第二次飞跃基本特征的科学阐释，关于科学发展观的“三个统一”，无一不彰显出归本于道的源道意识，吐露出“入德以凝道”的体道曦辉，将一个优秀社会科学专家的研究视野，一个社会科学工作领导者的战略谋划以及一个生活于当代的人文学者的价值关怀整体推出。《源道》充盈着对历史发展之道、中国特色社会主义之道、中华民族伟大复兴之道以及人类和平发展之道的上下求索、孜孜以求和念兹在兹，饱含着作者立足传统而面向未来，立足本国而面向世界的道论视野及其情怀。

《源道》作为学术文集，在理论关注和理论创新上有几大亮点和特点：

第一，从政治文明建构上深度研究官僚主义的内在机理，总结中国共产党反对官僚主义的历史经验，以全面提升党的治国理政能力和社会治理能力。法国著名政治学家阿兰·佩雷菲特在《官僚主义的弊害》一书中对法国官僚主义的病源作出了深刻的分析，对其所造成的弊端和危害作出了不失尖刻的批评。发源先生对官僚主义的研究与分析，着眼于中国共产党人的使命担当和政治文明建设意识，始终充满着对毛泽东所言的走出“历史周期率”的深度思考。《源道》第一卷二十六篇文章中，其中有六篇是专门论述官僚主义问题的，涉及官僚主义的起源、演变形态，韦伯官僚制的理论局限及启示，中国共产党十七年反官僚主义斗争的历史反思，邓小平反官僚主义的理论与实践，以及如何在新的历史时期防治官僚主义等问题，提出了坚决废除以官本位为核心的官僚主义思想，大力发展社会主义市场经济，着力推进社会主义民主法制建设，积极推进社会建设与社会管理创新，努力建设一支高素质干部队伍以及强化对公权力的社会监督等观点。阅读作者关于官僚主义内涵、源流、形态与防治研究的文章，再去系统品读其《直击官僚主义》的学术专著，可以发现作者对官僚主义的研究之深和对政治文明建构的用力之巨，亦可以发现作者关心党的建设和人类政治文明建构的良苦用心。

第二，从政治伦理和战略伦理的角度深度研究执政党的决策思想，并以邓小平决策思想为例探讨了正确决策思想的价值引领功能和行动意义，凸显了现代化建设过程中决策思想的方向性定位和趋势把握。在《论邓小平决策思想的基本特征》一文中，作者认为，十一届三中全会以来，我们党通过制定一系列正确的路线方针政策，取得了社会主义现代化建设的辉煌成就。这些路线方针政策的形成、制定和完善，闪耀着邓小平决策思想的光辉。邓小平决策思想具有从实际出发、实事求是，人民的利益高于一切，面向世界、面向未来、面向现代化，统筹兼顾、突出重点，原则性与灵活性高度统一五大基本特征。邓小平决策思想既主张解决现实问题，又主张着眼大局、关注未来。学习邓小平的决策思想，一是要学习和掌握马克思主义的基本原理，用辩证的、发展的、全局的眼光看问题，二是要坚持大局优先的原则，正确处理全局和局部的关系，三是要立足现实，使现实与未来紧密结合。作者的这些观点在《邓小平决策思想研究》中得到了更加系统的发挥和更加全面的论述。品读作者关于决策思想的这些论述，可以感觉到其立时代之潮头、发时代之先声以及一个哲学社会科学工作者的大局意识和责任担当。

第三，对马克思主义中国化第二次历史性飞跃予以重点关注，深刻论述了马克思主义在中国第二次历史性飞跃的基本特征，并对科学发展观的“三个统一”作出了科学概括，主张不断推进马克思主义与中国实际相结合科学化。马克思主义中国化第二次历史性飞跃实质是包含邓小平理论、“三个代表”重要思想和科学发展观等在内的中国特色社会主义理论体系的形成和发展。该著认为，对社会主义进行科学认识和正确实践，对当今世界形势作出新的正确分析和判断，制定和坚持“一个中心，两个基本点”的基本路线，解放思想，实事求是，用科学的态度对待马克思主义和毛泽东思想是马克思主义中国化第二次历史性飞跃的四大基本特征。应该说，作者对中国特色社会主义理论体系基本特征的界说，是对马克思主义中国化最新成果的科学总结，有相当的理论高度和历史合理性。

此外，《源道》对中国共产党四十年反和平演变斗争的回顾与思考，对和谐社会与和谐意识的论述，对船山魂与中国梦、船山思想与民族精神、船山志节观与人格美、船山义利观与正确义利观等的阐释，还有为一批著作所写的序言、书评，一批有感而发的工作总结与讲话，莫不表达出作者“立乎其大”“着眼于远”和“显察于微”的源道意识，彰显出作者“事随势迁而法必变”的体道精神和弘道观念，值得尊道贵德之士好好品读。当今世界，社会在飞速地发展，时代在不断地进步，如何识得既趋时又有恒的“道”，在把握规律性的同时觉解目的性，建构一种既与时偕行又变而不失其常的“道论”，无疑是我们拥有哲学智慧和铸造伦理品质的关键性问题，它对于一个走向伟大复兴的民族来讲，所具有的前瞻性意义和本根性价值，确乎是尤为重要的。就此而论，《源道》给予我们的启示，自然当在笔者上述所论之外与之上……

（本文撰写于 2023 年 5 月）

《源道》之真之博之精

刘华清

周发源先生是我的同班同学。我们常说文如其人，这一点，在发源的《源道》中体现得特别明显，所以读起来非常亲切。文稿有三个主要特点：

第一是“真”。文稿写的都是真人真事、真思想、真情感，正如作者自己所要求的，不说假话。真不真，要经得起历史的检验，群众的检验，特别是熟人的检验。改革开放改变了中国，也改变了发源的人生，他从一个小学毕业的工人，从“艰难曲折、辛苦谋生的日子”“想读书而不能进入学校”的条件下的奋斗者，因为党的改革开放政策，而获得了改变命运的机会，通过湖南省委党校理论班这个平台成长为一名理论工作者，又通过从事理论工作这个职业成长为党的领导干部。他对党的改革开放政策有一种发自内心的感激之情，所以写出来的东西都源自“心的呼唤”，发于不得不发。写的是真实的感受，做的是真实的自己，譬如《论邓小平决策思想的基本特征》等系列文章，都是发自肺腑的心声，所以能够感动人，教育人，影响人。

第二是“博”。一是内容丰富。4 卷宏文，洋洋洒洒，87 万余字；二是形式多样。既有学术论文、调研报告，又有工作讲话、发言，还有随笔短文，包括散文、书评、书序、短论等；三是涉及的领域众多。

包括政治、经济、文化、社会、生态等诸多领域。一个人要想在某一领域有所收获、有所成就，只要肯努力，多数人都能做到，但要在多个领域取得研究成果，这是相当困难的。但是发源做到了。发源是个勤勉的人，勤于学习，勤于思考，思想敏锐，善于悟道，常年笔耕不辍，成果累累。发源是个做事认真的人，无论是单位讲话，还是学术会议总结发言，他都亲力亲为，自己动口动手，从不敷衍。他是个学者型官员，靠学问起步。所以担任领导职务后，始终坚持理论思维，凡事问个“是什么”“为什么”“怎么办”，即使是讲话发言，也都做到了有观点、有论据、有论证，体现了学术功力。文稿的许多思想、观点都很有见地。

第三是“精”。“博”和“精”看似矛盾，但在《源道》里却是和谐统一的。发源著作等身，精品力作不少。获全国精神文明建设“五个一工程”奖、中国图书奖、湖南省社会科学优秀成果一二三等奖、特别奖等达 15 项，获奖比例之高是一般社会科学家难以企及的；主持的“取消农业税后农村改革问题研究”课题受到国家和湖南省领导重视并影响决策，《让党旗高高飘扬在“民企”这个阵地上》受到中央领导的肯定性批示。这对于一个社会科学工作者来说，无疑是莫大的荣耀，十分难得。把这些精品成果汇集起来，传播出去，对于记录历史，传播精神文明，繁荣社会科学，都具有重要的价值。同时，发源作为湖南社会科学界的领头羊，享受国务院政府特殊津贴专家，湖南省优秀社会科学专家，湖南省“121 人才工程”第一层次人选，其成长经历和学术思想，对于湖南社会科学工作者特别是广大青年学会为人、为学、为官，也具有启发意义。

（本文撰写于 2023 年 5 月）

作者简介

刘华清，中共湖南省委党校党史教研部原主任，二级教授，享受国务院政府特殊津贴专家，中国延安干部学院兼职教授，湘潭大学毛泽东思想研究中心兼职研究员，全国毛泽东思想研究会理事，湖南省中共党史人物研究会副会长。在《中共党史研究》《党的文献》《人民日报》《光明日报》等省以上学术与理论报刊上发表论文160余篇；出版个人专著6部；主持完成国家社科基金课题和省社科基金课题10余项。获全国精神文明建设“五个一工程”奖、中国图书奖、省优秀社科成果奖等省以上奖励14项。

行走在田野的"入世学者"

陈浩凯

周发源先生送给我一套4卷本的文集《源道》。《源道》洋洋洒洒87万余字，篇篇精华，字字珠玑，当属先生30多年学术思想的最好总结。

细细品读之余，感悟先生"不管岗位、年龄如何变化，只要一息尚存，就应该有所追求、有所奉献、有所作为"的赤子之情，"学不止、思不怠、研不懈、写不停"的豪情壮志，体会到了先生对于科研和文字有一种亲切的依恋和专注的痴迷，于是，我产生了写篇书评的冲动，可又迟迟不敢动笔，因为，"书评应当写出自己知识的边际增量来"，我怕做不到而贻笑大方。

如果要问这套文集所展现出来的研究领域是什么？我似乎感到无从回答，因为，这套文集内容上涉猎广泛，涉及经济、政治、文化、社会、生态诸多领域，碰触学问、学风、学人、学术诸多方面。从关注和研究的对象来看，似乎以千禧年为界，千禧年之前，先生怀着对真理的探求，重点追寻主要领导人的思想轨迹，围绕"是什么、为什么、怎么办"的逻辑思路求索问题的答案，进行了深入而冷静的思考。千禧年之后，先生好像完全舍弃了形而上的理论思辨，进入了与理论研究"断舍离"的状态，转型为"入世学者"，投入农村改革、民企党建、生态文明等接地气的研究中，写出一大批有政治高度和思想深度的“资政”类调研报告。从先生的研究轨迹看，似乎前后毅然决然，其实细细思考，先生的学术理念、研究旨趣、问题意识始终如一：聚焦的是中国社会的现代化进程；坚持的是格物致知、经世致用的科研理想；恪守的是实事求是、坚持真理的理论品格。先生要做的，就是要追寻伟人的深刻思想，通过田野调查，实事求是地、科学地解释当代中国社会，为全面建成社会主义现代化强国尽一份力量。究其本质，《源道》就是“原道”，就是周发源先生这位长者、智者、学者对中国特色社会主义建设的规律性认识！

一

原道者，意为探求事物自然之道。先有南朝梁大臣、文艺批评家刘勰著书《文心雕龙》，首章即为《原道》，提出了“心生而言立，言立而文明，自然之道也”“爰自风姓，暨于孔氏，玄圣创典，素王述训；莫不原道心以敷章，研神理而设教”的观点，探求文学之道。唐代文学家、哲学家、思想家韩愈写了一篇著名哲学论文《原道》，从提倡儒学，反对佛老的角度出发，提出了“凡吾所谓道德云者，合仁与义言之也，天下之公言也”的主张，并以儒家正心诚意、修身齐家、治国平天下的人生理想为对比，批评了佛老二家置天下国家于不顾的心性修养论的自私和悖理，发出了“甚矣，人之好怪也，不求其端，不讯其末，惟怪之欲闻”的人生感言。

与封建社会的士大夫不同，先生的所“源”之“道”是马克思主义的真理，是对我国社会主义现代化强国建设最基本的规律性认识，所以，他坚持和依据的就是马克思主义基本理论，从历史唯物主义和辩证唯物主义的角度解构社会、分析问题。恩格斯说：“马克思的整个世界观不是教义，而是方法。它提供的不是现成的教条，而是进一步研究的出发点和供这种研究使用的方法。”在20世纪80年代中后期，我国政治生态发生了较大的变化，改革开放不断推进，资产阶级自由化思想在社会流传，党内腐败问题、官僚主义问题日益滋生，面对新时代、新问题、新思想层见叠出，需要对这种现象有一个系统和全面的分析，在这种背景下先生发表了《十七年反官僚主义斗争的历史反思》这一重磅文章。在论文中，先生依据马克思主义的经典理论从社会土壤、经济根源、文化思想等方面建立了基本的研究框架，剖析了官僚主义产生的基本条件，得出了“党的思想政治路线的正确与否决定着反官僚主义斗争的历史进程”的结论。随着改革开放和现代化建设的深入推进，社会上出现了“姓资还是姓社”的问题讨论，1992年邓小平发表南方谈话，提出了“三个有利于”的衡量标准，创造性地提出“要注意经济稳定协调地发展”，开启了又一次解放思想、实事求是的进程。在新的历史条件下，党的领导干部如何深入理解和贯彻党中央的方针政策，提高决策水平和能力就出现在了学者们的研究视野之中。先生凭借自己的学术敏锐度和政策把握能力，1995年在《求是》第五期杂志上发表了《论邓小平决策思想的基本特征》一文，此文的理论构建完全是在马克思主义经典理论的基础上建立起来的。《共产党宣言》指出：“共产党人不是同其他工人政党相对立的特殊政党，他们没有任何同整个无产阶级的利益不同的利益。他们不提出任何特殊的原则，用以塑造无产阶级的运动。”“无产阶级将利用自己的政治统治，一步一步地夺取资产阶级的全部资本，把一切生产工具集中在国家即组织成为统治阶级的无产阶级手里，并且尽可能快地增加生产力的总量。”在《共产党宣言》的这段话里，马克思宣告了共产党人的根本宗旨就是为人民服务，没有自己的私利，共产主义革命“在自己的发展进程中要同传统的观念实行最彻底的决裂”，要最大程度地发展生产力，“增加生产力的总量”。先生就是以这种理论原理为指导，从实事求是的思想方法，人民利益高于一切的原则立场，“三个面向”的超前意识，统筹兼顾、突出重点的系统思想，原则性和灵活性高度统一的务实态度等五个维度建构研究框架，系统地总结了邓小平决策思想的精神内核，不但学理化阐释了邓小平理论，而且，对全党干部决策能力的提高起到了积极作用。

“述而不作总有遗憾”，由于研究的深入，在此后的较长一段时间里，先生围绕邓小平决策思想进行了多维度、多视角、多方面的系统研究，发表了 10 多篇论文，1999 年 12 月，在湖南人民出版社出版了理论专著《邓小平决策思想研究》。这一切研究的进展和成果的取得，离不开先生深厚的马克思主义理论功底，离不开对一切有益知识的兼收并蓄，正如先生所言，“从小对读书写作却分外喜爱”“读古今中外经典名著……如饥似渴、兴味盎然”“从马克思主义的伟作到资产阶级学者的名著，从文史哲到经政管各种经典”都有浓厚的兴趣。

二

理论要在实践中升华，理论也一定要指导实践，解决实际问题。清人陈曾寿诗云：“细写溪山目未昏，一檠明灭与温存。男儿入世终何有，只有平生未报恩。”

马克思在《关于费尔巴哈的提纲》中提出了一个充满人文主义精神的命题：“哲学家们只是用不同的方式解释世界，而问题在于改变世界。”改变世界是一切有使命感学者的价值取向，先生也不例外。先生的“源道”是在马克思主义理论指导下，对中国特色社会主义实践所获得的认识和经验的归纳和总结，形成了对规律性的一般认识后，终究是要指导社会实践的，“入世”才是先生“源道”的目的。

进入 21 世纪以后，先生在治学方法上做了一个彻底的转换，即从以前以“书斋研究”为主走向田野调查，从政治学、社会学、科学社会主义理论研究转向为制度经济学、生态文明等方面的实证研究。在我看来，对农村农业农民问题的研究是先生这一阶段的研究重点，他以马克思主义政治经济学为指导,从制度经济入手实证研究了农村改革、农民专业合作社组织、经济社会发展环境等重大问题。

马克思主义政治经济学告诉我们，社会生产关系及其发展规律，是在人类物质资料生产过程中形成和存在的。生产要素包括：劳动者的劳动、劳动资料和劳动对象。劳动者是生产力的主体，在生产力中是起主导作用的因素，是社会生产力中最根本的力量。先生就在这种理论指导下，把物质资料、生产要素、生产力、生产关系、经济规律、基本制度等作为研究的基本要素，将农业农村农民问题纳入自己的研究范围。作为解决“三农”问题的重要举措，2006 年 1 月 1 日起我国废止《农业税条例》。停止征收农业税不仅减少了农民的负担，增加了农民的公民权利，标志中国进入改革开放转型新时期。从发展的角度来说，取消农业税是我国经济发展到一定水平的产物，具有积极的意义，但随之而来的一些问题也产生了，比如，农业税取消后，如何满足农村多样化的公共产品供给问题、如何遏制乱收费乱摊派的问题、农村基层组织建设弱化的问题、农村经济组织的集约化发展受损的问题等等接踵而至。如何以乡村机构改革为切入点，推进农村综合配套改革？ 2005 年 4 月至 5 月，先生带领课题组成员在湖南、湖北两省，8 个地市样本点采取开座谈会、问卷调查、典型案例考察等方式，做了两个月深入调查，本着宗旨原则与价值引领做基础，客观要求与主体精神相统一，理想特征与现实构建相结合，历史继承与动态发展相联系的原则，将“制度经济”作为农村经济和配套改革研究的核心命题，2005 年 6 月完成了以“以乡村机构改革为切入点 推进农村综合配套改革”为主体的系列调研报告，还包括《取消农业税后农村的现状及问题分析》《乡镇事业单位和派驻机构的分离改制建议》《乡镇政府和村级组织的机构改革建议》《化解乡村两级债务对策建议》等四个重要文件，构成了一个结构完整、逻辑严密、对策可用的文本体系，综合思考了农业农村的物质资料、生产要素、生产力、生产关系、基本经济关系等问题，从制度层面提出了构建有限、服务、责任、法制型政府，提供有效公共服务，优化社会管理、建设和谐农村，提高农村经济组织化、市场化、集约化水平等具有重大意义的改革建议，获得了国务院领导、湖南省委省政府领导的批示和肯定，在业界、政界、学界引起了强烈反响。

在该调研报告取得成功后，先生继续沿着农村“经济发展规律”的发展趋势，着眼于农村专业合作组织，定位于法律制度，“使用标准的经济理论去分析制度的运作以及制度在经济运行中扮演的角色”，展开了农村新型经济组织的经济秩序研究。2006 年 5 月至 7 月，先生又带领课题组成员远赴浙江、山东、湖南，实地考察杭州、义乌、寿光、桃源等 10 多个地区，研究合作组织典型案例 11 个，2006 年 11 月，完成了以“发展农民专业合作组织的调查与建议”为主体的系列调查报告，包括《湖南农民专业合作组织调查问卷分析报告》《影响农民专业合作组织发展的六大障碍》《浙江、山东两省农民专业合作组织考察报告》等三个重要文件。《发展农民专业合作组织的调查与建议》提出了出台农民专业合作社法、制定配套政策、完善内部机制、加强培训监管、推动对外开放等政策建议，其中，许多建议被中共湖南省委第九次党代会主题报告所采纳，对指导和推进农业产业化、提高农业综合生产力、促进农民专业合作组织发展产生了积极意义。

这些具有鲜明时代意义的调查研究，如果放到复杂的国际经济秩序当中来考察也颇具启发性，最根本的一条就是阐明了经济发展与国家体制之间的复杂关系，印证了中国特色社会主义市场经济的优越性和实用性，彻底粉碎了资产阶级经济学家鼓噪的“中国经济崩溃论”

的论调。东欧剧变、苏联解体后，弗朗西斯·福山提出了“历史终结论”，断言资本主义意识形态已经取得最终胜利，自由市场和民主体制将成为支配世界新秩序的基本原则。一些吹捧新古典经济学信条的资产阶级学者鼓吹“私人所有权是一个运行良好的市场体系的基础”，中国的经济一定会崩溃，中国必然要“被西方资本主义所征服”。可是，他们都失望了，因为，他们的研究缺乏像先生那样把经济社会增长与中国优越的政治制度相结合的思考，缺乏马克思主义中国化时代化的理论基础和研究视野。如何理解和解释中国改革开放以来出现的一系列复杂的政治经济问题，能否为国家治理体系和治理能力建设提供决策参考？这些必然成为中国当今从事人文社会科学研究的学者面临的时代之问，先生30余年的研究实践和研究成果恰好证明了一条经验，那就是科学研究要“坚持面向世界科技前沿、面向经济主战场、面向国家重大需求、面向人民生命健康”，要“科学回答中国之问、世界之问、人民之问、时代之问”。

三

《源道》思维体系的构建是作者在总结国内外研究结论的基础上，以马克思列宁主义、毛泽东思想、邓小平理论、“三个代表”重要思想、科学发展观、习近平新时代中国特色社会主义思想为指导，把马克思主义基本原理同中国具体实际相结合、同中华优秀传统文化相结合，构建了“一个根本、两组关系、四重要素”的思维体系。这一体系的一个根本就是坚持党的全面领导；两组关系就是研究政治和经济的关系、国家与社会的关系；四个要素包括组织建设、能力建设、社会基础、经济关系等。《源道》4卷，尽管没有像其他的理论专著一样，构成一个完整的理论体系、系统地解释经济社会发展的某一具体问题，但是，纵观全书，无论是单卷还是其中的单篇文章，都没有脱离作者自己构建的“一个根本、两组关系、四重要素”的思维体系，从这个意义上来讲，4 本书又是一个完整的理论体系。

就研究方法而言，《源道》所有的研究都是将问题放到现实与历史的表里，以理论为基础扎根现实，在现实中求答案。先生的这种研究方法主张将政治制度和经济发展兼顾，以此来提炼中国经济社会发展的内在逻辑，总结中国特色社会主义的内在规律。特别强调三个方面：即将经济社会发展放到特定的历史背景来理解；强调在历史和现实的对比中找到本质和规律；强调从前瞻的角度分析事物的演变趋势。比如第一卷的理论文章《十七年反官僚主义斗争的历史反思》（1987）《四十年反和平演变斗争的回顾与思考》（1991）《邓小平理论的历史地位和时代意义》（1998）等；第二卷的《让党旗高高飘扬在“民企”这个阵地上》（2008）《关于优化发展环境的调查与思考》（2013）《湖南省创新驱动发展面临的困难、潜力和建议》（2013）等，第三卷的许多重要讲话无不体现了先生一以贯之的研究方法。这也深刻启发我们，社会科学研究应紧密围绕中国实践，参照历史的发展脉络，在实践中总结和提炼，再回到实践中去检验，这样才能构建起符合中国实际的现代化理论。

先生于我而言，是一位令人尊敬的智者、长者，更是一位具有社会责任感的学者，我在他的身上学到了许多为人之道、治学之道、处世之道，所以，从这个意义上来讲，他还是我的师者。2022 年 6 月，为了更好地培养我，先生把我聘为他领导的湖南省生态文明研究与促进会首届“湖南生态文明公益宣讲特聘专家”，在湖南省生态文明研究与促进会这个集学习、研究和社会活动于一体的组织里，我更加感受到了先生“崇读、崇思、崇写”的优良品格，希望在今后的日子里能够读到先生更多的精品力作，也祝愿先生健康长寿，科研之花常开常艳。

（本文撰写于 2023 年 9 月）

作者简介

陈浩凯，《长沙理工大学学报（社会科学版）》主编。主要从事马克思主义中国化、科技与社会研究。主持全国教育科学规划项目 1 项、省部级基金项目 6 项。出版《当代科技哲学前沿问题研究》等专著 4 部、主编《大学生就业与创业教程》等教材 2 部，在《中国高教研究》《编辑学报》等报刊发表学术论文和理论文章 60 余篇。

道通天地有形外

向玉乔

学者与学者之间的交流主要是心灵的交流。打开《源道》，我有一种感受：这套书笼罩着“道”的氛围。《源道》呈现的是周发源先生走过的学术道路和人生历程。

《源道》第一卷第一篇讲的是官僚主义问题，第四卷第一篇的主题是《我爱索溪的山》，其中有何深意呢？我注意到，《我爱索溪的山》这篇文章是 1984 年写的，而讲官僚主义的文章是 1987 年之后写的。我个人认为，《我爱索溪的山》应该放在第一篇。为什么？山是什么？它是中国儒家哲学讲的最重要、最基本的意象，能够展现儒家思想、儒家精神的一个意象。《我爱索溪的山》叙述的就是发源先生如何热爱山的主题。“山”是儒家思想的核心，儒家要求人们做人如山。

《源道》这四本书是在追求何种道呢？我觉得首先是在追求儒家的道。儒家的道是什么？主要是实践之道，即实践智慧。《源道》为什么关注如何解决官僚主义的问题？如何解决农村道德文化建设的问题？如此等等，它们都是现实中的实践问题，需要借助儒家所推崇的实践之道来解决。儒家之道是《源道》旨在探求的第一种道。

《源道》于 2016 年出版之后，发源先生开始研究生态文明。这意味着他出了《源道》之后开始探求另外一种道——道家的道。道家的道不是主要关注实践的智慧，更多的是在追求理念性的东西。我个人认为，发源先生在求道方面于2016年前后发生了根本性转变。《源道》的序言对此有所暗示，但发源先生自己似乎没有注意到这一点。发源先生60岁之前追求的是儒家之道，60岁之后追求的是道家的道，即自然之道。

《源道》之中还有第三种道。发源先生在书的序言中说："我愿是一棵树，根在大地，心向蓝天，不负养分，回报绿蕴。"当他表示自己"愿是一棵树"时，实际上是在追求佛家的道。要知道，佛家哲学的最重要意象是菩提树，它具有既积极入世又洒脱出世的意蕴。发源先生心中有一棵佛家的树——菩提树。

总而言之，发源先生的《源道》实为精品力作。发源先生的学问首先体现在文采上面。发源先生的文笔很优美、简明扼要，很容易吸引人。《文心雕龙》说："心生而言立，言立而文明。"文明首先通过语言得到表现，文采是语言的魅力所在。发源先生将中华优秀传统文化或中华民族所追求的各种各样的道集于一身，所以其学问有"尊德性而道问学，致广大而尽精微，极高明而道中庸"的特点。

《源道》折射出发源先生的人品：一是有慧根。他出身并不显赫，但有慧根。二是有情怀。他有家国情怀，有爱人民的情怀。三是有自信。他的自信是我们学界应该学习的东西，叫学术自信。他有观点，也敢讲自己的观点。在当今时代，很多学者没有自己的学术自信，言必称西方。发源先生把学术的根牢牢地扎在中华文化的土壤之中，所以他有自信。四是有担当。发源先生时刻惦记着我们的国家、民族、社会，总是在思考国家发展问题、民族发展问题、社会发展问题，具有达到义务高度的社会责任感。五是有智慧。真正的学者肯定是有智慧的。发源先生不仅有知识，而是达到了智慧的高度。他的身上兼有儒家的道、道家的道和佛家的道，像一棵树扎根于社会现实之中，积极入世，又超然出世，所以他很洒脱。有些人退休之后，过得很沉重，很苦闷，但说实话，我多次跟发源先生打交道，认为他关注现实、关心现实，但又很超然。一个学者将各种道集于一身，何其伟大！我们应该向发源先生学习、致敬。

（本文撰写于2023年10月）

作者简介

向玉乔，湖南师范大学道德文化研究院院长、哲学系主任，二级教授、博士生导师；中央“马克思主义理论研究和建设工程”专家，全国应用伦理专业学位研究生教育指导委员会委员，湖南省121人才，芙蓉学者特聘教授；中国伦理学会常务理事，中国经济伦理学会和中国教育伦理学会常务理事；主持国家社科基金重大项目1项、重点项目1项、一般项目2项；发表学术论文150余篇，著有《道德记忆》《中国道德话语》等著作20余部。

把著作写在大地上的生动答卷

朱忠彪

发源先生是我一直尊敬的老领导、老专家、老前辈，他治学严谨、著作等身、成果丰硕，堪称湖南省社科界的理论大家、学术泰斗，对我们这些后辈来说确实是高山仰止、景行行止。说起来也是机缘，今年五一假期与多年未见的发源先生巧遇，老领导还是那么平和睿智，言辞间充满了对后辈的期许与关爱。当得知我已调到开放大学系统工作后说，他 20 世纪 80 年代毕业于这里，并惠赠我《源道》一套和相关理论著作，我是倍感荣幸，备受鼓舞。

我认真拜读了《源道》四卷，深感该书既是发源先生的心路历程，也是社科理论战线不可多得的匠心之作，特别是其理论成果政治站位高、专业底蕴深、实际联系紧，开阔视野、启迪思维、指导实践，彰显出强烈的学术情怀和社会责任。掩卷遐思，《源道》一书，无论是论文著作、调查报告、工作讲话，抑或随笔、评论，始终都是对习近平总书记“把论文写在祖国的大地上”殷切期望的忠实践行和生动答卷。

作为理论高山下的攀爬者和社科研究工作的追随者，我在《源道》一书的尽情遨游中，感悟著者的理论经纬和思想脉络，加深了对《源道》的理解和认知，从中受到教育和启发。

《源道》是理论人生的回眸

在书的前言中，著者就书名“源道”，作了简明扼要的说明，并对长期从事理论研究的心路历程作了介绍。三十余年的文字生涯、数百万字的理论著作、高质量的理论成果，完美演绎了从文字爱好者到理论专业者、从论文投稿者到刊物主编者、从理论竞跑者到理论领军者的苦旅人生；充分诠释了“积跬步以至千里、积小流以成江海、积累土终为高塔”的人生哲理。《源道》一书中，一篇篇重量级大报大刊理论文章，一个个国家级重点重大理论课题，一堂堂启智开悟的理论讲座和辅导报告，既折射出一个学者的宽广视野与思想深度，也反映出了一个党的理论专家严谨治学的精神境界和孜孜以求的价值操守。《源道》既是理论人生，也是学问人生，给人以智慧、给人以引领，给人以陶冶、给人以享受。

《源道》是经世致用的锦集

穷理以致其知，反躬以践其实。习近平总书记说，当今时代，是一个需要理论而且一定能够产生理论的时代，是一个需要思想而且一定能够产生思想的时代。《源道》一书深刻蕴含着“为天地立心，为生民立命，为往圣继绝学，为万世开太平”的传统和志向，集中体现了发源先生“立时代之潮头、通古今之变化、发思想之先声”的经世致用哲学思维和实践思考，始终坚持人民至上、问题导向，述学立论、建言献策。《源道》中不乏这方面的代表作，他执笔撰写的《论邓小平决策思想的基本特征》，获全国精神文明建设“五个一工程”奖，围绕这一重大命题，出版的《邓小平决策思想研究》专著，多次获得大奖；他主持“取消农业税后农村改革问题研究”课题，主编出版《新农村之路》丛书，回答了当时农村改革发展一系列重点难点问题；主持“民营企业党的建设问题研究”，分析回答了当时民营企业党的建设若干问题。综观《源道》一书中的重点理论文章、重大理论课题，主题都是审时度势、切中时弊、关乎要害，其成果在《求是》《光明日报》《党建研究内参》和人民日报社《内部参阅》等重要媒体推介，受到了国家和湖南省领导的重视并为相关部门决策提供了重要参考。《源道》一书的理论价值和现实意义可见一斑。

《源道》是老骥伏枥的宣言

此书开篇，就表明了心迹：出这套书，就是想把“留恋”固化，把“希望”续起。发源老前辈已过“耳顺之年”，即将步入“从心所欲之年”，《源道》既是对过往学术成果的梳理，更是对自己多年思想积淀的升华。“把‘希望’续起”，这简洁朴实的语言，传达出了一个理论大家的学术胸襟和初心使命：让既有成果再放异彩，将理论思维代代相传，把求索精神赓续发扬。尽管，发源先生已经退出了湖南省社会科学界联合会的领导岗位，但仍在牵头湖南省生态文明研究与促进会的工作，同时还是湖南大学、湘潭大学、湖南师范大学、湖南商学院等多所高校的兼职教授，可谓是“退而不休”“壮心不已”。《源道》一书所隐含的这种“时光不老、奋斗不息”的精神，更增加了这部著作的学术厚重和独特魅力。

歌德说，读一本好书就是和一位品德高尚的人谈话。仔细品读《源道》，字里行间欣赏经典，也是我向发源老前辈请教、学习的过程，其智慧和思想必将是我一生受益的宝贵财富。

（本文撰写于 2023 年 9 月）

作者简介

朱忠彪，现任株洲开放大学党委书记、校长，系中组部“全国党建研究人才库”入库人选、湖南省“社区教育专家库”入库专家、株洲党建研究会理事。主要研究基层党建与社区教育。出版专著1部，发表学术论文30余篇，主持和参与完成省级及以上专项课题6项。曾获“国家开放大学杰出创业者”“湖南省优秀创新创业导师”“湖南省社区教育先进工作者”等荣誉，被评为“湖南省深入学习实践科学发展观活动先进个人”、湖南省委省政府记一等功。

《源道》之道 时代之标

陈 巍

初遇《源道》，我便有种亲切之感。记得读齐梁之际的大文论家刘勰写的《文心雕龙》，其开篇便是《原道》。《源道》与《原道》名虽不一，而其义巧似，正是赏心之始。若说刘勰的《原道》是以儒道教旨为本源，取其风化之意，那么发源先生的《源道》则直抒心意，道出本源，更有洞察之妙。

“道”其实是难道的。老子撰《道德经》谓“道可道，非常道”。可见“道”本难道。但若知其源而明其流，寻其根而振其叶，则道源自显。这是我对发源先生“源道”之名的“揣测”。

相传孔子曾在齐闻《韶》，达到了“三月不知肉味”的极致享受，甚至说“不图为乐之至于斯也”。读完先生的《源道》那一刻，孔子“不知肉味”与“为乐之至”的感受真如醍醐灌顶，让人感到“如逢花开，如瞻岁新”。究竟先生的文字有何魅力，竟能巧解难言之道，还能让人饱含如沐春风之感呢？

发源先生的《源道》按照内容可以分为理论文章、调研报告、讲话发言、随笔短文四个类别。如果从“道”的角度看，应该说，先生的理论文章是源道之根，调研报告是体道之杆，讲话发言是述道之叶，随笔短文是显道之花。先生既善于高屋建瓴地总结理论思想，又扎实勤耕于真实的社会现实和人生百态；既能以入世的精神实践经世济民的方略，又能用出世的心态保持对文学的热爱与性情的真挚。于是在《源道》的文字之中，仿佛呈现出了一个伟岸超群、情志坚定又亲切和蔼之形象。这正是先生得于道又能言于道的真实写照。

记得2015年至2016年，先生在担任湖南省社会科学界联合会党组书记期间，多次到湖南省社会科学界联合会驻村帮扶点溆浦县新田岭村调研指导脱贫攻坚工作，他多次与县委书记、交通局长深入村子各院落现场勘察，千方百计解决村民出行难、运输难等问题，多方协调筹措资金500余万元，硬化了11.6千米通组公路、重建了被洪灾冲毁的公路大桥、修建了10千米的机耕道。以前靠人工把柑橘从山上担到镇里低价卖出，现在通组公路硬化和机耕道修好后收购商可以直接开车到山上收购，每斤柑橘价格多卖了几毛钱，老百姓非常开心。正如该村11组村民黄玉平所说："我们家家户户都栽了很多柑橘树，只要路修好了，我们脱贫就有希望。"在他的悉心指导下，湖南省社会科学界联合会驻村工作队实行的"村集体+贫困户+基地""村集体+企业+贫困户""村集体+企业+合作社+贫困户""村集体+致富能人""党员+贫困户""贫困户+金融扶贫"产业扶贫的"六种加法"，让扶贫村走上致富路，其产业扶贫的对策建议在当时国务院扶贫开发领导小组办公室（现国家乡村振兴局）、湖湘智库等网站刊发。

读罢《源道》，除了赞叹先生"世事洞明皆学问"的智慧，也由衷佩服先生"人情练达即文章"的美辞。更让人深思和追问的是，先生如今文丰旨高，厚誉载身，人所钦敬，世共景仰，却在随笔中自述为上学较少，出身清贫。这样的人生转变是不是先生实践自我勤恳苦干、好学上进之道的结果呢？可以肯定地说，先生所述源道，正是以自我之道诠释时代之道的鲜活例证。

先生曾在《杂忆五味》一文中说："我曾幻想当诗人、作家，从小就特别喜爱看书，虽然不能完全理解书中的知识，却也能沉浸其中，即便之后在做工人、闯社会的日子里，不论再忙再苦再累，也从不忘看书学习。我觉得，学习包括四个方面：于实践中洞察世事，入书本纵览古今，三人行各学其优，吾日三省吾身。这几方面持之以恒，必有收获。我做过木工、泥水工，干过很多杂事，这一感悟贯穿一生，是一生的财富。”正是“操千曲而后晓声，观千剑而后识器”。没有千磨万击的人生阅历，如何尝得蜜采百花的芬馨？我想，踏实肯干，勤勉精进，为学日增，持之以恒，正是先生在《源道》中想到传道的重要思想。请允许我借助刘勰《文心雕龙》的“赞体”作为文终之白：

源道本难，见文便易。了然于心，磨砺得义。

千寻经典，不若实际。躬耕自持，内外两宜。

（本文撰写于 2024 年 4 月）

作者简介

陈巍，湘潭大学管理学博士，现任湖南省社会科学界联合会办公室主任、副研究员。先后在湖南省社会科学界联合会办公室、省情与对策研究中心、软科学研究室（科普办）、溆浦县大江口镇、新田岭村、威虎山村工作，荣获个人三等功和“溆浦县优秀共产党员”等称号。曾兼任湘潭大学公共管理学院硕士生导师，出版独著 1 部，主持和完成了湖南省软科学研究计划重点项目 1 项，在《湖南日报》《湘潭大学学报（哲学社会科学版）》等刊物发表文章 10 余篇。

值得珍藏与品读的书籍

黄国安

仔细品读周发源先生《源道》佳作，让人有一种耳目一新、被深深吸引而颇受教益与启发的触动。边读边思考，让我深深地感受到作者在湖湘文化环境中的成长经历值得追寻；感受到一名才华横溢的名人大家，其思想理论之深邃、政治眼光之敏锐、文学素养之厚重和作品给人的教育感染力之深广，实属非同寻常，让人难以释卷。

20 世纪 90 年代，作者曾在常德市社会科学界联合会工作过一段时间。那时我们之间有比较多的工作接触。作者多方面的优秀品质都给我留下了深刻印象。由于他的出类拔萃，后来被荣调湖南省社会科学界联合会工作，逐渐成为一名大学者，可称得上是“天之骄子”。对这位往日的同事，后来我的领导朋友，我在思想深处充满着钦佩、尊敬与仰慕。

人们都懂得，“天之骄子”绝非天生的，也不是自封的，更不是谁能捧出来的，而是通过自身长期的思想文化积淀、拼搏进取与不断提升，为人们所接受、社会所认可，才逐步成为引人注目而令人折服的“天之骄子”的。

发源先生就是这样一位“骄子”。尽管他并不是出身诗书世家，但他自幼对读书写作格外喜爱、十分专注、倾心倾情，潜心攻读圣贤书，研究文章千古事，结出了丰硕成果。应当说，他的成功饱含着他自己太多的艰苦付出、智慧叠加与过人胆识。正因为如此，他才成为大众尤其是思想文化界关注的重点和被称赞、被仿学的标杆人物；党组织对他的重用，多部门给他的奖励，是对他的认同、赞赏、激励与支持。

阅读作者的这部作品，能使我们对作者研究的重点领域、重点内容和所倡导的主张、所需要研究解决的问题等，都有颇为清晰的了解。尤其是作者紧跟党中央决策部署、研究解答人们普遍关心的热点难点问题、传递正能量，值得思想文化界尤其是担负着社会责任的公职人员，通过品学、细想、践行等方式学习借鉴。以此不断提升自己观察、分析、研究和妥善解决经济社会发展诸多问题的能力，亦可以丰富与提升自己的文学素养与写作能力，把自己锻造成顺应时代潮流、勇于积极进取、有效服务人民、不断有所作为的坚强斗士。

作者的这四卷佳作，政治性政策性强，思想理论水平和文学创作水平都很高，是值得认真阅读的难得的好作品。常言道："文如其人。"从作者的诸多文章中，我们对他的人生价值观和解决矛盾与问题的能力，也都会有更直接、更具体、更深刻的了解。该著作既与一般理论文学作品具有共性，又有其独具的特色。至少有以下四个方面很值得品味：

一、政治敏锐，宏观性强。作者站在党和人民的立场，紧跟党中央、国务院重大决策部署，认真选准主题，深入实际进行研究，形成了一大批优秀成果，对当时、当地和往后的实际工作都有很好的参考价值和借鉴与指导作用。如1995年，作者执笔撰写的《论邓小平决策思想的基本特征》一文，其政治性、宏观性、全局性都比较强，对当时条件下帮助人们深刻领会邓小平理论有参考借鉴作用。该文在《求是》杂志刊发后引起热议与共鸣，获得中共中央宣传部评选的全国精神文明建设"五个一工程"奖。此后，围绕邓小平决策思想主题展开多方面多视角的研究，发表了10多篇论文，最后形成专著《邓小平决策思想研究》，1999 年由湖南人民出版社出版。

二、紧扣主题，实践性强。作者利用在中共湖南省委党校理论班学习的条件，以马克思主义著作和文史哲知识作指导，形成了《十七年反官僚主义斗争的历史反思》，在文汇报社主办的《理论探讨》刊发，获常德地区首届社会科学优秀成果二等奖（一等奖缺）。后来紧扣实际深入研究，完成了《直击官僚主义》的著作，并于 2013 年由湖南人民出版社出版。这个研究成果，对于各领导层次和各行业各方面，都具有参考价值。的确，在党政机关及各行业中所存在着的脱离群众、脱离实际的官僚主义及与之相关联的领导干部为保位子、保帽子而不积极作为等不正之风，过去、现在都不同程度地存在，今后也将会长期存在。作者的研究紧扣了科学管理和经济社会发展必须解决的实际问题，对推动干部队伍的思想作风建设与经济社会高质量发展，都是有帮助作用的。

三、纯洁风气，指导性强。作者被中共湖南省委任命为湖南省社会科学界联合会党组书记之后，有许多讲话与文章，既讲理论、阐述道理，又紧扣实际、剖析问题，给人以深刻启示。应当说，他所阐述的一些新思考和新观念，不仅对推动湖南省社科事业繁荣发展直接产生了积极作用，见到了好的效果；而且对于较大范围的思想界、理论界和广大党员干部，端正政治态度、纯化思想作风、促进各自工作，都有很好的借鉴与指导作用。从这一层面来看，作者忠诚于党、忠诚于人民、奉献于社会的思想境界与道德情操蕴含在《源道》的字里行间；作者的文学修养、著书立说的水平也得到了充分体现。这部作品，可谓我们思想界、学术界、理论界、文学艺术界百花园中引人注目的一朵奇葩。

四、表达精细，感染力强。仔细阅读这本书，作者的文字优美流畅，读起来如行云流水般，让人感到畅快淋漓；书中语言富有哲理和诗意，给人以美的享受和思考的空间；语言表达都经过了精心雕琢和仔细打磨，展现出作者的匠心独运，让人很受感染。

我本人有机会先阅读到这本书，让我拓宽了视野与对一些事情的认知范围；在对一些事情的看法上，也让我与作者产生了较为强烈的情感共鸣；还让我学到了许多新知识、新观点和新方法。

我本人是通过高考从农村走出来参加工作、党龄长于工龄的公职人员。参与过同作者同时期常德市以至湖南省域的一些党建与有关服务工作，阅读过许多名人名著，也见证过许多成功人士的拼搏与成功；而对发源先生依靠自己长期辛勤耕耘、孜孜不倦地著书立说、厚积薄发而取得的大成功，感到格外的亲切，并深受教益。笔者认为《源道》确实是值得广大读者好好珍藏与认真阅读的好书。我本人也将继续潜心研读，以不断拓宽视野，提升自身的思维能力与学识水平。

（本文撰写于 2024 年 4 月）

作者简介

黄国安，中共党员，曾在中共常德市委组织部工作过多年，其间，与同事一同撰写的《加强农村党支部建设——湖南省常德市一百个村党支部的调查》报告，曾于 1989 年 9 月在《瞭望》周刊第 36 期发表。后在常德市自然资源部门工作，一直为公服务至退休。

圣人不利己 忧济在元元

邹序明

我由于在图书馆工作，兼任湖南省图书馆学会负责人，得以有幸结识周发源先生，并逐渐从新师变旧友。他学识渊博，为人谦和，不以人的地位论交，每有新作，必惠赠一册给湖南图书馆，或给我本人，《源道》这套书我也是这样读到的。

《源道》是周发源先生精选其过往成果而成。该书既有对中华优秀传统文化和民族精神的学理性探讨，也有对特定社会现象、社会实践和社会现实的深刻剖析，兼具思想性和通俗性。中国人自古崇读、崇思、崇写，进而知行合一，周发源先生的《源道》也是如此。我曾将学习体会报告给发源兄，三句话："原之深、道之新、证之诚"，他亦以为然。

所谓"原之深"，也就是研究问题深刻、深入、深沉。"博爱之谓仁，行而宜之之谓义，由是而之焉之谓道。"此为韩愈之《原道》，《源道》之名大抵也是受此启发。韩愈视"仁爱"为道，而《源道》之道为何？要弄清这一问题，还需从书中寻找答案。周发源先生在 1989 年写出《党的领导是中国人民的历史选择——兼驳党的领导的合法性需要'重新认定'》，在那样的时代作出这样的论断，反映了他对党和人民的深厚情感，具备的深邃历史眼光。发源兄并非出身诗书世家，不到 14 岁便下农村，担起养家的重任，当过木工学徒、花鼓剧团道具布景木工，还做过许多杂事,但他始终怀抱对读书写作的热爱,“不论再忙再苦再累,也从不忘看书学习”，促成他取得了非凡的工作与学术研究成果，这既是他个人努力拼搏的结果，也是伟大的时代赋能给他的。因他对中国共产党和人民的情感无比真挚,所得出的结论也就无比坚定。2005年,全国各地纷纷取消农业税,免去“皇粮国税”的农村如何发展,他主编《新农村之路》丛书，聚焦农村改革发展的一系列问题，开新农村建设研究先河。农村现代化，是中国式现代化能否建成的关键问题。没有对最广大的人民群众——农民的真挚情感,没有对中国式现代化的深刻洞见,是不会聚焦于此的。他的其他理论文章也因饱含深情而影响深远。

“道之新”也就是独特的话语体系和新颖的见解。周发源先生无论作文还是讲话，时时告诫自己“要讲真话、少讲空话，不讲假话”“努力讲少、讲好、讲新、讲管用的”。我作为一名社团负责人，多次参加他主持的会议，他总是诚恳、真挚地谈问题，热忱、谦和地提解决办法，既不云山雾罩、故作高深，更不咄咄逼人、颐指气使，充满了启发式教育的意趣，使人在收获真知灼见的同时，也感受到受人尊敬的快乐。周发源先生主持或参加国家和省部级以上课题近30项，出版专著2部，在《求是》《人民日报》《光明日报》《党校论坛》《党建研究》《内部文稿》等报刊发表文章300余篇，作品获全国精神文明建设“五个一工程”奖、中国图书奖等国家级、省部级以上奖励15项。他能取得这么丰硕的成果,没有新颖的真知灼见是不可能的。

“证之诚”就是由理论而实践，做到知行合一，做到精诚、诚恳。理论源于实践，最终又要服务于具体社会实践。1985年，周发源先生考入湖南省委党校，由此开始了自己的学术生涯。他将寻找问题、发现问题、分析问题、解决问题作为做学问的基本遵循。1995年，他瞄准邓小平的决策思想，为党政领导决策有益借鉴。进入21世纪后，周发源先生将研究方向转向调查研究，开始以脚步丈量湖湘大地。他花了大量时间和精力在基层一线，以问题为导向，针对“三农”问题、民营企业党建工作、社科普及立法、社科公平评价等多个重大实际问题开展实地调研，并将多年的调查经验凝结成 30 多个调研报告，为各级党委、政府及相关部门的决策提供了具体参考。如今全党正大兴调查研究之风，推动全党崇尚实干、力戒空谈、精准发力，让党的各项方针政策和决策部署在基层落地生根，周发源先生的调研经验启发我们，只有深入基层、深入群众、摸准情况，才能写出优秀的调研报告，为政策决策的形成提供依据，从而推动具体问题的解决，真正实现理论源自实践，最终又服务于具体实践。

《源道》4 卷，研究问题深，其言也新，所证更精。《源道》之道，既是周发源先生走过的路、说过的话、做过的事、发过的文，更是理论创新之道、实践求知之道。周发源先生从事社科理论工作 30 余年，离开湖南省社会科学界联合会主要领导岗位后又组织成立了湖南省生态文明研究与促进会，为研究宣传习近平生态文明思想笔耕不辍。他以甲子轮回为新起点，学不止、思不怠、研不懈、写不停，开启了自己学术研究的“第二春”。他的这种孜孜不倦、笔耕不辍、上下求索、实事求是的精神，让我不由想到他的先祖、湖湘文化的代表人物周敦颐。风光旖旎的濂溪从他的故乡永州一路北上，汇入烟波浩渺的洞庭湖，成就了洞庭夕照的美景，并使长江成为“湘水余波”。我常想为什么周敦颐能写出《爱莲说》、范仲淹能写出《岳阳楼记》这样的千古名篇，大概是“圣人不利己，忧济在元元”。《源道》的诞生亦如是。草拟七言四句以贺：

莲溪澹荡证周子，笔意纵横写神州。
能为时代发新语，只因思绪在源头。

（本文撰写于 2023 年 10 月）

作者简介

邹序明，湖南省图书馆党委副书记、副馆长，湖南省图书馆学会理事长，省政协委员。从事图书馆实践与理论研究，著有《美国图书馆对我国图书馆事业的借鉴意义》等论文20余篇，主编或参编《湖南省公共图书馆事业志》等著作10余部。

四新四真四统一的著作

彭培根

发源先生经常讲，要向书本学习、向实践学习、向他人学习、向自己学习。当我听到这句话后，就把这句话作为我学习工作的方法论和实践论。

为此，我想到了关于学习的几个小故事。

第一个是主动学。那时候，我在湖南省社会科学界联合会办公室工作，有机会能经常听到发源先生的高论，于是，萌生了整理他的讲话录音的想法，每年年底，我都会把当年他的录音整理成文，编辑成册。

第二个是创新学。2014 年下半年，发源先生拿出几大袋报刊，安排我分类整理。我仔细翻阅、认真思考，把这项工作作为一次珍贵的学习机会。不仅把纸质文章整理好了，还从中国知网等渠道获取了一些丢失的文章，之后又分类整理成电子版，胶装成厚厚的三大本。

第三个是实干学。拥有一个属于社科工作者的湖南省人文社科馆是全省广大社科工作者多年的梦想。听同事介绍，2010 年 6 月，在时任湖南省委书记、省人大常委会主任的周强同志主持的专家座谈会上，时任湖南省社会科学界联合会党组书记的周发源适时提出“筹建湖南省人文社会科学馆”的建议，得到周强同志的高度首肯。我到湖南省社会科学界联合会工作后不久，2013 年 5 月，发源先生就安排我到社科馆筹建办工作，在他的直接领导下，推动社科馆建设进入湖南省“十二五”规划等系列文件。在有关领导的关心下，我们解决了用地问题，由湖南财政经济学院无偿提供10亩建设用地。这块地原为公共停车和公共绿化用地，经过多次多方面协调，终于调整为图书展览用地。2014年5月27日，湖南省人文社科馆可行性研究报告（代项目建议书）获省发改委批复，该建设项目正式立项。至此，湖南省人文社科馆筹建的立项工作，画上了一个圆满句号。

这三件事，既让我较快掌握了学术论文、调研报告、讲话稿、书评等多种文稿的写法，又让我掌握了湖南省社会科学界联合会的运行规律和哲学社会科学的内在规律，还让我明白了做好工作必须付出努力与汗水。我时常和家人、朋友、同学谈起自己的幸运，从2011年4月到湖南省社会科学界联合会工作到现在，发源先生一直对我宽容包容、谆谆教导，一直对我不抛弃不放弃，一直给予我学习机会、成长机会，让作为学术小白的我，逐渐成长为别人口中“大腿”的我。

《源道》第三卷是从数百篇讲话、讲课、发言、谈话、报告中精选而出的，是发源先生2009年7月至2015年12月任湖南省社会科学界联合会党组书记期间，对湖南省社会科学界联合会和湖南社科工作的思考谋划，也是出台一些政策举措的思想基础。这些讲稿，有的是学习贯彻上级精神的，有的是谋划部署工作任务的，有的是工作报告，有的是专题讲课，有的是会议发言，有的是座谈交流，有的侧重做事，有的注重为人，可谓琳琅满目、求真务实、内涵深刻、立意高远、催人奋进。

重读这些文字，我觉得，第三卷做到了“四新四真四统一”。一是运用新思维，抓准真问题，坚持政治方向与学术探索相统一；二是探索新模式，做好真研究，坚持理论研究与服务实践相统一；三是开辟新境界，推动真创新，坚持问题导向与目标达成相统一；四是作出新贡献，确保真管用，坚持扎根湖湘与放眼世界相统一。

星光不问赶路人，韶华不负追梦者。伟大成就属于脚踏实地的实干者，属于毫不懈怠的创新者，属于搏击风浪的弄潮者。发源先生的学术人生、领导人生、幸福人生的前半篇已经进一步丰富了这一真理的内涵，也必将进一步激励我们永葆追求真理的热情和创建未来的勇气。

（本文撰写于 2023 年 5 月）

作者简介

彭培根，“长武经济走廊”概念提出者。现任湖南省社会科学界联合会软科学研究室副主任。主要研究区域经济、公共政策。出版专著 1 部，发表学术论文 20 余篇，主持和参与完成省级专项课题 20 余项，撰写和参与的 20 余篇智库报告获国家领导人、省领导肯定批示。

《源道》之美

李兴国

2022 年 2 月 19 日，收到周发源先生赠送的《源道》后我静心阅读，试图寻找取名“源道”的缘由，终没能从其字里行间清晰找到直接答案。打开正文，一幅幅富有时代气息的恢宏画卷在我面前渐次呈现，让我对时代的思考更为深刻、对社会的理解更为包容、对人生的领悟更为通透。我因熏陶渐染而豁然开朗，源道即道源，也就是规则的根据或者是规则的来源，先生用自己对社会、对人生的理解，诠释了规则的力量，让我从俗谛中惊醒。

先生邀请我出席《源道》学术交流座谈会的时候，受宠若惊与诚惶诚恐是我内心的直接反应，静下心来反复思考该如何去表达我对《源道》的膜拜？或曰如何寻找一个适合像我这样无所建树的社会人的视角来品读《源道》？良久之后犹如金篦刮目，或许李泽厚先生的实践美学观念，更能解读先生和《源道》的价值所在，因为每一篇文章都是先生亲身实践结果的提炼和总结。

《源道》之美，在于成长之美。通读四卷，几乎构成了先生最为精彩的人生旅程。先生在《前言》里说“我虽不是出身读书世家，正规上学也少”，但是他却达到了同龄人很难企及的高度。这个高度包含两层意思，构成了成长之美的两个侧面：一是身心的成长之美，虽然出身并不高贵，却步步笃定前行，成为同伦翘楚。二是精神的成长之美，由党校理论班的学员起步，用他独具慧眼的独特视角，审视社会生活尤其是改革开放激荡变化的中国画面，来源于现实而不拘泥于现实，让先生的理论文章和调研报告影响了中国当代社会发展前行的轨迹。或者说，先生的人生轨迹紧扣中国经济社会发展波澜壮阔的历史进程，并在这个进程中找到并实现了属于自己的人生价值。

《源道》之美，在于本真之美。俗话说，人如其文，《源道》的每一篇文章、每一个字，都是那样的朴实与真诚，与晦涩艰深无关，先生把对生活的理解用通俗的语言表达出来，体现出的恰恰是生活的本来面貌。一篇篇理论文章、一份份调研报告，先生用还原生活的方式，向大众讲述了原本深奥的社科理论和社科实践，又用提炼过的深邃思想影响大众、教育大众。讲话、散文、随笔、书评、短论等，智慧的光芒和纯洁的情怀无不藏在朴素的文字里面，无不彰显出先生的真情、真意和真爱。对于工作的至真热爱、对于同事朋友的至诚关心、对于亲人的至微关爱，是先生一生坚守的为人准则，先生丰富的内心世界通过他的一言一行一文一字表露出来，让每一个认识他的人感到温暖。

书到用时方恨少，我怀揣冒昧的认知，希望未玷污先生和《源道》的高贵品质。我深信一个想深度了解中国过去五十年发展历程的人，一定会从《源道》里体会出中华民族卓越的自我救赎力，珍惜来之不易的和平发展之路，这也许是先生和《源道》给予大众的道的启迪。

是年炎夏求教于先生，与先生茶聊许久，作五绝一首以记录先生教诲之事，虽有班门弄斧之嫌，但诚心正意，今附于此，献给先生，也许可以作为我对先生人格与《源道》作品的一种解读："围炉煮淡茗，谈笑颂词英；畅忆平生事，嘉蔬碗底清。"

（本文撰写于 2023 年 5 月）

作者简介

李兴国，男，汉族，1968年生，湖南常德人。湖南省作家协会会员、湖南省文艺评论家协会会员、湖南省诗词协会会员、潇湘散曲社社员、天心区作家协会会员，出版长篇散文体小说《善子河》。现任湖南省生态文明研究与促进会执行秘书长，湖南文理学院长沙校友会执行会长兼秘书长，曾任长沙市常德商会第一届、第二届秘书长，长株潭德商联盟首届秘书长。

一部能给人无穷力量的佳作

丁知平

《源道》是2016年湘潭大学出版社出版的图书，我作为作者周发源老师的学生，得享近水楼台的便利，有幸成为第一批读者，迫不及待地通读了全书，并做了不少标记。当时还看了周溯源先生在2017年11月8日发表在《中华读书报》的推介文章。近日，《源道》学术交流座谈会在湘潭大学召开，众多名家大咖点赞热议，促使我再次品读这部凝聚先生几十年智慧、记录先生悟道体道历程的著作，力求学深悟透其中的道理学理哲理。

正像王泽应教授所说，这部作品虽然历经岁月汰选，但依然不减青春活力，依然没有那种过时或者好像跟不上时代的感觉。正如威廉·莎士比亚所说，一千个读者就有一千个哈姆雷特，每个人对一部作品的解读、赏析和看法都不一样，每个人都会有自己的观点。因为时代、阅历、经验、学科、立场、职业等因素的差异，不同的读者可以从同一部作品中读出不同的意义和情感，也许这就是名品佳作的真正价值所在。作为学生，我重新学习后认为，《源道》至少有四个方面的突出特点：

对中国问题的深层关注。文章合为时而著。论文是时代的产物，也必然留下时代的痕迹。研究中国场景中的真问题是建构中国自主知识体系的维度之一。真问题意味着真的了解中国的现实世界、真正置身于中国的实践场景。在实践中深感困惑的问题，一定是真问题，而从文献中来的问题，则不一定是真问题。正如作者所说，所写的理论文章大多是围绕着当时的大问题大事件展开的，留下了或深或浅的时代痕迹和探索思考。如官僚主义问题，不仅是当时的热点难点问题，至今也许在相当长时间内仍然是重要问题，涉及决策体制机制、政策执行过程、政策效果评估、政策信息反馈等方方面面。中国在推进决策民主化、法治化、科学化方面取得了巨大进步，但政策执行过程还存在不作为、随意性、应付性、选择性等现象，政策督查检查存在走形式走过场的问题，信息统计上报存在弄虚作假、报喜不报忧的问题，等等，这些现象本质上仍然是官僚主义在思想、体制、作风方面的表现。从长沙“4・29”特别重大居民自建房倒塌事故调查报告来看，存在地方党委政府及其有关部门组织开展违法建筑整治、风险隐患排查治理不认真、不负责，有的甚至推卸责任、放任不管，重大安全隐患长期得不到整治，存在集中治理部署迟缓简单应付、日常监管相互推诿回避矛盾、排查整治走过场、对违法违规行为查处不力、房屋检测机构管理混乱、自建房规划建设源头失控等问题。这些问题何以会存在？如何得以克服？制度的权威性消减何以存在？国家治理现代化应该走向人治、法治还是人法共治？诸如此类的问题在文章中都有所涉及，现在读来仍然具有启示意义，需要学界的关注和思考。

对基层一线的深度调查。理论在实践中升华，实践催生新的理论。作者提出，理论是经验的总结，理论既要好听可信，还要好用管用。基层是组织的“底层”和“下端”部分，从管理的角度看，具有“原生性”“基础性”“前端性”“从属性”的特征，必然出现许多矛盾和问题，其稳定性和认受性状况影响着组织上层的运转，是信息系统中的“始发点”。作为管理的末端和底层被管理的对象，接受来自上层的信息并形成反馈，同时，基层产生的许多问题需要依靠上层的决策来解决。

于是，调查研究就成了上层与下层信息沟通的中介环节。作为思想库、智囊团的理论工作者，研究成果会对政府决策产生较大影响，因而必须严格遵循实事求是、经世致用的原则。选择热点难点、紧扣实际实践、深入探讨分析、提出政策建议、解决现实问题既是调查研究的主旨思路，也是大兴调查研究之风的初衷期盼。《源道》中的调研成果都是围绕农村改革、农业发展、党建工作、人才工作、群众工作、发展环境等热点难点问题展开的，问题导向鲜明，针对性强，有的得到了党、国家和地方党委政府领导人的肯定批示，有的转化为法规、政策、文件、社科普及读物，为政策制定提供了学理支持，为宣传贯彻党和政府的决策部署发挥了积极作用。着眼中心服务大局，关注中国当下的问题、中国的特色问题、中国的关键问题，把研究成果写在大地上，才能产生有价值、有影响的作品。周老师的调研思路、作风和方法，为从事调查研究的同仁提供了范例，值得认真学习。

对后学成长的深情引领。正如作者所说，编辑出版《源道》，旨在把“留恋”固化，把“希望”续起，既是回眸总结过去，也是放下再启未来。《源道》第三卷的42篇讲话发言中，对象涉及青年后学、干部职工、社科骨干，主要是探讨学习的方式、学习的境界、研究的方法、做人的道理、工作的态度、事业的发展，比如：要自信、自觉、自强，要敢于有梦、勇于立志；勤于学习、善于思考；快行动、重实干；讲团结、守纪律，要有信仰、有激情、有创新，要求真、求净、求信，要敬业、敬小、敬细，要做好事、汇好报、服好务，要存善心、讲善言、举善行，等等。这些观点饱含着优秀传统文化精神，渗透着作者人生经验的总结，形成正气场，集聚正能量。环视周围，虽然存在大量高学历、高职称人士，但存在不少“三无”（无论文、无项目、无经费）博士、躺平心态也是事实，值得我们反思。周老师在从事领导工作的过程中，各种讲话文稿作为传导思想观念和推动工作进展的重要方式，具有穿透时空的思想力量，就像一位长者与后辈的悉心沟通、谆谆教导，娓娓道来，催人奋进，让人感到亲切真诚，给人以温暖与启迪。《源道》第四卷众多的随笔、书评、书序、短论等文稿，蕴含着许多美好故事和真挚情感，体现了许多底层好人的关心关怀关爱、无数细微中为人处世的真诚善良美意……，种种原味质朴的真善美，犹如烛光晨曦，予人希望，给人动力，令人向往。作品内容丰富，博大精深，既记录着作者所思所想所见所感，体现了理性与情感的融通，又推介了一大批湖南社科界的优秀成果，照亮了不少后学的前行之路。

对人生价值的深邃思考。人的一生总会遇到不少困惑和烦恼，需要智者的启发和引导。周老师作为众多社会角色、不同人生阶段的转换者和经历者，践行着“耕读持家”的文化传统，不忘自强不息与为学初心，自学成才、踔厉开拓、勤勉奉公、不懈追求、笔耕不辍，堪称底层逆袭的成功范例，是激励困惑者、彷徨者、畏难者、迷失者、懈怠者的精神楷模。《源道》饱含着丰富的智慧和经验，许多论点在当今纷繁嘈杂且容易浮躁的时代里更显珍贵，比如梦想比金钱地位更重要；信仰在人的一生中是第一位的；能思考、能探索，有希望、有理想，向往未来、追求高尚；人是要有一点精神的，不管岗位、年龄如何变化，只要一息尚存，就应有所追求、有所奉献、有所作为，为国家、为人民、为自己；学与思互动；乐观宽容、积极进取、团结敬业、真诚善良；人生的轨迹应该是永不自满，永不停滞，生命不息，奋斗不止；青年人应该追求祖国富强、单位兴旺、家庭和睦、自我完善；既然来到了这个世界，总得为人类留下点什么，在世界上走一遭，总要留下点痕迹，哪怕是不很多、不成熟的思想也行，为人类增添真善美而尽心尽力，生命不息，工作不止；自强自立，奉献社会等。这对每个人的成长都会有所助益，有所启示。

周老师退休之后一直致力于习近平生态文明思想的研究与实践，

为推动湖南生态文明建设劳心费力，出谋划策，鼓呼践行。还担任湖南省碳达峰碳中和专家咨询委员会副主任、湖南省生态文明研究与促进会会长等职务。衷心希望老师这种厚积薄发、自强不息、奋斗不止的精神能够发扬光大，他心中的那束希望之光能够照亮更多的人。祝愿老师在读写之路上健康长寿，推出更多精品力作。

（本文撰写于 2023 年 6 月）

作者简介

丁知平，湖南文理学院讲师，华东政法大学博士研究生。主要研究行政管理理论与实践，参与专著 3 部，曾先后在《求索》《湘潭大学学报（哲学社会科学版）》等刊物上独著、合著论文多篇。在教育部借调工作期间，作为主要执笔人之一参与撰写教育投入相关研究报告，获得国家领导人的肯定性批示，并荣获 2016 年度教育部机关优秀调研报告一等奖。主持、参与国家及省级科研项目 4 项。

相关专著之品评

一篇研究邓小平决策科学的成功之作

肖浩辉

由湖南省社会科学界联合会原执行主席罗小凡研究员、原党组书记周发源等同志撰写的《论邓小平决策思想的基本特征》一文，是湖南省社会科学界联合会的重点研究课题——决策科学研究的一部分。该作 1995 年 3 月在《求是》杂志发表以后，在学术界和领导干部中产生了很大的反响，被评为全国精神文明建设“五个一工程”一等奖。我拜读之后，认为这篇文章是研究邓小平决策思想的成功之作，其特点是：

一、完整地概括了邓小平决策思想的科学体系。邓小平决策思想客观地存在于小平同志的讲话、文章和他的决策实践之中，对这些宝贵思想和理论进行系统的研究和广泛宣传，使之为广大干部特别是领导干部所掌握，则是理论工作者的一项光荣而重大的任务。本文作者勇敢地承担了这一任务，在认真学习、深入研究的基础上，阐述了邓小平决策思想的五个基本特征：一是从实际出发，实事求是；二是人民的利益高于一切；三是面向世界，面向未来，面向现代化；四是统筹兼顾，突出重点；五是原则性与灵活性高度统一。像这样全面正确地概括邓小平的决策思想，在国内外是首次。不仅如此，作者还对每一个特征的具体内容及其在实践中的运用作了科学的介绍，比如在介绍“原则性与灵活性高度统一”这一基本特征时，既阐明了小平同志在这个问题上的理论观点，又列举了小平同志提出“一国两制”的构想，解决香港回归祖国问题，是原则性与灵活性相统一的决策艺术，得到完善表现的成功范例。作者概括的五个基本特征及其对每个特征的阐述，完整地体现了邓小平决策思想的主要内容，准确地反映了邓小平决策思想的精神实质，有助于广大干部特别是领导干部完整、准确地掌握邓小平决策思想，提高决策水平，从而为建设有中国特色社会主义作出了有益的贡献。

二、科学地论证了邓小平决策思想的精髓。在邓小平决策思想的五个基本特征中，“从实际出发，实事求是”是精髓。作者把它作为第一个特征，对它作了科学的论证和完整的介绍，指出了这个精髓的三个最基本的思想观点：一是实事求是是无产阶级世界观的基础，是马列主义、毛泽东思想的根本观点和根本方法，是进行科学决策的首要原则。一定要把现实存在作为分析问题、制定决策的基础。生产力的相对落后与人民日益增长的物质和文化需求之间的矛盾，是当代中国的主要矛盾，也是当代中国最大的实际，一切都要从这个实际出发，要根据这个实际来制定规划、作出决策。二是从实际出发进行决策，必须解放思想，探索创新，使决策不断适应新的情况。三是在探索创新的过程中，要把实践作为检验决策成败得失的唯一标准，边实践、边总结、边提高，使决策在实践中不断完善。我们只要切实掌握运用了邓小平决策思想精髓的这三个基本要领，就能够作出符合国情、省情、市情、县情和乡情的正确决策，指导我们的事业从胜利走向胜利。

三、正确地阐发了邓小平决策思想的根本出发点。在邓小平决策思想的五个基本特征中，“人民的利益高于一切”是根本出发点。作者全面准确地阐述了这个基本特征，介绍了邓小平这一光辉思想的三个要领：一是邓小平时刻把人民的利益和人民的疾苦萦记心头，把全心全意为人民服务、为广大人民群众谋利益作为党的全部活动的根本出发点和归宿。二是正因为邓小平心中时刻想着人民群众，所以他特别尊重群众的首创精神，善于吸取他们的智慧，支持他们的发明创造，并把这些创造总结提高，形成决策加以推广，因此，他提出的方针政策总是受到群众的衷心拥护，很快变为群众的自觉行动。三是决策不仅要集中群众的意见和智慧，而且要接受群众的检验。把“人民拥护不拥护”“人民赞成不赞成”“人民高兴不高兴”“人民答应不答应”作为评判决策是否正确的根本依据，要坚持受人民拥护的正确决策，改变为人民反对的错误决策。只要我们在决策实践中坚持从人民的利益出发，尊重群众的首创精神，接受群众的检验，就能够制定反映人民的意志和要求，符合人民利益的正确决策，得到群众的拥护和支持。

（本文原载于《湖南社会科学》1996 年第 6 期，原题为《研究邓小平决策思想的成功探索》，有删改）

评《邓小平决策思想研究》

包心鉴

邓小平理论是一个博大精深的思想宝库，蕴藏着丰富的理论精华和科学精神。从不同角度拓展邓小平理论研究的领域，不断发掘其理论内涵，促进邓小平理论学习向深度和广度发展，是马克思主义理论工作者的一项重要使命。湖南人民出版社出版的周发源研究员的新著《邓小平决策思想研究》一书，从“决策”这一崭新视角研究邓小平理论，填补了在这一领域研究的空白，可谓匠心独运。该书的突出特点是从宏观和整体的角度概括出邓小平决策的基本理论观点，着眼于从方法论的高度研究邓小平决策思想的真谛，初步构成了邓小平决策思想的理论体系。书中所阐述的基本观点和基本方法，是具有普遍指导意义的。

决策，是领导机关和领导者的基本职能和日常“功课”。能否实现正确决策，关键在于决策者（包括决策群体和决策个体）的决策思想和决策方法是否正确。邓小平作为我们党第一代中央领导集体的重要成员和第二代中央领导集体的核心，不仅具有深厚的马克思主义理论功底，而且具有丰富的决策实践。“他虽然没有专门论述决策的理论著作，但在他的著作、报告、讲话和谈话中，在他的领导和决策实践中，处处都闪烁着科学的决策精神。”邓小平之所以能够高屋建瓴地作出无数正确决策，之所以能够领导中国人民开辟建设有中国特色的社会主义道路并胜利前进，盖源于他的决策思想和决策方法的正确。因此，作者从宏观和整体的角度研究邓小平的决策思想，就具有重要的方法论意义，抓住了邓小平决策思想的最主要的东西。该书总共只有八章，其中有六章是从不同角度阐述邓小平决策的基本立场和基本方法的，即：解放思想、实事求是的决策精髓；人民利益高于一切的价值选择；面向世界、面向未来，面向现代化的战略眼光；着眼全局、突出重点的辩证方法；原则性与灵活性有机统一的高超艺术；民主化、法制化、科学化的科学精神。这六个方面既是邓小平决策的基本立场和基本观点，又是邓小平决策的基本方法。这些观点和方法构成了邓小平决策思想的基本特征，不仅具有内在的统一性，而且每一方面都是涵盖决策全过程、全方位的。抓住了这些，就抓住了邓小平决策思想最本质的东西。作者在对此进行的深入系统的分析中，既有宏观上的总体把握，又有微观上的探微索隐；既有理论上的严谨分析，又有典型范例的解剖佐证；既揭示了六个方面的内在联系，又对每一方面进行了深刻阐述。通过这种总分结合、事论统一、点面兼顾的论述，作者准确全面地阐明了邓小平决策思想的主要内容和精神实质，并构成了较严密的体系，从而化繁为简，便于读者准确把握。应该说，全面性、整体性、宏观性是该书的一个突出特色。

整体是由部分构成的。没有部分的严谨就没有整体的严谨。该书宏观体系的严谨又体现在对每一基本观点和基本方法的分析中。仔细阅读全书就会发现，作者在阐述每一基本观点和基本方法时，既具有严密的内在逻辑，又不乏“人人心中有，人人口中无”的新思想、新观点。书中的不少新观点，曾见之于公开报刊和学术会议，产生了较大的社会反响。如在实践中检验和完善决策的关键是善于总结经验这一观点，作者曾在“中国科学社会主义学会纪念党的十一届三中全会二十周年理论研讨会”上交流，被会议评为二等奖，并为多家报刊刊发和转载。一本学术著作有若干章节能独立成文发表并引起学界关注，说明独到见解是不少的。

该书的另一特点是没有局限于就事论事，就理说理，而是追根溯源，着力探讨了邓小平决策思想形成的历史渊源和主客观条件。作者认为，邓小平的决策思想，就是在他为中华民族的独立和解放、为中国的社会主义现代化事业的奋斗中形成、发展和成熟的。书中对这一观点从主客观两方面及相互关系进行了深入、具体而生动的阐发。一方面，早年的旅欧生涯、长期处于重要领导岗位特别是改革开放后处于党的第二代中央领导集体的核心地位、经历党的若干重大事件和“三落三起”的政治生涯、毛泽东决策思想的长期熏陶等因素，是邓小平决策思想形成、发展和成熟的客观基础；另一方面，信仰坚定、追求真理、实事求是、尊重群众、坦诚开明、视责如山、意志坚强、大公无私等优秀品质和优良作风,为邓小平决策思想的形成提供了主观条件。正是这种在主观与客观、历史与现实的契合中，形成了邓小平独具特色的决策思想和决策风格。这种着重于从人生这一主客观结合点探索领袖人物思想的方法，既不同于“历史背景论”，也不同于“天才论”，而是在吸取学术界成果的基础上，作者通过自己的分析、总结形成的新概括。它不但比较全面、准确、客观地揭示了邓小平决策思想赖以产生的条件，而且也给人们研究人物思想提供了有益借鉴。尤其值得称道的是，作者在阐述这些观点时，不枝不蔓，繁简适度，用例精当，论证严谨，语言生动，错落有致，一扫学术性著作容易出现的沉闷冗长之感，给人以清新活泼的气息。这种生机勃勃的鲜活文风，无疑是应该肯定和推介的。

总之,《邓小平决策思想研究》是一部视角新颖、结构严谨、内容丰富、论述深入的佳作，它坚持理论和实践相结合、历史与现实相统一的原则，把理论分析与若干重大决策结合起来，与党的路线方针政策结合起来，忠于邓小平的原著和历史史实，从邓小平决策的若干重大事例和思想观点中，综合归纳出反映决策规律的东西，注重挖掘重大决策中的理论内涵，既具有强烈的理论色彩，又具有扑面的实践气息；既包含了深厚的历史底蕴，又体现了浓重的时代精神，是一本集学术性、创新性、现实性和可读性于一体的好书。尽管该书还有不少可完善丰富之处。但作为第一本从“决策”角度研究邓小平理论的开拓性著作，对于拓展邓小平理论研究领域，推动邓小平理论学习的深入，具有重要的学术价值和实践价值。由于它是紧密联系现实研究决策的专著，而决策又与各级领导干部密切相关，因而尤其值得各级领导干部一读。

（本文原载于《马克思主义研究》1999 年第 6 期，有删改）

作者简介

包心鉴，山东大学特聘教授、博士生导师，济南大学政法学院名誉院长、教授，中国政治学会学术委员会副主任，山东省习近平新时代中国特色社会主义思想研究中心学术委员会委员、特邀研究员，山东省政协“学习习近平关于人民政协重要论述研究基地”首席专家。享受国务院政府特殊津贴专家、山东省首届“十佳理论工作者”、山东省科技拔尖、山东省首届有突出贡献的中青年专家、山东省社会科学名家。已出版专著 17 部，在中央和省级报刊发表论文 1400 多篇。主持过 3 项国家社科基金项目，5 项山东省社会科学基金项目，均获优秀等级。16 项成果获省部级社会科学优秀成果奖。

研究邓小平理论的扛鼎之作

——评《邓小平决策思想研究》

雷国珍

周发源研究员的专著《邓小平决策思想研究》由湖南人民出版社推出。对于周发源个人来说，这是他奉献给人民的精品力作，体现他研究邓小平理论的功力；对于邓小平理论研究来说，这是众多的研究邓小平理论著作中的一部扛鼎之作。

我有幸提前拜读这部著作，受益匪浅，感觉到有以下几个突出特点：

第一，理论性与实践性的高度统一。在漫长的革命生涯中，邓小平曾经长期是独当一面的地方军政大员，领导和指挥一个重要方面军：在土地革命战争时期，他领导了百色起义，担任红七军政委；抗日战争时期，他是八路军三大主力之一，即一二九师政委和中共中央北方局书记，领导冀鲁豫人民的抗战；解放战争时期，他和刘伯承一起指挥了人民解放军四大主力部队中的第二野战军，任中共中央中原局书记、华东局书记，指挥华东和中原的人民解放战争；后来成为中共中央西南局第一书记，率部解放大西南。1952年调到中央工作，逐渐成为中共中央第一代领导集体的重要成员，特别是中共八大后，他在中央委员会总书记的岗位上一干就是10年。中共十一届三中全会后，他成为党的第二代领导集体的核心，是改革开放和现代化建设的总设计师。在他漫长的革命生涯中，作出了无数科学决策，表现出卓越的治党治国治军的雄才大略，积累了丰富的领导政治、经济、军事、文化、外交等方面的丰富决策经验。

邓小平在科学决策的实践活动中，一方面，坚持以马克思列宁主义、毛泽东思想作为指导，恪守理论与实际相结合的原则，把马克思主义的基本理论作为决策的理论依据，保证每项决策的科学性；另一方面，邓小平又是伟大的理论大师，他善于把积累起来的经验上升为理论，形成极具特色的决策思想科学体系。无论是邓小平决策思想中解放思想、实事求是这一精髓，还是他决策思想中人民利益高于一切的价值选择；无论是他面向世界、面向未来、面向现代化的决策眼光，还是他着眼全局、突出重点的决策方法；无论是他的原则性与灵活性高度统一的决策艺术，还是他的民主化、法制化和科学化的科学决策精神，都是邓小平决策思想的有机组成部分。

邓小平决策思想的理论性与实践性高度统一的特点在周发源的这部著作中得到了准确而完美的体现。通过学习这部著作，既可以知道邓小平丰富的决策实践，又可以更深刻地学习邓小平的决策理论。这就为我们现在决策和未来决策提供强有力的理论指导，以保证决策更加科学，更加符合实际。

第二，现实性和历史性的高度统一。这里所指的现实性和历史性高度统一，有两个层次的意思：第一个层次是指，邓小平的决策思想具有鲜明的现实性和历史性高度统一的特点。邓小平在科学决策的实践中，是以现在正在干的事情为出发点。我们现在正在干的事情是什么呢？简而言之，就是建设有中国特色的社会主义事业。这项事业的成功与否，既关系到中国能不能在比较短的时间里摆脱落后的面貌，又关系未来中国在世界格局中的地位和形象，而地位的提高和形象的改变，说到底取决于综合国力。这就要求决策时，必须以正在做的事情为出发点。这就体现出邓小平科学决策的现实性。但是，今天的现实是昨天历史的继续，明天的未来又是今天现实的发展，它们之间是一根不可割断的链条。这又要求在决策时，既要考虑现实的实际情况，又要考虑历史的实际，用历史的眼光来审视现在的实际，保证决策经得起历史的检验。在邓小平的决策思想中这一特点是十分突出的。第二个层次是指，作者在研究邓小平决策思想时体现了现实性与历史性相结合的特点。《邓小平决策思想研究》全书共8章。其中6章是从各方面来研究邓小平决策思想的，从中我们可以看出邓小平决策思想是一个完整的科学体系。这些体现出理论的现实性。绪论“邓小平决策思想的形成和发展”和第7章“邓小平决策思想的历史地位”，是作者从历史的角度来研究邓小平决策思想的。从这两章中我们可以得出这样的结论：一是邓小平决策理论有深厚的历史底蕴。他继承了古今中外决策理论的优秀成果。邓小平作为一个站在历史巨人肩上的伟大人物，他敢于也善于从古今中外决策理论中吸取被实践证明是人类文明优秀成果的决策思想，为建设有中国特色社会主义服务。二是邓小平决策思想是毛泽东决策思想的重要组成部分。这是给邓小平决策思想作出的历史定位。在社会上，毛泽东思想和邓小平理论思想的关系长期困惑着人们。同样，毛泽东决策思想和邓小平决策思想的关系也困惑着人们。尤其是邓小平的有些决策是对毛泽东晚年的一些决策的否定，一些人就因此把两者割裂开，甚至对立起来。作者用一定篇幅来回答这个问题，从中得出了邓小平决策思想是毛泽东决策思想的继承和发展的结论。这个结论不是简单套用邓小平理论与毛泽东思想关系的用语，而是建立在大量事实的基础之上，这恐怕是作者的重要贡献之一。

第三，科学性和可读性的高度统一。所谓科学性，是指作者在研究邓小平决策思想时的科学精神和严谨学风。作者在分析邓小平决策思想形成的过程中，运用大量的史料；在分析理论问题时，让材料说话。所以，在书中的每一个结论都有根有据，没有牵强附会之感，保证了著作的科学性，人们从书中得到许多启示，并且可以运用到实践中指导我们的决策。所谓可读性，是指作者在建构全书框架时，独具匠心，纵横交错，经纬相通；在运用材料方面，翔实而不累赘，准确而不铺张；在文字写作上，文笔流畅，词意精当。这些都反映了作者的扎实功底。现在的理论著作，容易走上两个极端：讲科学性，文章或著作枯燥艰涩；讲可读性，就言之无据。《邓小平决策思想研究》作为一部理论著作，比较好地解决了这个问题，这是非常可贵的。

（本文原载于《湖南商学院学报》1999 年第 5 期，有删改）

作者简介

雷国珍，曾任中共湖南省委党校中共党史教研部副主任、主任、科研处处长、教育长、副校长，湖南行政学院副院长，巡视员，二级教授，博士研究生导师，2000 年评为享受国务院政府特殊津贴专家。公开发表学术论文 200 多篇，出版个人专著、合著 26 部，主持 3 个国家社会科学基金课题和 12 个省部级课题研究，获得国家级奖 4 项、省部级奖 21 项。

研究邓小平理论的新视角

——《邓小平决策思想研究》评介

周湖源

湖南省社会科学界联合会研究员周发源几年前就着手研究邓小平决策思想，发表了多篇论文，并于最近推出了专著《邓小平决策思想研究》，为人们学习研究邓小平理论提供了新的视角。

该书分析了邓小平决策思想产生的条件。一方面，在长达70多年的革命生涯中，邓小平长期处于重要领导岗位，经历了党的若干重大事件和“三落三起”的政治生涯，特别是领导改革开放和现代化建设的丰富实践；另一方面，邓小平信仰坚定、追求真理、求是务实、尊重群众、坦诚开明、视责如山、意志坚强、大公无私的革命品格和崇高风范，使他能够博采众长，形成独具特色的决策思想。那么，邓小平决策思想有什么特征呢？该书主要篇幅从七个方面进行了详尽深入的论述。

第一，邓小平决策思想的精髓是解放思想、实事求是。只有一切从实际出发，实事求是，才可能正确认识世界，作出正确决策；而要真正做到一切从实际出发，实事求是，就必须解放思想，冲破各种主观偏见和落后观念的束缚，勇于探索创新，使思想符合实际，从而使决策不断适应新的情况。第二，邓小平决策的价值选择是人民群众的利益高于一切。为人民谋利益是一切决策的出发点；要实现正确决策，必须坚持“从群众中来、到群众中去”的方法；决策要接受人民群众的检验。第三，邓小平决策的战略眼光是面向世界、面向未来、面向现代化。第四，邓小平决策的辩证方法是着眼全局、突出重点。第五，邓小平决策的高超艺术是原则性与灵活性有机统一。“举重若轻，绵里藏针”，是邓小平决策思想的重要特点。第六，邓小平决策的科学精神是民主化、法制化、科学化。第七，邓小平决策思想是马列主义与中国革命和建设实际，尤其是改革开放和社会主义现代化建设实际相结合的产物，是毛泽东决策思想的继承和发展，是邓小平理论的重要组成部分，是当代决策科学理论的精华，具有普遍的指导作用。

邓小平决策思想研究，既有很高的学术理论价值，又有很高的实践价值。周发源同志的这一研究成果，拓展和加深了邓小平理论的研究。加之该书条理清晰，逻辑性强，文笔流畅，材料丰富，持之有据，可读性强，读后给人以教益和启迪，因此，是一部值得推荐的好书。

（本文原载于《科学社会主义》1999 年第 4 期，有删改）

邓小平理论研究的重要成果

——读《邓小平决策思想研究》

王 鹏

《邓小平决策思想研究》是湖南省社会科学界联合会研究员周发源的新著。该书是国家新闻出版署重点课题“邓小平理论研究书系”和湖南省社会科学规划重点课题“中共主要领导人决策思想研究”的重要选题。该书的前期成果《论邓小平决策思想的基本特征》一文在《求是》杂志1995年第5期发表，获第五届全国精神文明建设“五个一工程”奖。全书25万余字，1999年1月由湖南人民出版社出版。

作者从邓小平决策思想最突出、最具特色的六个方面切入，深入系统地阐述了邓小平决策思想的丰富内涵。全书具有以下几个特点：

第一，这是第一本系统研究邓小平决策思想的专著，比较完整准确地概括了邓小平决策思想的主要内容和科学体系。且从“决策”这一新视角研究邓小平理论，对拓展和加深邓小平理论研究有较大意义。

第二，坚持理论和实践相结合的原则，把理论分析与若干重大决策结合起来，与党的路线方针政策结合起来，从邓小平决策的若干重大事例和思想观点中，综合归纳出反映决策规律的东西，注重挖掘重大决策中的理论内涵，既具有浓厚的理论色彩，又具有强烈的实践气息。

第三，重点突出，集中探讨了邓小平决策思想中涵盖全方位的六个方面的内容，分析深入，论证严谨，忠于邓小平的原著和历史事实。

第四，采取主观与客观、历史与现实相结合的方法，揭示了邓小平决策思想形成的背景和条件，阐明了邓小平决策思想与马列主义、毛泽东决策思想的关系及邓小平决策思想的历史地位。

（本文原载于《长沙晚报》1999 年 6 月 22 日，有删改）

作者简介

王鹏，现任湖南省文化和旅游厅副巡视员，副研究员，湖南省委宣传系统“五个一批”优秀理论人才人选，湖南省诗歌学会顾问。策划主持省部级课题 13 项，参与国家级课题 1 项，发表学术论文 60 多篇，30 多篇荣获国家和省部级专业学术研讨会一、二、三等奖。撰写的《疫情后时代文旅高质量发展的路径选择》等调研报告，获 30 多位省部级领导批示肯定，转化为重大决策。《爱 · 永恒——王鹏诗文选粹》由新华出版社出版发行，多首诗歌作品被大型晚会、朗诵会选用。

科学决策 战无不胜

——评《邓小平决策思想研究》

刘茂松

周发源研究员多年来一直潜心于邓小平决策思想的研究，取得了丰硕成果。1995年在《求是》杂志发表的《论邓小平决策思想的基本特征》一文，曾获得第五届全国精神文明建设“五个一工程”奖，产生了很大的影响。这次由湖南人民出版社出版的《邓小平决策思想研究》是国家新闻出版署重点课题“邓小平理论研究书系”的重要选题，也是他对邓小平决策思想研究成果的系统归纳和概括。

《邓小平决策思想研究》一书的最大理论贡献，就在于作者坚持理论与实践相结合的原则，把理论分析与若干重大决策结合起来，与党的路线方针政策结合起来进行分析，尊重历史，实事求是，从邓小平决策的若干重大事例和思想观点中，综合归纳出反映决策规律的东西，挖掘了邓小平许多重大决策行为的理论内涵，提炼了邓小平决策思想的精华。主要有：

一、邓小平决策思想的精髓——解放思想、实事求是。作者认为邓小平一贯强调的实事求是，是无产阶级世界观的基础，是马克思主义、毛泽东思想的根本观点和根本方法，也是进行科学决策的首要原则。

只有一切从实际出发，实事求是，才可能正确认识世界，作出正确决策；而要真正做到一切从实际出发，实事求是，就必须解放思想，冲破各种主观偏见和落后观念的束缚，勇于探索创新，使思想和实际相符合，从而使决策不断适应新的情况；在探索创新的过程中，要善于总结经验，把实践作为检验决策成败得失的唯一标准，坚持正确的，纠正错误的，改进不足的，边实践，边总结，边提高，使决策随着实践的发展而发展，在实践中不断完善。

二、邓小平决策的价值选择——人民群众的利益高于一切。作者认为，邓小平决策的价值观就是为人民谋利益，这既是共产党的性质和宗旨决定的，是社会主义的本质要求，也是保证决策实现的力量源泉，因此是一切决策的出发点和归宿所在。要实现正确决策，就必须坚持“从群众中来、到群众中去”的根本方法，深入到群众中去调查研究，倾听群众呼声，向群众学习，尊重群众的首创精神，善于吸取他们的智慧，支持他们的发明创造，并把这些创造总结提高，形成决策推广，反对和克服官僚主义；决策要接受人民群众的检验，“人民拥护不拥护”“人民赞成不赞成”“人民高兴不高兴”“人民答应不答应”是评判决策是否正确的根本依据。坚持人民拥护的正确决策，改变人民反对的错误决策，使决策的真理标准与价值标准在实践中高度统一。

三、邓小平决策的战略眼光——面向世界、面向未来、面向现代化。作者认为，这是邓小平决策思想宽广境界和时代精神的集中体现。现在的世界是开放的世界，世界发展日新月异，中国作为世界中的中国，现代化建设极其复杂，决策一定要放眼世界，着眼未来；要采取多种形式，实行全面对外开放，吸取世界上一切先进的东西为我所用，正确处理独立自主与对外交流、自力更生与对外开放、坚持社会主义与借鉴人类优秀成果、发扬自我优势与借鉴他人长处的关系；要善于抓住和把握机遇；要把实现现代化作为决策的中心目标。

四、邓小平决策的辩证方法——着眼全局、突出重点。作者认为，这是邓小平决策思想的精华。邓小平强调，决策要照辩证法办事，一切以时间、地点、条件为转移；要着眼全局，加强系统性；要突出重点，抓主要矛盾；要坚持两手抓，系统论与重点论相结合。

五、邓小平决策的高超艺术——原则性与灵活性有机统一。作者认为，“既有原则性，又有灵活性”“举重若轻，绵里藏针”是邓小平决策思想的重要特点。邓小平认为，原则的坚定性是正确决策的根本，决策时要牢牢把握大原则和大方向，在大是大非问题上旗帜鲜明，要把坚持正确原则与反对错误倾向结合起来；策略的灵活性是正确决策的生命线，要采取灵活务实的态度，制定积极有效的政策和策略，保证正确的路线方针实现；要把原则性与灵活性有机统一，大的方面管住管好，小的方面放开搞活，使二者统一于决策的全过程。

六、邓小平决策的科学精神——民主化、法制化、科学化。作者认为，邓小平是民主决策的光辉典范。他始终坚持民主是正确决策的基础，是建设有中国特色社会主义的本质要求和内在属性，坚持民主集中制是实现民主决策的关键；法制是民主决策和科学决策的保障，要坚定不移地走决策法制化的道路，建立健全法制体系，加强教育和监督，努力推进法制化进程；充分利用现代的科学决策方式和决策手段，采用科学的程序和方法，把民主化、法制化和科学化有机结合。

可以看出，本书作者比较科学准确和完整地概括了邓小平决策思想的理论精髓及逻辑结构，同时也阐明了邓小平决策思想与马列主义、毛泽东决策思想的关系。全书既有深厚的理论色彩，又有强烈的实践气息，还有鲜活的史实分析，是一部集学术性、创新性、现实性和可读性为一体的邓小平理论研究著作，很值得各级党政领导干部一读。

（本文原载于《湖南社会科学》1999年第5期，有删改）

作者简介

刘茂松，经济学教授，博士生导师，湖南师范大学经济学研究所所长。兼任湖南省经济学学会名誉理事长，中国经济发展研究会常务理事，湖南省院士专家咨询委员会首届委员，湖南省政府“十二五”“十三五”“十四五”规划专家委员会委员，中共湖南省委重大决策咨询智囊团专家。先后评为享受国务院政府特殊津贴专家、湖南省首届优秀社会科学专家、湖南省优秀中青年专家，湖南师范大学首届科研标兵，2015年获得由《经济学家周报》组织评选的中国著名经济学家荣誉称号。

直击官僚主义

沈宝祥

习近平总书记提出反“四风”，其中之一，就是反官僚主义。其实，“四风”并没有绝对的界限，形式主义、享乐主义、奢靡之风，也是官僚主义的表现。官僚主义是一种顽疾，需要坚持不懈地从多方面努力，反官僚主义才能收到较好的效果。方法之一，就是不断地揭露官僚主义的种种表现，使之成为众矢之的，无处藏身。

周发源的新著《直击官僚主义》，直击现实生活中的官僚主义。此书搜集现实生活中大量官僚主义典型事例和案例，从八个方面，暴露了官僚主义的丑行，揭露了官僚主义造成的恶果。

这本书中所列官僚主义的种种表现，都发生在我们身边，读了此书，更使我们痛感官僚主义的危害，更使我们感到扫除防治官僚主义顽疾的必要性和紧迫性。这本书重点讲中国现实生活中的官僚主义，也涉及古代和外国的官僚主义，视野比较开阔。书中收集古今中外名人对官僚主义的

周发源看望中共中央党校《理论动态》原主编沈宝祥教授〈左〉时合影。摄于2023年9月

精辟剖析，读了颇有启发。如何克防官僚主义，作者从文化、政治、经济、社会等四个方面，开了“药方”，提出了自己的见解，颇能引人思索。

《直击官僚主义》这本书，是普及读物，深入浅出，通俗简明，材料丰富，图文并茂，全书不到二十万字，可以轻松地读完。在当前反“四风”，特别是反官僚主义的实践中，读一下《直击官僚主义》这本书，是有益的。

（本文原载于《学习时报》2014 年 7 月 21 日，有删改）

作者简介

沈宝祥，中共中央党校教授。原任《理论动态》编辑部主任、主编，参与《学习时报》创办，任高级顾问，兼任中国科学社会主义学会顾问。在胡耀邦指导下参与真理标准问题讨论。撰写多篇文章，有 30 多篇作为《人民日报》《光明日报》《解放军报》等报刊社论、特约评论员文章、评论员文章、观察家文章发表。出版《中国特色社会主义研究》《真理标准问题讨论始末》《亲历拨乱反正》等书。

铲除官僚主义的良方

肖浩辉

早在1987年，周发源就开始了对官僚主义的研究。经过27年的研究—充实资料—再研究—修改—再修改，数易其稿。2014年的春天，16万余字的专著——《直击官僚主义》出版。《直击官僚主义》是一本主题鲜明、虚实结合、史论结合、内容丰富、形式活泼、针对性强的学术著作。纵观全书，有以下五大特点：

主题鲜明准确。作者鲜明地指出，官僚主义是管理者和被管理者分工稳定化、凝固化、长期化的产物，是以“官本位”思想为基础、官僚体制为载体、官僚作风为表征的社会管理综合病。随着我国社会主义制度的建立，官僚主义不能像过去那样疯狂地危害人民，但由于管理者和被管理者分工依然存在，加之旧思想、旧体制遗留的影响存在，官僚主义仍然是破坏党群关系，危害社会主义事业的一大祸害。所以党中央把反官僚主义列为党的群众路线教育实践活动的重要内容。《直击官僚主义》的出版具有重要的现实意义。

内容全面系统。《直击官僚主义》全面剖析了官僚主义产生发展变化的历史轨迹，有助于人们认识官僚主义滋生、蔓延的土壤、条件及其规律性，找到从根本上铲除官僚主义的良方。《直击官僚主义》列举了官僚主义的八种表现及其对国家、社会和人民的危害，有助于人们认识官僚主义的本质及其危险性，激发人们反对官僚主义的自觉性和坚定性。对于官僚主义渗透于经济、政治、文化、社会各个领域，作者根据不同形式官僚主义个性特点，分别开出了文化药方、政治药方、经济药方、社会药方，有助于帮助人们根据不同的官僚主义表现，诊断病情对症下药，有效防治官僚主义，具有可操作性。

虚实结合紧密。理论与实际紧密结合，贯穿于正文的始终。作者既没有离开理论就事论事，也没有脱离实际空谈理论，而是把两者融为一体，从实际中抽象理论，用理论指导实际。比如在分析官僚主义的源与流时，作者从长期研究中发现官僚主义起源于管理与被管理的分工，明确指出，只要存在管理者与被管理者的分工的稳定化、凝固化、长期化，官僚主义就可能滋生和蔓延。这是理论上的一个创新。同时，作者为了弥补按通俗读物的写法带来的“碎片化”论述的不足，把本书的基本思路和框架、主要观点和内容写成一篇论文作为附录，便于读者从总体上把握全书的理论观点。

史论结合适当。历史经验是最好的教材。作者在撰写过程中，特别重视史论结合，用历史事件印证理论观点。比如阐述官僚主义产生发展规律时引用了中国的“五帝”、夏、周及春秋战国的史料，引用了外国的古罗马、古埃及、古巴比伦的史料。在研究官僚主义的表现时，也旁征博引了国内外的大量历史事件，很有教育意义。

形式生动活泼。这本书跳出了一般社会科学著作板起面孔论道的模式而是采取撰写普及读物的语言和方式，书、节、目标题，立意新颖、绚丽多彩；全书编排，形式多样，生动活泼，在论述中穿插了名人、名言、名篇、统计数字、图片资料，加深人们对理论观点的印象；语言表达，优美流畅、通俗易懂。从总体上勾画了一幅构思新颖独到、形象生动活泼的画面，给人以美的享受，是一部可读性很强的佳作。

（本文原载于《新湘评论》2014 年第 23 期，有删改）

一部直击官僚主义的佳作

——读周发源同志新作《直击官僚主义》一书有感

张竹梧

习近平总书记深刻指出，党内脱离群众的现象大量存在，集中表现在形式主义、官僚主义、享乐主义和奢靡之风这“四风”上。在全党开展党的群众路线教育实践活动中，官僚主义是需要“大排查、大检修、大扫除”的“四风”之一。最近，拜读了湖南人民出版社出版的周发源同志撰写的《直击官僚主义》这本书，我认为是一部佳作，读后很有感受，很受教益。作者是湖南省社会科学界联合会的党组书记、研究员，行政事务很多，工作繁忙。然而，他在繁忙的行政事务中，坚持长期研究，精心写作，撰写了一批好文章，《直击官僚主义》就是有代表性的一部佳作，实在令人佩服。我仔细阅读了这本书，深感有三个突出的特点。

一是联系实际，切中时弊。官僚主义，无处不在。但作者站得高，不是就事论事，而是从官僚主义的源与流、官僚主义的形与态、官僚主义的防与治，全方位地进行了分析与研究。尽管某些观点在学术界看法并不一致，但作者坚持实事求是，开动脑筋，查阅大量文史资料，提出了自己独特的见解。作为一个研究工作者，他不是人云亦云，而是坦诚地亮出自己的想法和见解，这一点，确实难能可贵。在科学研究领域，坚持百花齐放，需要有更多的像周发源同志这样执着的研究工作者。

二是注重历史，史论结合。官僚主义既是剥削阶级思想和旧衙门作风的反映，又是阶级社会中阶级对立的产物。而作者并没有停留在报刊上的这些分析，他透过现象看本质，从历史的角度，认为官僚主义在原始社会胚胎孕育，在奴隶社会骤然裂变，在封建社会肆意蔓延，在近现代社会治而不愈。他从八个方面（唯官唯上、只求升迁；机构臃肿、人浮于事；推诿扯皮、玩忽职守；高高在上、脱离群众；盲目决策、脱离实际；有法不依、权大于法；集权专断、压制民主；以权谋私、贪赃枉法）分析和直击了官僚主义的种种表现形态及其对国家和人民的危害。不仅如此，他还从文化、政治、经济、社会四个领域研究了防治官僚主义顽疾的“药方”，给人们打开了防治官僚主义顽疾的思路。因此，我觉得这部著作既有理论价值，又有现实意义。

三是文风朴实，生动形象。总体上看，这部书通俗易懂，全书除文字论述，还配发了一百多幅插图，其中有领袖人物的名言，有历史人物的名句，有报刊上的典型资料和插图，还有一些统计数据，使人一看就懂，很适合不同层次的读者。我认为，这也算是文风上的一种改革与创新，很值得提倡。

我认识作者多年，最初是从看他的文章开始的。记得早在 1993 年，我担任《党建研究》杂志主编时，就刊发过作者当时撰写的《列宁借鉴和利用资本主义的思想初探》一文。在改革开放初期，如果不解放思想，是难以写出那样好的文章的。从那以后，我就经常关注这位作者发表的一些文章，如《十七年反官僚主义斗争的历史反思》等，从中学到了很多知识，受到启发。这里，真的要感谢作者，感谢作者付出的辛勤劳动。最后，我真心诚意，想看到作者不断有新的论著问世。

（本文原载于《人民论坛》2014 第 28 期，有删改）

作者简介

张竹梧，全国党建研究会特邀研究员、中组部党建读物出版社原总编辑，《党建研究》杂志社原主编。

老问题与新思路

——《直击官僚主义》评介

周溯源

官僚主义，人类最久远的官场病，人们最熟悉、最反感、最无奈的官场病。无论是东方国家还是西方国家，是古代社会还是现代社会，官僚主义都普遍存在。党的十八大以来，以习近平同志为核心的党中央，在全党深入开展党的群众路线教育实践活动，坚决反对“四风”，官僚主义位列其中。如何成功有效地防治官僚主义呢？千百年来，无数政治家、思想家、专家学者研究探讨这个问题，成果很多，办法很多，但新问题也很多。

湖南学者周发源从20世纪90年代初就瞄准这个问题，着力研究，发过不少文章。经过20多年来独立思考，他终于打磨出了《直击官僚主义》一书，由湖南人民出版社出版。全书篇幅不长，但提供了一些新思路，有许多新亮点，是一部值得关注、值得研读的大众读物。

给官僚主义提出了新定义。官僚主义，人人都懂，都能讲出自己的一番见解。但科学的定义是什么呢？则见仁见智，不尽相同。作者在研究了官僚主义的起源、形成和发展史的基础上，推出自己的定义：“所谓官僚主义，是指在设‘官’而治的社会特别是国家机关中，以官本位为思想基础、官僚体制为载体、官僚作风为突出表征的社会管理综合病。”这个定义能否成人们共识可以讨论，但的确有新意。新在指出了凡是设“官”而治的社会，就会产生官僚主义。这就揭示了官僚主义是一种通病，古代、现代都有，中国、外国都有；指出了官僚主义是以官僚体制为载体的，这就提示必须进行政治体制改革，充分实行民主与法治；指出了官僚主义是一种官僚作风，意味着要克服官僚主义，公务员就要有良好的作风，真正做人民的公仆；指出了官僚主义是一种社会管理综合病，这就是说必须综合治理才能克服。

对我国当前的官僚主义现象进行了新的概括。《直击官僚主义》一书充分吸取了已有研究成果，对当下的官僚主义现象作了新的概括，分为 8 大类：唯官唯上，只求升迁；机构臃肿，人浮于事；推诿扯皮，玩忽职守；高高在上，脱离群众；盲目决策，脱离实际；有法不依，权大于法；集权专断，压制民主；以权谋私，贪赃枉法。8 大类又再分为 24 小类，每一个小类又表现出多样化的复杂现象。这可以说是迄今为止对官僚主义现象作出的最全面的概括，对于人们识别与防治官僚主义，反腐倡廉，践行群众路线，有着重要的启发。

对防治官僚主义的措施进行了新的探索。作者从思想文化、体制机制、领导作风等多方面提出了防治的药方。一是文化药方。引导干部树立正确的世界观、人生观、价值观，形成为民务实清廉的思想共识；扫除陈腐落后的官场积习，形成甘当公仆、勤政廉政、民主法治的执政文化氛围。二是政治药方。要问政于民，依法行政，违法必究，深化改革，转变职能。三是经济药方。要尊重市场，限制政府，完善调控，民生优先，强化问责，严惩腐败。四是社会药方。包括阳光行政，社会监督，健全组织，创新管理，政府放权，人民做主。这四种药方的综合提出，完全符合习近平总书记重要讲话精神，体现了创新性、针对性、可行性。

（本文原载于《光明日报》2014 年 12 月 24 日，有删改）

有效防治官僚主义的创新性力作

——读《直击官僚主义》

李　倩　李建国

周发源先生历时20多年，潜心研究防治官僚主义，撰成《直击官僚主义》一书。该书对官僚主义进行了寻根溯源，对官僚主义的历史和现状作了深刻的反思，对防治官僚主义作了独到的研究，提出了综合性药方和创新性的政策性建议。可以说，该书从内容到形式都充满新意，是一部充满生命力的防止和克服官僚主义的创新性著作。

一、该书对官僚主义一词进行了新的定义

我们党历来重视反对官僚主义的斗争。早在1933年，毛泽东就提出了反对官僚主义的任务："官僚主义的领导方式，是任何革命工作所不应有的，经济建设工作同样来不得官僚主义。要把官僚主义方式这个极坏的家伙抛到粪缸里去，因为没有一个同志喜欢它。"然而什么是官僚主义，毛泽东并没有给出规范性的定义。

关于什么是官僚主义，新中国成立后学术界的观点主要是指一种作风，如1978年12月版的《现代汉语词典》是这样定义的："指脱离实际，脱离群众，不关心群众利益，只知发号施令而不进行调查研究的工作作风和领导作风。"1979年版的《辞海》对官僚主义的定义有

所区别，指脱离实际、脱离群众、做官当老爷的领导作风，是剥削阶级思想和旧社会衙门作风的反映。中共中央党校出版社 1989 年版的《毛泽东思想辞典》基本沿袭了这个定义。而 2002 年版的《辞海》又区别于 1979 年版《辞海》的定义，指国家工作人员脱离实际，脱离群众，只知发号施令的坏作风。不论是“工作作风”“领导作风”，还是“坏作风”，官僚主义都是一种不好的作风。

该书认为，学术界对于官僚主义的理解，主要关注在工作作风和态度上。事实上，对官僚主义的界定不能仅限于“作风”层面，它有着更为丰富的内容。它包含着思想、体制或作风诸方面的内容。该书据此对官僚主义一词给出了定义：“所谓官僚主义，是指在设‘官’而治的社会特别是国家机关中，以官本位思想为基础、官僚体制为载体、官僚作风为突出表征的社会管理综合病。”可以说，这是对官僚主义一词给出的全新的定义。

第一，指出了官僚主义与“官”相联系，发生在设“官”而治的社会特别是国家机关中。只有社会不设“官”了，国家消亡了，官僚主义才会失去生长的土壤。当然这是不可能的，即使国家消亡了，社会要有序运行，“官”是非设不可的。因此它是一种社会通病，不仅现代有，古代也有，不仅中国有，外国也有。

第二，指出了官僚主义是以官本位为思想基础的。什么是官本位？我们的理解就是社会以官为本，社会的一切是非由官来评判，社会成员的高低贵贱和能量大小取决于官员的职位高低。中国几千年的封建制度造成了中国是一个官本位国家。李约瑟说，当官的概念，在中国根深蒂固，大约世界上没有任何其他文明可以与之相比。这就是中国的官僚主义比外国更为严重的历史原因。要克服官僚主义，首先要破除官本位，铲除官僚主义的思想基础。

第三，指出了官僚主义是以官僚体制为载体的。官僚体制实际上是一种政治体制。政治体制是保证国家政治权力的形成和行使的各种组织制度、管理方式和行为规范的总和。但我国的官僚体制又不仅仅保证国家政治权力的形成和行使，它贯彻于政治生活、经济生活、文化生活和社会生活的方方面面，工农商学兵政党，都有严格的行政级别。行政级别上去了，只要不犯大的错误或犯罪，退休以后直至死亡，都享有这个级别的待遇。要克服官僚主义，就要破除官僚体制，使官僚主义无处藏身。

第四，指出了官僚主义是一种官僚作风。这区别于以往学术界界定的“工作作风”“领导作风”和“坏作风”，明确了这种作风的主体是官僚。官僚是旧时政府工作人员的称谓，现在一般用作贬义词。因为现在的国家工作人员称公务员，公务员本不应该表现出官僚主义，如果表现出官僚主义了，则公务员就不是公务员，而是异化成官僚了。要克服官僚主义，作为主体的公务员要防止异化，永远保持公务员的本色。

第五，指出了官僚主义是一种社会管理综合病。其一，这种病渗透在管理思想、管理体制、管理方式、管理活动以及管理者和被管理者等各个方面，是一种集政治、经济、文化和社会因素于一体的综合性官场病，是管理职能的异化，是有史以来管理职能中存在的通病和困扰不同社会制度的病症。这就是说，官僚主义是一种综合性的病症，克服官僚主义，需要进行综合性的治理，需要全社会的共同努力，而不能只靠某一方面的努力。其二，官僚主义主要渗透在社会的管理活动过程中，是管理职能异化使然，克服官僚主义，应加强和完善管理，防止管理职能的异化。其三，官僚主义是有史以来便在社会管理职能中存在的通病，可以说是历练老成，克服官僚主义，不可能一蹴而就，是一项长期的任务，需要一个长期的过程。其中，官僚主义是不同社会制度的顽症，它与社会制度的性质没有必然的联系，社会主义制度下有官僚主义，资本主义制度下也有官僚主义，民主制度下有官僚主义，专制制度下也有官僚主义。克服官僚主义，是不同社会制度下的人民共同面对的任务，是人类社会共同的任务。

该书关于官僚主义的定义，揭示了官僚主义的性质（社会管理综合病），指出了官僚主义的特征（与官相联系，以官本位为思想基础，以官僚体制为载体），不仅提出了防治官僚主义的任务，还明确了防治官僚主义的途径。我们认为，这个定义是可取的，也是创新的，是关于官僚主义研究的创新性成果，对于我们防治官僚主义有重要意义。

二、该书对官僚主义的产生提出了新的认识

要克服官僚主义，必须深刻认识产生官僚主义的根源，犹如医生诊病，不找准病因，是无法对症下药的。

官僚主义是怎样产生的？毛泽东一贯反对官僚主义，在 1956 年党的八大预备会议上还提出要反对官僚主义，遗憾的是他说："官僚主义那个东西我今天不讲，只讲主观主义和宗派主义。"以后又未见他专题谈反对官僚主义问题。

关于官僚主义产生的根源问题，我国学术界主要有两种观点，一是"本性论"，二是"阶级论"。所谓本性论，就是认为官僚主义是人的本性的产物，是人类的"政治原罪"，"是人性中压迫剥削欲这种恶对政府状态的善的寄生"，是政府权力机构与生俱来的。所谓阶级论，就是认为官僚主义的产生"是以官民对立为基础和前提的，是阶级对立的产物"。两种观点都有一定的合理性，但又都存在缺陷。前者不能说明不同社会制度下官僚主义的不同性质，不能说明不同环境即不同时代、不同国家和地区的官僚主义的不同表现。后者则尤其不能说明社会主义社会制度下消灭了阶级对立而官僚主义长期存在且在一定程度和一定范围日趋严重的原因。也就是说，这两种观点都没有真正

找到官僚主义的起源。

该书认为："要揭示官僚主义生成机制，不能仅仅停留在某一个历史时期，也不能仅从某种社会制度或意识形态条件出发"，"应当从孕育它的母体开始分析，找出其'种子'所在，这是它萌芽、成长、泛滥的根源。"据此，该书认为，官僚主义起源于社会分工。它是社会分工有了一定发展而又没有充分发展的产物。在人类社会发展进程中，人们为了自身的生存和发展，必然组织起来，以群体的力量应对各种风险，从而从生产生活中分出管理与被管理职能，出现管理者与被管理者，以便统一行动，形成合力。而处于管理地位的人出现指挥决策失误，甚至以权谋私，产生官僚主义。这是该书对于官僚主义起源的新认识。

第一，这种新认识坚持了辩证唯物主义的认识论。官僚主义并不是人的本性的产物，而是人在行使管理职能的过程中产生的；官僚主义也不是阶级对立的产物，而是早在阶级对立产生前出现社会分工从而出现社会管理层专门从事社会管理活动的过程中就产生了。恩格斯曾经指出："一切社会变迁和政治变革的终极原因，不应当在人们的头脑中，在人们对永恒的真理和正义的日益增进的认识中去寻找，而应当在生产方式和交换方式的变更中去寻找。"该书从人类生产劳动的社会分工出现管理活动的过程中去寻找官僚主义产生的根源，这在认识论上坚持了辩证唯物主义，科学地阐释了官僚主义的起源。

第二，这种新认识能够说明不同社会制度下官僚主义的不同性质，能够说明不同环境即不同时代、不同国家和地区的官僚主义的不同表现，还能够说明社会主义社会制度下官僚主义长期存在的原因。官僚主义是在人类社会分工后的管理活动中产生的，任何社会都存在管理活动，都既有管理者，又有被管理者。不同社会制度下的管理具有不同的性质，这就决定了不同社会制度下官僚主义的不同性质。不同环境即不同时代、不同国家和地区的管理有不同的方式，这就决定了不同时代、不同国家和地区的官僚主义有不同的表现。社会主义社会并不是废除了管理的社会，在社会主义社会制度下仍然需要管理活动，仍然需要处理好管理者与被管理者的关系，在管理活动中就可能产生官僚主义，这就是社会主义社会制度下官僚主义长期存在的原因。由于中国是一个官本位根深蒂固的国家，尽管建立了社会主义制度，但社会主义的历史还相对较短，社会主义的管理制度还存在诸多的不完善，特别是社会主义中国的社会主义市场经济体制还在不断建立和需要不断完善的过程中，新旧两种管理体制的碰撞和交锋会导致官僚主义日趋严重。因此，这种认识能够回答学术界两种主要观点不能回答的问题。

第三，这种新认识还指明了克服官僚主义的途径。官僚主义是在社会分工后的管理活动中产生的，然而社会分工是不断发展的，人类的管理水平是不断提高的。社会分工的发展，是从粗放型的分工到精细化的分工，人类管理水平的提高是从适应粗放型的管理到适应精细化的管理。当科学技术高度发达，社会分工发展到精细化分工的管理活动只需要一个人便可以完成的时候，也就是该书所说的："只有到了共产主义社会，在物质财富充分涌流、政治文化高度发达、人的素质极大提高的条件下，劳动成为人的第一需要，每个人都能从事他所喜爱的工作，管理完全是随机的、暂时的，因而每个人既是管理者又是被管理者"，即能够将管理者与被管理者集于一身的时候，就能克服官僚主义，官僚主义就会在全社会消亡。这是该书关于官僚主义产生根源的认识必然得出的结论。

该书关于官僚主义起源的新认识，真正揭示了官僚主义产生的根源，对于我们正确认识官僚主义和有效防治官僚主义，都有着重要的理论意义和现实意义。

三、该书对官僚主义现象作了新的概括

毛泽东提出反对官僚主义的时候，只指出了官僚主义的两种现象：“一种是不理不睬或敷衍塞责的怠工现象”“另一种是命令主义。”

党的八大召开前，毛泽东提出要反对官僚主义。在党的八大上，刘少奇在政治报告中，邓小平在修改党的章程的报告中，都提出了要反对官僚主义。大会在讨论反对官僚主义的时候，尽可能地列举了当时存在的官僚主义现象。诸如，不少领导机关和领导干部，高高在上，不接近群众，不了解工作的真实情况，而是从不确切的情况出发，从想象和愿望出发。主观主义地考虑和决定工作；有的下级在执行中央和上级的指示时，不结合当时当地的具体情况，而是机械地盲目地照搬，在基层组织和基层干部中则表现为强迫命令作风；不少领导同志成天忙于开会和处理文电，陷入文牍主义和事务主义的泥坑，他们喜欢庞大的机关，由于机构臃肿，层次重叠，不能使群众的意见和要求正确地及时地反映上来，也不能把自己的决议和指示正确地迅速地贯彻下去，在领导和群众之间，设置了种种障碍；更严重的是有些领导同志，不关心群众的痛痒，对于群众的迫切要求无动于衷，冷漠视之；更有甚者，有少数人，把党和人民的关系颠倒过来，完全不是为人民服务，而是在人民中间滥用权力，做种种违法乱纪的坏事。如此详细地列举党内存在的官僚主义现象，可以视为党的八大对官僚主义的总清算。但是党的八大召开以后，并没有把反对官僚主义提到应有的议程，由于众所周知的原因，官僚主义在新的历史条件下还衍生出更加复杂多样的现象。

从一定意义上说，党的高层对官僚主义现象概括得最为全面的是邓小平。1980 年 8 月，邓小平同志在《党和国家领导制度的改革》一文中指出，官僚主义现象是我们党和国家政治生活中广泛存在的一个大

问题。它的主要表现和危害是：高高在上，滥用权力，脱离实际，脱离群众，好摆门面，好说空话，思想僵化，墨守成规，机构臃肿，人浮于事，办事拖拉，不讲效率，不负责任，不守信用，公文旅行，互相推诿，以至官气十足，动辄训人，打击报复，压制民主，欺上瞒下，专横跋扈，徇私行贿，贪赃枉法，等等。邓小平对官僚主义现象的概括，是党内高层对官僚主义现象最全面的概括，也是最权威的概括。

该书充分吸取了以往官僚主义研究的成果，创新性地把当下的官僚主义现象概括为八大类二十四小类：

一是唯官唯上，只求升迁。包括：弄虚作假，夸大政绩；阿谀奉承，迎合上级；跑官要官，不择手段。

二是机构臃肿，人浮于事。包括：机构庞杂，效率低下；官多为患，负担沉重；人员冗余，无所事事。

三是推诿扯皮，玩忽职守。包括：精神懈怠，得过且过；相互扯皮，不敢担当；失职渎职，危害严重。

四是高高在上，脱离群众。包括妄自尊大，漠视群众；作风漂浮，脱离群众；自私自利，损害群众。

五是盲目决策，脱离实际。包括：主观臆断，闭门造车；急功近利，不计长远；假公济私，危害公正。

六是有法不依，权大于法。包括：有令不行，有禁不止；热衷人治，以权代法；无视法纪，知法犯法。

七是集权专断，压制民主。包括：拉帮结派，排除异己；唯我独尊，压制民主；大权独揽，专断妄为。

八是以权谋私，贪赃枉法。包括：投桃报李，权权交易；迷钱恋色，以权寻租；私欲膨胀，贪婪无厌。

该书概括的当下官僚主义现象的八大类共分为二十四个小类，每一个小类又表现出多样化的复杂现象。如“机构庞杂，效率低下”。

该书认为，部门过多，办事手续繁杂，有时办一件事要经过十几个甚至几十个部门，长达数月，这个说“研究研究”，那个说“商量商量”，真正是门难进、脸难看、事难办。办一件事少则盖几个、十几个章，多则几十个章，甚至上百个章。公章是权力的象征，盖章越多，审批越多，这就为官员提供了权力“寻租”的机会，为腐败提供了温床，导致了乱收费、乱罚款、吃拿卡要等官场恶习盛行；另一方面，由于一项事务多头管理，形成了“九龙治水无水吃”的局面，遇到利益相互争抢，遇到责任相互推诿，造成责任主体不明、行政效率低下。该书认为，行政效率低下又主要表现为：一是议而不决，互相牵制。由于行政机构过多，容易出现会而不议、议而不决、决而不行、行而不果的现象。二是文山会海、衙门作风。部门一多，协调起来的事项就多，一般就是通过文件、会议等形式来落实，结果往往造成衙门作风盛行。三是浪费严重，腐败滋生。因为机构过多，行政资源有限，好的部门和岗位比较少，人人争美差、肥差，致使官员贪污贿赂之风大行其道。该书概括的官僚主义现象的一个小类就表现出如此复杂多样的现象。

可以说，该书对官僚主义现象的概括，是在新的历史条件下，根据官僚主义表现的新特点，从防治官僚主义的角度贯彻习近平总书记关于党的群众路线教育实践活动的要求而作出的新概括，也是迄今为止对官僚主义现象作出的最全面的概括，这对于人们识别什么是官僚主义，从而怎样克服官僚主义，更好地践行党的群众路线教育实践活动的要求，有着重要的理论意义和现实意义。

四、该书对防治官僚主义的措施作了新的探索

研究官僚主义，目的在于防治官僚主义。毛泽东主张动员群众要采取群众喜欢接受的方式，要努力宣传。说服群众，而不能敷衍塞责、搞命令主义。党的八大在讨论反对官僚主义时，也提出了若干措施：

要求在党内大力进行群众路线宣传教育；系统地改善各级领导机关的方法；深入实际，调查研究；健全党和国家的民主生活，保护群众和下级的批评；加强党和国家的监察工作，实行定期整党，改进作风等。刘少奇说，我们必须认真地、有系统地改善国家机关，精简它们的组织机构，明确规定每个工作人员的责任，帮助他们改变那种只是忙于开会、签公文而不接近群众、不研究情况和政策的作风，定出中央一级和省、市一级的国家机关各部门负责人经常深入下层、了解下情、检查工作、倾听意见的具体办法，督促他们严格地加以执行。邓小平 1980 年 8 月在中央政治局扩大会议上讲话时，认为权力过分集中“是目前我们所特有的官僚主义的一个总病根”，“我们的党政机构以及各种企业、事业领导机构中，长期缺少严格的从上而下的行政法规和个人负责制，缺少对于每个机关乃至每个人的职责权限的严格明确的规定，以至事无大小，往往无章可循，绝大多数人往往不能独立负责地处理他所应当处理的问题”，是官僚主义的另一病根。因此，邓小平反对官僚主义，主张从制度入手，改革党和国家的领导制度，健全社会主义民主和法制，实现干部队伍的革命化、年轻化、知识化和专业化，保持党和国家的活力。

江泽民倡导讲学习、讲政治、讲正气的“三讲”教育，胡锦涛倡导共产党员的先进性教育，特别是习近平总书记力行党的群众路线教育实践活动，都可以视为反对和克服官僚主义的重要措施。

上述反对和克服官僚主义的措施，都是针对官僚主义仅作为一种不好或有害的作风。如该书所说的“仅限于作风层面”而没有看到“它包含着思想、体制或作风诸方面的内容”，没有把它视为一种“社会管理综合病”。该书从防治社会管理综合病的角度，系统地提出了反对和防治官僚主义的措施。

该书认为，官僚主义是可以抑制和防治的，但“官僚主义渗透于经济、政治、文化、社会等各个领域，或显或潜地存在于有管理职能的地方、行业和单位，只有针对不同情况，诊察病因，对症下药，综合施治，才可以把它的危害降到最低程度。”该书还认为：“社会主义国家是人民当家作主的国家，只要从思想文化、体制机制、领导作风等多方面进行综合治理，官僚主义是可以得到有效抑制和防治的。”该书据此从文化、政治、经济、社会等四个方面提出了防治官僚主义的药方。

一是文化药方。该书认为，官僚主义是从官本位为核心的思想文化中脱胎而出的，防治官僚主义首先要治理官僚主义赖以存在的思想文化土壤。文化药方包括三个方面：一要坚定信念，凝聚共识；二要破旧立新，创新文化；三要教育实践，规范行为。该书开出文化药方的结论是：以文化之“药”，治疗官僚主义之“病”，要引导官员树立正确的世界观、人生观、价值观，形成为民务实清廉的思想共识；扫除陈腐落后的官场积习，创新甘当公仆、勤政廉政、民主法治的执政文化；通过学习培训、教育实践、建章立制、监督奖惩，规范行为，对违法乱纪的，要“老虎苍蝇一起打”，达到惩前毖后、治病救人的效果，形成浓厚的反官僚主义社会文化氛围。

二是政治药方。该书认为，官僚制度生了病就产生官僚主义。防治官僚主义应发扬民主、深化改革、完善制度，建立长效机制，实现标本兼治。政治药方包括三个方面：一要还权于民、问政于民；二要依法行政、违法必究；三要深化改革、转变职能。该书开出政治药方的结论是：还政于民，问政于民，依法行政，违法必究，深化改革，转变职能，是防治官僚主义的重要举措，需要长期的努力和持续的创新。党的十八大以来，高度重视对形式主义、官僚主义、享乐主义和奢靡之风的打击和治理，党风政风明显好转。但要从根本上铲除官僚主义赖以生存的政治土壤，还需多方努力，不断发扬民主，深化改革，完善制度，建立长效机制。

三是经济药方。该书认为，经济是社会的基础。社会发展中的许多问题可以通过发展经济得到一定程度缓解，防治官僚主义更是如此。经济药方包括三个方面：一要尊重市场，限制政府；二要完善调控，民生优先；三要强化问责，严惩腐败。该书开出经济药方的结论是：官僚主义是以一定的经济基础为土壤的。防治官僚主义必须大力发展现代经济，提高人民群众的生活水平，不断完善社会主义市场经济体制。为此，必须尊重市场规律，限制政府权限；完善宏观调控，坚持民生优先；严格经济问责，严惩官员腐败。

四是社会药方，该书认为，让群众管理自己，让社会管理社会事务，是治疗官僚主义的一剂良药。社会药方也包括三个方面：阳光行政，社会监督；健全组织，创新管理；政府放权，人民作主。该书开出社会药方的结论是：从国际发展趋势看，政府作为公共管理唯一主体的传统模式已经落后了，社会组织的兴起成为社会发展趋势，社会组织成为公众参与社会管理的重要途径。从国内看，随着市场经济的发展，过去传统的社会管理模式压缩了社会自治空间，致使我国社会建设滞后于市场经济和民主政治的发展。因此，优化社会组织的环境，加大建设力度，充分发挥其独特作用，以推进社会管理的科学化、规范化、民主化，既是加强社会建设的重要任务，也是防治官僚主义的有效路径。

该书把官僚主义视为一种社会管理综合病，从文化、政治、经济、社会四个方面开出了防治官僚主义的综合性药方，并且尤其强调干部队伍建设的作用，认为防治官僚主义“最直接、很管用、见效快的办法，就是加强干部队伍建设，着力提高其素质，改进其作风，不断提高‘官僚’——管理主体的现代治理能力和科学管理水平”。这种综合性药方，针对官僚主义的官本位思想基础，强调了理想信念教育；针对官僚主义的官僚体制载体，强调了民主法制和体制机制创新；针对官僚作风的表现形式，强调还政于民和社会监督，强调了要“从思想文化、体制机制、领导作风等多方面进行综合治理”，要“打造一支德才兼备、执政为民、作风优良、奋发有为的干部队伍”，我们认为是对症下药的，是一种新的防治官僚主义的有效措施，也是目前为止仅见的全面防治官僚主义的办法，对于我们深入开展党的群众路线教育实践活动，反对和克服官僚主义不仅有着重要的理论意义,而且有着重要的现实意义，为我们党制定政策，反对和克服官僚主义提供了重要的参考。

该书在写作形式上也有着重要的创新。该书是一部专门研究防治官僚主义问题的学术著作，大凡学术著作的写作是引经据典，从理论到理论的，不是板起面孔训人，就是传播前人的说教，即使联系实际，也是证明先人的预见。思辨而乏味，严肃而呆板，是过往学术著作写作的重要特征。该书创新了学术著作学术化的写作方式，在论述中穿插了不少古今中外的名人名言、典型案例、资料链接、统计数字、图片漫画等，寓理于事，以事说理，不仅使整个论述简明、生动、通俗、朴实，而且使内容丰富鲜活，贴近实际贴近生活贴近群众，极大地提高了本书的可读性，使读者在阅读欣赏的同时能增长知识，开阔视野，长鸣警钟，从而提高了本书的影响力。我们认为该书创新的学术著作的写作方法和学术著作的表现形式值得肯定，值得提倡。

当然，我们认为的该书在研究官僚主义问题上提出的创新性观点能否为广大读者所接受，还需历史的沉淀和时间的考量，特别是该书提出的防治官僚主义的药方能否达到防治官僚主义的效果,还需实践的检验。但愿作者的一腔赤诚能得到社会的充分肯定，我们也希望党的群众路线教育实践活动对于反对和克服官僚主义能取得突破性的成果。

（本文原载于《湖南社会科学》2014 年第 4 期，有删改）

让人耳目一新的通俗理论著作

章红立

湖南人民出版社出版的《直击官僚主义》一书，是湖南省社会科学界联合会周发源研究员20多年研究成果通俗化的产物。该书以社会分工为视角，从历史与现实的视界、理论与实践的联系、中国与西方的交合点，对官僚主义的本质内涵及其生成进行了系统研究，概括了官僚主义在不同的社会历史时期的表现形式，揭示了官僚主义生成变化发展的规律，探究了综合防治官僚主义的具体对策，堪称一部富有创新性、思想性和可读性的防治官僚主义的优秀通俗理论著作。

《直击官僚主义》有两大特点。一是内容具有原创性，新意迭出。该书对官僚主义作了新的定义，认为官僚主义是指在设“官”而治的社会特别是国家机关中，以官本位思想为基础、官僚体制为载体、官僚作风为突出表征的社会管理综合病。这个新的定义揭示了官僚主义的性质，指出了官僚主义的特征，不仅提出了防治官僚主义的任务，还明确了防治官僚主义的途径。同时，该书对官僚主义的产生提出了新的认识，认为官僚主义是在社会分工出现后的管理活动中产生的。这种认识应该说真正揭示了官僚主义产生的根源。在此基础上，该书对官僚主义现象作了新的概括，把官僚主义现象概括为8大类24小类。这种概括对于人们识别官僚主义，从而克服官僚主义有重要的现实意义。该书尤其对防治官僚主义的方法作了新的探索，从文化、政治、经济、社会和干部队伍建设方面提出了综合防治官僚主义的措施，分别为文化药方、政治药方、经济药方、社会药方，为我们党制定政策，反对和克服官僚主义提供了重要的参考。二是写作形式新颖，在通俗化上下了功夫。该书打破了过往学术著作的写作方法，在论述中穿插了古今中外的名人名言、典型案例、资料链接、统计数字和图片漫画等，内容丰富鲜活，对读者较好地理解内容起到了很好的辅助作用。其案例丰富，涉及古今中外，对官僚主义的阐释、论述等作了有力的佐证，因而有理有据，论说充分、有力，令人信服。其语言通俗生动，简洁明了，极大地提高了可读性。

总之，该书是值得认真读的书籍。对官僚主义的历史和现状作了深刻的反思，对反对官僚主义问题作了独到的研究，提出了很多新观点，是反对官僚主义的重要成果。该书内容贴近实际，贴近生活，贴近群众。形式新颖活泼，语言生动流畅，是一部融学术性，严肃性、知识性、可读性于一体的反对官僚主义的力作，对于深入开展党的群众路线教育实践活动，反对和防治官僚主义有着重要的理论意义和现实意义。

（本文原载于《湖南日报》2014 年 7 月 25 日，原题为《〈直击官僚主义〉：让人耳目一新的通俗理论著作》，有删改）

作者简介

章红立，湖南师范大学伦理学硕士研究生，曾任湖南人民出版社政治理论部主任。2011 年被评为湖南省优秀中青年出版工作者。现已退休。所编图书荣获中华优秀出版物图书奖、全国精神文明建设“五个一工程”奖等各级奖项 30 多种。发表论文和书评近 20 篇。

一部直击官僚主义的精品力作

彭宏杰

最近，正当有中央领导推荐《官僚主义的弊害》这本曾震动法国乃至整个西欧的百万畅销书时，笔者有幸读到湖南省社会科学界联合会周发源研究员写的《直击官僚主义》一书。读后，一股少有的感觉与激动涌上心头。这种感觉之所以很少有，主要有以下几个方面的缘由：

一是书名或者说选题透出了作者坚韧的学者勇气和责任，令我感到很惊异，也很敬佩。在我的印象里，能对“官僚主义”这个选题进行大篇幅的理论或学术探析者，似乎并不多，而作者对官僚主义不但进行全方位的、系统的、历史的考察，而且是凛然“直击”，大胆批判。这自然让我感受到作者的那份理论勇气与学术胆量。作者为什么选这个话题呢？一方面，是因为作者很早就对这个问题有所研究。这从作者的前言中第一句话就能明白。其实早在几年前，笔者随作者进行组织部门的一个课题调研时，就听作者说起过这本书。另一方面，主要是作者对现实的一种强烈的学术责任。正如其在前言中所说的，新中国成立以来，我们党一直与官僚主义在作坚决持续的斗争，仅反官僚主义斗争的运动就有多次。这些斗争，在当时确实取得了一定的成效，积累了有益经验，但官僚主义并没有因此而灭绝，反而以各种形态顽固地存在、蔓延和发展，表现出极强的“再生力”。作者的目的，就是要对这种现象进行理论的、系统的批判，阻止其“再生”。可见，这本书是作者数十年磨一剑之成果，其对这个严肃选题之重视，体现了他对国家和人民的一种学术自觉。其情其意其志，真可谓又深又重又坚，不得不让人敬佩。由此看，该书可谓是一部担当之作。

二是书中内容展示出了作者驾驭重大而严肃的政治课题的深厚理论功力，能够让读者读有所得，读有所悟，读有所感。通读全书，给我最鲜明的印象，就是对官僚主义的剖析与批判，既全面系统，又重点突出；既逻辑严密，又行文活泼。正如一位领导同志对作者所说：“对官僚主义的探究，兄著当是最为全面、系统、深刻、至理的，读后深受启发，这于全党反对官僚主义具有很大意义。”

全书共分三章，也就是三个部分：

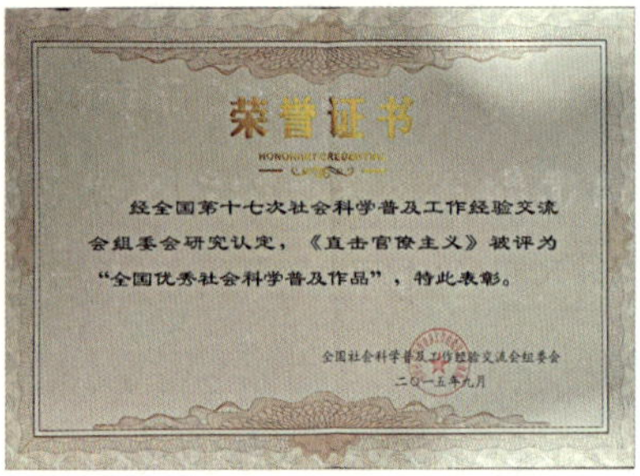

第一章，官僚主义的源与流，包括四节，胚胎孕育——在原始社会萌芽，骤然裂变——在奴隶社会形成，肆意蔓延——在封建社会发展，治而不愈——在近现代社会转型。

第二章，官僚主义的形与态，包括八节，一是唯官唯上、只求升迁，二是机构臃肿、人浮于事，三是推诿扯皮、玩忽职守，四是高高在上、脱离群众，五是盲目决策、脱离实际，六是有法不依、权大于法，七是集权专断、压制民主，八是以权谋私、贪赃枉法。

第三章，官僚主义的防与治。这一章是作者多年来反复思考的重点内容，也是全书最大的亮点。作者以其扎实的理论功底和丰富的社会实践，为今后我国防治官僚主义，提供了四大药方：一是文化药方，即首先要治理官僚主义赖以存在的思想文化土壤；二是政治药方，应发扬民主、深化改革、完善制度，建立长效机制，实现标本兼治；三是经济药方，通过发展经济得到一定程度缓解，夯实防治官僚主义的经济基础；四是社会药方，让群众管理自己，让社会管理社会事务，是治疗官僚主义的一剂良药。

从三个部分的内容不难看出，作者对这个选题的思考与论述，可以用“思考深刻、思绪广阔、思维严密、思路清晰”概括，对这么一个内容多、问题杂的老话题、大话题，驾驭得非常成功，不能不说，这是一部成功之作。

三是整部著作的语言与形式，可谓简明易懂，生动活泼，真正能够让读者“愿读爱读好读”。为此。作者不惜对早已成形的专著初稿“痛下杀手”，来一个全面“颠覆”，可以说是推倒重来。全书是作者在整理旧文稿、增添新材料、数易其稿的基础上完成的。在此过程中，作者成功打破了学术著作“学术化”的写作方式，采用普及读物的语言和方式撰写。并且，在论述中穿插了不少名人名言、资料链接、统计数字、图片漫画等，从而使整个论述新鲜简明、通俗朴实、生动好读。同时，按作者自己的解释，为了弥补“碎片化”论述和编排方式的不足，他还把该书的基本思路和框架、主要观点和内容写成一篇论文作为附录，便于读者比较全面地了解作者对官僚主义的认识。从读者的角度来说，单从这本著作而言，我认为，这种新尝试不但难能可贵，而且非常成功，相信学术界的同仁和广大读者都会有这样一种感觉。因此，可以说，这部著作同时还是一部精品力作。

总之，我相信，《直击官僚主义》这本主题“古老”而严肃、内容“严谨”而通俗、形式“创新”而活泼的理论著作，能够经得起读者的检验，也能够经得起时间与实践的检验。特别是在全面深化改革的大背景下，该书将对有关改革产生直接的重要影响。

（本文原载于《学习晨报》2014 年第 3 期，有删改）

作者简介

彭宏杰，法学博士，加拿大里贾纳大学（Regina）博士后，现供职于湖南省作家协会机关。曾任中共湖南省委原讲师团教授与湖南省参事室、湖南智库联盟研究员。在《人民日报》《光明日报》等报刊发表论文百余篇，主持或参与课题研究、智库报告20余项，出版著作多部，在先进文化、绿色发展、党的建设，习近平新时代中国特色社会主义思想等领域有深入研究。

附　录

《源道》出版记

周发源

一、编辑出版文集的缘由

2015年我满60岁，即将离开工作岗位。退休后的生活会发生重大变化，学习、思考、写作等也会发生重大变化。不少朋友说，你从事学术理论工作和写作30余年，应该趁热对学术写作生涯搞个“秋后算账”，因为你是湖南省社会科学界联合会的领导，又是知名专家学者，出版文集既是总结自己，也有益于社会和社科界，具有特定的学术价值和社会价值，可以为从事学术工作和写作的年轻人镜鉴。他们表示愿予以帮助，把事办好。经与湘潭大学出版社领导商量，他们表示大力支持。在朋友们的鼓励支持下，此事便决定下来了。

二、编辑出版文集的思路

30多年的写作生涯，报刊发表的文稿有300余篇，而且内容驳杂，文体迥异，如何选编？通过多次讨论，大家一致认为，不求全而求精，宁可少些，但要好些，既要反映作者写作历程面貌，又要争取读者易读愿读，乃至读后有所启迪。于是确定了四条原则：

一是分类编辑，按理论文章、调研报告、讲话讲稿、随笔短文编四卷，各卷文稿按时间顺序排列，呈现历史过程；

二是控制篇幅，选质量较高影响较大的代表性文章，不滥竽充数，宁缺毋滥，每卷 20 万字左右；

三是原文原貌，原则上不作修改修饰，保持历史原真性；

四是简要说明，方便读者了解部分作品的有关情况。

三、四卷文集的主要内容

四卷文集总共收入文稿 150 篇，约 87 万字。最早的 1984 年 1 月，最晚的 2015 年 12 月，整整 32 年。

第一卷是 26 篇理论文章，从 100 多篇已刊发的文章中选出，约 23 万字。最早的写于 1987 年，最晚的发表于 2014 年，两文都是研究官僚主义的，间隔了 27 年。这一主题的最终成果是湖南人民出版社出版的专著《直击官僚主义》。

本卷的另一主题是中国特色社会主义理论特别是邓小平理论的研究，占了全书大部分篇幅。书中收入了 7 篇合作文章，我是主持人或主要执笔人。有的是我选定主题、形成观点、独立执笔完成的；有的是我确定主题、提出思路观点、修改定稿的；有的是我与合作者商定主题、共谋布局、主要执笔完成的，因而选入书中并做了说明，也是对合作者宝贵情谊的珍留。

第二卷是 10 篇调研报告，从近 30 篇调研报告中选出，约 24 万字。这些调研报告均是针对当时的实际情况确定的重大选题，问题导向鲜明，具有前瞻性和针对性，理论性、对策性、可操作性较强，产生了较大的影响。或为党和国家领导人、省部级领导人批示肯定；或转化为法规、政策加以实施；或对党和政府的决策产生了积极影响。

书中的调研报告，多数由一个主报告、若干子报告及相关材料组成，报告产生的影响作为“附件”收入，并作了简要说明。这些报告均由我主持，课题组集体完成。每个课题组成员都为此付出了辛勤汗水和智慧学识，同时大家也结下了深厚情谊。直到如今，我对每个团队和对团队中的每个人，都深深地怀念和感谢！

第三卷是42篇讲话讲稿，从我担任湖南省社会科学界联合会党组书记期间的200多次讲话、讲课、发言、谈话、报告中选出，约20万字。因为是讲稿，内容就庞杂，思想、观点、形式、表述、文风等等，差别很大。选稿中，力求压缩篇幅文字，避免重复套话，做了必要的删减合并，努力保持严谨顺畅。这些文稿的形成，大致是两种情况：一部分是我先讲话，后根据录音整理，由我审改定稿；一部分是由我主持写成讲稿，然后根据讲话录音改定。无论哪种情况，都凝聚着许多同志默默奉献的辛劳智慧，虽然没有列出他们的名字，但感激之情常存心中。

第四卷是72篇随笔短文，包括散文、书评、书序、专论、短文、随感等，约19万字。大致可分为5部分，一是散文10篇，二是书评27篇，三是书序8篇，四是专论9篇，五是短文随感16篇。这类文章，由于时间久远、文字短小，有的已经佚失难以寻得，有的曾经发表却找不到原来的报刊，有的来不及整理没有收入。从学习写作的过程看，我是从追梦文学起步的，在艰难曲折、辛苦谋生的日子里，在想读书而不能进入学校的条件下，写一些稚嫩的散文、小说、诗词、剧本等，如烛光晨曦，予人希望和动力。文短情长，在选编文章时，虽然尽量减少篇幅，还是把年轻时写的几篇文章留下，就是想记住历史、记住梦想、记住青春、记住激情。

四、书名的获得

文集编成后，用什么样的书名呢？多次探讨，颇费心思。一次会议上，王泽应教授提出“源道”二字，得到与会者的一致赞同。初始，我却不敢冒昧，因为唐代韩愈的《原道》宏文，影响千年，文章经典，我岂能攀附大贤、贻人笑柄？然大家说，“源”是周发源名字的缩写，“道”

是周发源走过的路、做过的事、说过的话、发过的文，简明恰当有新意。这段议论有说服力，于是决定书名为《源道》。真是踏破铁鞋无觅处，得来全靠“顿悟情”。非常感谢泽应教授和诸位朋友画龙点睛，为拙著添光增彩。

五、文集是“同志＋兄弟”情谊的结晶

收集筛选、编辑出版、内容庞杂、文体繁多、历时32年的文集，是一件很辛苦、很具体、很费时费心费力的事，参与选编出版的同志付出了很大努力和热忱。从几十年几百万字中选出80多万字的文稿，可谓披沙拣金。选出后还要对文稿进行反复编排校对，力求准确无误，而这全是利用休息时间完成的，也没有任何报酬。这套文集是集体智慧的结晶、辛苦劳动的结晶、深厚情谊的结晶。

汤建军负责全书的统筹协调和组织推进，确保了文集顺利有序地完成。黄渊基负责第一卷、黄云志和彭培根负责第二卷、陈远和刘平负责第三卷、章敏负责第四卷的遴选、编排和审校。他们认真负责、篇篇把关、斟字酌句，为文集的出版立下了汗马之功。至今还清晰地记得，为了某篇文章是否入选反复斟酌、为了寻找某一材料几费周折、为了文字准确多次校审，大家是不厌其烦、一丝不苟地“折腾”。李建国先生是湖南出版界的大咖，花了相当一段时间对全书进行认真细致地审校，剔除了许多瑕疵和弊端。湘潭大学出版社的章育良先生和吕花责编，对文集的设计、编辑、排版、审稿、校对做了大量工作。席志强先生为本书题写了书名。还有许多教诲、帮助、支持我的领导、师长、同事、同学和同志，都对本书的出版作出了或多或少、或潜或显的贡献。借此机会，对所有关心帮助文集出版的人表示衷心的感谢，感恩你们！我还要深深感谢我的亲友，特别是妻子彭慧、女儿周觅、女婿周琳凯和两个小外孙周又周、周亦周，他们的关怀、支持与牵挂，是我智慧

力量、发奋进取的重要源泉。

2015 年以后，我主要搞生态文明研究与促进，学习研究宣传贯彻习近平生态文明思想，取得了一些成绩。我想人的一生要搞好五个服务：服务自己、服务亲人、服务乡邻朋友、服务单位社区、服务党、国家和人民。五者是从小到大的同心圆，融为一体，缺一不可，归根结底是为人民服务。本书的出版主要是代表过去，而人生面对的是现实和未来。我愿以文集的出版为新起点，把“五个服务”做得更好。

（本文撰写于 2023 年 5 月）

周发源与湖南省社会科学界联合会机关干部职工合影。摄于 2011 年 5 月

我的父亲母亲

周发源

父亲去世50多年了，母亲也去世30多年了，他们的身影却常常浮现在我的眼前。父亲周正初出生于湘阴县（今汨罗市）古培塘一个贫苦农民家庭，他是长子。母亲徐德珍出生于津市一个平民之家，父母早逝。由于家中贫困，无钱上学，他们都是不到10岁就参加劳动，从小吃苦耐劳。

父亲15岁前未穿过棉衣，为改变命运，只身从湘阴到津市新洲当学徒做烟生意，母亲则帮人洗衣做饭度日。结为患难夫妻后，在澧县官垸乡白手起家，开丝烟铺立家创业。但命运曲折，好不容易积累的一点家业又遇水灾火灾，几于尽毁。有一次，父亲贩卖烟叶过洞庭湖，遇狂风暴雨小船翻了，烟叶沉入湖中，风雨三天三夜才停，捡回一条人命。另一次是租借别人的房屋因邻居家中失火被殃及，家中物品化为灰烬，慌乱中母亲抢出的是煮饭的铁锅。每讲到此情景，母亲自己嘲笑自己，一切从头再来。

父亲沉默寡言，不善交际，买烟叶切烟丝卖丝烟昼夜操劳。他心中始终牵挂着老家的父母弟妹，经常寄钱用于补贴他们生活。后来又把奶奶和小叔小姑接到官垸家中赡养抚育，直到奶奶去世，小叔小姑结婚成家。亲情，是他心中永远的惦念。

周发源的父亲周正初

周发源的母亲徐德珍

周发源两岁留影

父亲在家是甩手掌柜，很少做家务事，饭来张口，茶来伸手，扫把倒地也不扶。他有哮喘病，经常咳嗽得近乎窒息，身子干瘦得皮包骨，加上不喜欢与人交流，无事就是坐着吸烟。一闪一熄一明一暗的烟火，伴着淡淡缭绕的烟雾，一个身穿黑布棉袍、头戴灰色绒帽、两眼深凹、颧骨凸起、沉默寡言的50多岁男人坐着吸烟的形象，定格在我幼年的记忆里。这就是我的父亲。清楚地记得，在那物资极度匮乏的年代，为了给父亲补身体，母亲每天买两角钱的瘦肉做一小碗肉丸汤，只给父亲吃，不许我们吃。父亲却经常给我吃几个丸子喝几勺汤，因为我是家中最小的儿子。那肉丸肉汤，是我记忆中最好的美食。

母亲体格健壮，性格开朗，充满活力，走到哪里笑声就到哪里。她成天忙东忙西，不知疲倦，边劳动边与人交谈。远客近邻都亲切地称她“徐妈”。我家住码头街上，前店后居，许多农民与母亲熟，他们上街买东西经过我家门店，母亲都会热情招呼，递根香烟，端杯热茶，搬个座椅，拉拉家常，亲人一样，随意自在。我七八岁时，经常随母亲挑货郎担下乡，每到一个村庄，货郎鼓一摇，母亲嗓子一喊：“买货卖货啰！”村子里就热闹起来。先来的往往是小孩，三五成群围上来，母亲发糖果，发气球，孩子们个个开心。他们的爷爷奶奶外公外婆爸爸妈妈叔叔阿姨随后就来了。以物换物，等价交换，一担小商品撒开去，各种农副产品收回来，满足了各自需求，也结下了深厚情谊。村民们也把自家好吃的送给我们。中餐大多在交往颇深的村民家，新鲜蔬果，自制腌菜，加上一碗鸡蛋酸菜汤，装上一碗平常自己舍不得吃的白米饭。那个热腾腾的香啊，至今想起就垂涎欲滴。在那吃不饱穿不暖的年代，那不仅是一顿饭，而是一种至深的情啊！

周发源少年时〈左一〉，父亲周正初〈左二〉，哥哥周发福〈左三〉，摄于 1961 年

父亲的沉默寡言和母亲的开朗善谈，看似性格矛盾，实则非常默契。父亲一般不管家里的具体事，借钱还款、人情往来、柴米油盐、养儿育女、做饭洗衣、接来送往，母亲全包。但父亲是家里的主心骨，遇到难事，父亲不在母亲就心神不宁。在家中，父亲是山，母亲是水，我从未见过他们争吵打骂，总是相敬如宾。

父亲敬业爱岗，服从领导，从不说是论非，有话闷在心里。有一次，上级发现了商店经理的经济问题，而这位经理看父亲忠厚老实，把问题全推给了父亲。父亲因此被下放到农村小店劳动反省。村店离家十几里，交通不便，父亲在家从未洗衣做饭，一下子突然生活要自理，极不适应。他背着思想包袱，郁郁寡欢，有话无处讲，营养不良与沉重的思想包袱叠加，身体更弱，精神恍惚，一病不起。住进医院后，成天昏迷，偶尔醒来，口中反复念着：“我没贪污……我冤枉啊……不要牵连我的儿女……”

湘阴人在津市新洲镇的嘉山买了一片墓地，父亲生前嘱托葬在那里。出葬那天，寒风哀号，冷雨飘零，我作为孝子坐在棺上，全身缟素，满眼泪水，浑身瑟瑟发抖，感到天昏地暗……

父亲去世后，一家人的负担全压在母亲身上。那时，父亲一月工资 30 多元，母亲 20 多元，父亲去世后家中减少了大半收入。为了一家人的生活，母亲节衣缩食，依然入不敷出。依稀记得，每当无米下锅时，母亲就会夜里去趟乡下，拿回一两个银圆到银行换人民币买米。后来才知道，母亲曾把一点银圆藏在乡下罗阿姨家，以备急用。罗阿姨始终保守着这一秘密，直到离世。她是怎么守住这个秘密的？一诺千金，珍情重义，忠于朋友。罗阿姨的形象一直深植在我的心中。

母亲热情好客，乐观开朗，一生困苦却从不说出。她常说，天塌下来有高个子顶着，没有过不去的坎，没有过不了的滩。我从未见过母亲向人发火生气。只要到我家来的人，她都热情接待。即使坐在商店门口，见到熟人立即起身招呼说：来歇歇吧，并端茶递烟。母亲不抽烟，但她总买烟在家，就是为了招待客人。在那缺吃少穿的年代，只要“叫花子”到我家乞讨，她总是和善施舍。我问她，自家都吃不饱，怎么还给别人？她说，人不到没有办法，怎么会低三下四去乞讨呢？我们总比他们好些呀。

母亲吃苦耐劳，勤俭节约。家里第一个起床的是她，最晚睡觉的也是她。每天天未亮就做饭，晚上在煤油灯下缝补浆洗。为了补贴家用，家里一年要养几头猪，我经常到地里捡摘马齿苋、车前草、红背菜、泥胡菜，或者到水渠湖塘里捞蜈蚣草、伊乐菜、扁草等水草作为猪的主要饲料。我很喜欢到水中捞猪草，深吸一口气，猛扎下去，捞一把草带上来，既游了泳，又帮母亲养了猪，成就感满满。

母亲还在屋后的空地上种南瓜，把瓜藤引上自家屋顶，不久藤枝就蔓延伸展，开黄色的花，结绿色的果，长成金黄的大南瓜。爬上屋顶摘瓜是我的专职，一次少则几个，多则十几个，一年几十个，灰黑色瓦片的屋顶上一个个黄澄澄的瓜随意躺着，我小心摘下瓜又不踩坏瓦，颇为得意。记得有一年大丰收，最大的一个瓜有洗澡盆大几十斤重，把瓦都压坏了。母亲搭着梯子帮我接瓜，满脸洋溢着丰收的喜悦。这些瓜，既可弥补口粮不足，又可送亲朋好友，还是养猪的好饲料。这也养成了我热爱劳动、自力更生的习惯。

母亲人缘好，朋友多，总是省己热情待客。为了家庭，为了儿女，她总是不辞辛劳，以苦为乐。哥哥结婚那年，办婚宴需要鸡鸭鱼肉，她挑一担箩筐到乡下去购买，空担去，满筐回，往返十几里路。她一双小脚在雪地上留下长长的脚印，黑色的棉衣上沾满了雪花，头上冒着热气，脸上却洋溢着幸福的微笑。

父母对我们是放养。他们从未问过我的学习成绩和学校表现。记忆中，父亲教了我两个本事：一是打算盘，二是下象棋。前者使我下放农村后当上了记工员，后者成为终生爱好。我小时候调皮淘气，争强好胜，当孩子王。有一次，与一个比我大的男孩打架输了，我就躲在黑暗处用石头砸他，致使他额头鲜血直流。母亲得知后立即把他送到医院治疗，反复道歉。我知道闯下了大祸，不敢回家，躲在别人家的柴草棚里睡了。第二天碰到被砸男孩的父母，他们看到我狼狈悔恨的样子，立即牵我回家，不停地说："不要紧，以后不能这样啊……"那时的邻里关系，真是胜似亲人，那时的人，真是宽容厚道啊！回家后母亲对我说："对人怎么能这么狠呢？如果他砸了你你会怎么想？做人要善良，不要恶意报复，不能冤冤相报。"这句话，我一直牢记于心。这也是我至今从不记恨人、从不报复人的渊源。

母亲对子女全力付出，不求回报，无怨无悔。她工作期间日夜操劳，退休后也一直忙碌。姐姐哥哥的儿女是她一手带大的。我女儿出生后，她已重病缠身，还想帮助带，但已力不从心。有时我女儿去看她，她十分高兴，给孙女买这买那。有一次，女儿说："别人戴了手表和金戒指，您怎么没戴呀？我长大参加工作后给您买。"她听后十分激动，逢人就讲，我孙女长大了给我买手表买金戒指呢！她知道我喜欢吃馄饨，每当知道我回去，就提前把馄饨包好，皮薄肉多，放在水里一煮，馄饨就开了裂，露出肉来。她自我解嘲地说：“看，馄饨都笑开花了。”

前排从左到右：二姐周发桂、母亲徐德珍、外甥李欣、大姐周发荣；后排从左到右：哥哥周发福、二姐夫张先武、大姐夫李传森、周发源，摄于 1971 年春节

母亲对子女从不厚此薄彼。她搬到常德住时，官垸的老房子卖了1000元，分给4姊妹每人200元。她认为我从小读书少，吃苦多，又孝顺，对我格外疼爱，但分配有限的遗产时，绝不偏袒，说明了她一视同仁，公平公正。我们兄弟姐妹间从来没有因财物发生矛盾。

母亲终生自立自强。晚年坚持一个人住，生活自理，直到去世。她患子宫癌，大便带血，痛得难以忍受，却不让我们知道。直到无法忍受疼痛住进医院，已是病变晚期，无药可施，只能靠哌替啶止痛度日，体重从 110 多斤锐减至不到 70 斤。摸着她皮包骨的身子，看着她颧骨凸起、两颊深陷、灰黄色的脸，我的眼泪就流了下来。她却强笑着握住我的手嗫嚅着说：“我还好，还好，你去忙……”医生告诉我们，她经常痛得不停呻吟呼叫，但我们在时，却强忍痛苦，装作无事。临终前，她把我们兄弟姐妹四人叫到床前叮嘱，你们是手足亲人，要互助互谅，包容团结，直到我们点头答应。她还特意交代：“我的皮衣留给发源，那是他买的。”因为她以前未穿过皮衣，一直想买一件，所以我工作后第一时间买给她。看她走时，呼吸由长到短、由强到弱、进气少出气多，直到停止呼吸，面色从容，就像刚刚睡去。我呼唤着“妈妈”，她不理，这是第一次，也是永远的，泪水不觉涌流出来。生我养我的人走了，永远地走了……

父母亲去世几十年了，我也已年近70，他们的身影时常浮现在我的眼前。他们不仅生我养我，还教我受益终身的为人之道：忠厚诚信、吃苦耐劳、宽人严己、善良感恩、勤俭节约、乐观向上……他们的平凡言行中蕴含着中华民族的优秀品质。正是亿万个他们，一代又一代的他们，挺起了中华民族的道德脊梁。我有幸成为他们的儿子，我真有幸！

（本文写于2024年4月）

周发源主要著作目录

（以时间先后为序）

1.《**决策科学辞典**》，人民出版社 1995 年 6 月出版，周发源任编委会成员、执行编委、撰稿成员。

2.《**邓小平决策思想研究**》，湖南人民出版社 1999 年 1 月出版，周发源独著。

3.《**湖南社会科学 50 年**》，湖南教育出版社 2001 年 9 月出版，周发源任副主编，负责“成果编”和全书统稿。

4.《**湖南高新技术产业化研究**》，湖南人民出版社 2002 年 4 月出版，周发源任副主编，统稿。

5.《**跨世纪的湖南**》**丛书（八卷本）**，湖南人民出版社 2002 年 6 月出版，周发源任丛书常务副总主编、编辑部主任，负责全书的谋划、组织管理、审稿。

6.《**依法兴农论**》，湖南人民出版社 2005 年 2 月出版，周发源任副主编，主持日常研究工作，提出总思路和提纲，统改定稿。

7《**新农村之路——农村综合改革实践与探索**》，湖南人民出版社 2006 年 4 月出版，周发源任主编。

8.《**新农村之路**》**丛书**，湖南师范大学出版社 2007 年 9 月出版，周发源任主编。

9.《创业大本营》，湖南人民出版社2009年11月出版，周发源任第二主编。

10.《直击官僚主义》，湖南人民出版社2013年12月出版，周发源独著。

11.《名家故事——湖南优秀社会科学专家忆事》，湘潭大学出版社2015年4月出版，周发源任主编。

12.《源道》（全四卷），湘潭大学出版社2016年7月出版，周发源独著。

13.《风景这边独好——湖南生态文明建设典型案例（2021）》，湘潭大学出版社2022年2月出版，周发源任主编。

14.《绿色蝶变——湖南生态文明建设典型案例（2022—2023）》，湘潭大学出版社2024年3月出版，周发源任主编。

周发源在湘潭大学出版社出版的部分书籍

周发源被转载文章目录

（以时间先后为序）

1.《四十年反和平演变斗争的回顾与思考》，发表于《党校论坛》1991 年第 5 期，**《中国政治》1991 年第 5 期转载**。

2.《加强党的理论建设的几个问题》，发表于《湘潭大学学报（社会科学版）》1991 年第 4 期，**《中国共产党》1991 年第 12 期转载**。

3.《列宁借鉴和利用资本主义的思想初探》，发表于《党建研究》1993 年第 4 期，**《马克思列宁主义研究》1993 年第 5 期转载**。

4.《论邓小平决策思想的基本特征》，发表于《求是》1995 年第 5 期，**《毛泽东思想研究》1995 年第 3 期转载**。

5.《一部研究乡镇文化的开创性著作——评〈中国著名乡镇文化通〉》，发表于《长沙水电师院社会科学学报》1995 年第 2 期，**《出版工作、图书评介》1995 年第 9 期转载**。

6.《谈谈推进社会科学研究的现代化》，发表于《内部文稿》1996 年第 11 期，**《社会科学总论》1996 年第 3 期转载**。

7.《论邓小平坚持和发展社会主义的方法论原则》，发表于《求索》1997 年第 3 期，**《社会主义研究》1997 年第 9 期转载**。

8.《论以江泽民为核心的第三代领导集体对邓小平经济发展战略思想的创造性运用》，发表于《求索》1997 年第 6 期，**《社会主义经济理论与实践》1998 年第 2 期转载**。

9.《决策必须以人民群众利益为出发点和归宿》，发表于《科学社会主义》1998年第4期，**《中国共产党》1999年第1期转载**。

10.《马克思主义在中国第二次历史性飞跃的四大特征》，发表于《求索》1999年第2期，**《马克思列宁主义研究》1999年第5期转载**。

11.《学习邓小平着眼大局，面向未来的决策思想》，发表于《求是》1999年第10期，**《邓小平理论研究》1999年第7期转载**。

12.《论“三个代表”的哲学基础》，发表于《光明日报》2002年10月18日，**《邓小平理论》2003年第2期转载**。

13.《20年邓小平领导艺术研究综述》，发表于《求索》2003年第5期，**《新华文摘》2003年第12期转载**。

14.《论“三个代表”重要思想的理论品质》，发表于《求是》2003年第18期，**《中国共产党》2003年第12期转载**。

15.《关于“立党为公、执政为民”的思考》，发表于《湖南社会科学》2004年第4期，**《中国共产党》2004年第10期转载**。

16.《论邓小平反官僚主义的理论与实践》，发表于《湖南社会科学》2005年第1期，**《邓小平理论、“三个代表”重要思想》2005年第6期转载**。

17.《韦伯官僚制的理论局限及启示》，发表于《求索》2005年第3期，**《政治学》2005年第9期转载**。

18.《和谐社会与和谐意识》，发表于《湘潭大学学报（哲学社会科学版）》2005年第4期，**《社会主义论丛》2006年第1期转载**。

19.《社会科学评价：历史、现状和发展趋势》，发表于《湖南社会科学》2013年第2期，**《社会科学总论》2013年第3期转载**。

20.《官僚主义的内涵、源流、形态与防治研究——以社会分工为视角》，发表于《船山学刊》2014年第3期，**《政治学》2015年第3期转载；《新华文摘》2015年第2期转载**。

四十年反和平演变斗争的回顾与思考
周复源

加强党的理论建设的几个问题
罗小元 周复源

列宁借鉴和利用资本主义的思想初探
周复源

论邓小平决策思想的基本特征
罗小元 周复源 罗安会

一部研究乡镇文化的开创性著作

谈谈推进社会科学研究的现代化
周复源

论邓小平坚持和发展社会主义的方法论原则

邓小平经济发展战略思想的创造性运用
论以江泽民为核心的第三代领导集体对

决策必须以人民群众利益为出发点和归宿
周复源

马克思主义在中国第二次历史性飞跃的四大特征

面向未来的决策思想——学习邓小平着眼大局

20年邓小平领导艺术研究综述

论"三个代表"重要思想的理论品质

关于"立党为公、执政为民"的思考

□周发源

论邓小平反官僚主义的理论与实践

韦伯官僚制的理论局限及启示

周发源 丁和平

和谐社会与和谐意识

周发源

社会科学评价：历史、现状和发展趋势

□湖南省"社会科学评价体系研究"课题组

官僚主义的内涵、源流、形态与防治研究

——以社会分工为视角

周发源

周发源主持的主要课题目录

（以时间先后为序）

1.《**取消农业税后农村改革问题研究**》，2005 年度湖南省社科评审委员会委托课题（湘社评〔2005〕05050802 号）、湖南省财政重点支持课题（湘财农指〔2005〕26 号）。

2.《**党内民主生活会专题研究**》，2005 年 11 月中共湖南省委组织部委托课题。

3.《**建设社会主义新农村系列研究**》，2006 年湖南省社会科学基金重点课题，立项文号：湘哲社领字〔2006〕2 号（06ZD04），结题编号：2008006。

4.《**农民专业合作组织研究**》，2006—2007 年度湖南省社科成果评审委员会委托项目，湘社评〔2006〕0611006，结题编号：2008040611006146。

5.《**民营企业党的建设问题研究**》，2008—2009 年度湖南省社科成果评审委立项课题，立项编号：0822003C，结题编号：2009070822003C27。

6.《**创业之路课题研究**》，2008 年湖南省社会科学界联合会自选课题。

7.《**湖南人才环境建设研究**》，2009 年中共湖南省委组织部委托项目，湖南省社科成果评审委立项项目，立项编号：090110C，结题编号：20120518W03。

8.**《加强湖南省社会科学界联合会工作的调查》**，2009年根据中共湖南省委主要领导指示，湖南省社会科学界联合会组织的调研课题。

9.**《湖南人才发展研究》**，2010年中共湖南省委组织部委托项目，2010—2011年度湖南省社科成果评审委委托课题立项，立项编号：100601C，结题编号：20120518W01。

10.**《造就新的湖湘人才群研究》**，2011年中共湖南省委组织部委托项目，2010—2011年度湖南省社科成果评审委委托立项课题，立项编号：110301C，结题编号：20120518W02。

11.**《创先争优与做好新形势下群众工作研究》**，2011年5月中共湖南省委组织部和湖南省党的建设研究会委托项目。

12.**《不断推进马克思主义与中国实际相结合科学化研究》**，2011年湖南省社会科学界联合会自选研究课题。

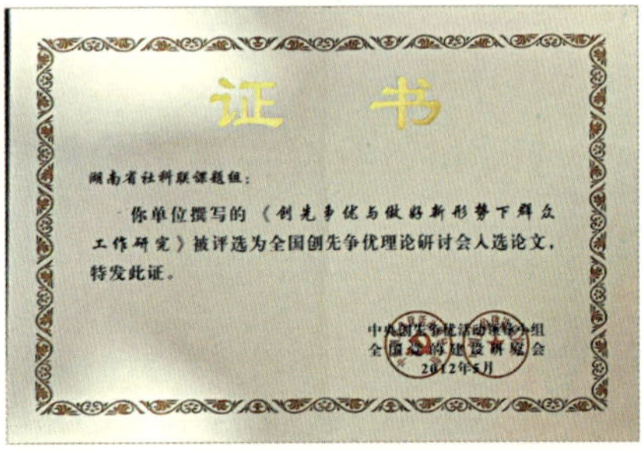

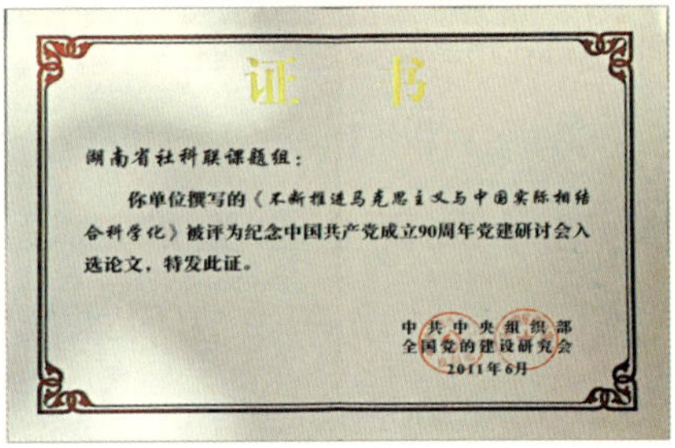

13.**《创新两型城市体制机制研究》**，2012年湖南省社会科学界联合会和长株潭两型社会试验区管委会共同组织的研究课题。

14.**《推进湖南“三量齐升”研究》**，2013年度湖南省社科成果评审委重点委托课题，立项编号：20131231W02，结题编号：20140320131231W02001。

15.**《湖南创新驱动发展面临的困难、潜力和对策研究》**，2013年湖南省社科成果评审委立项课题，立项编号：20131231W03，结题编号：

20140320131231。

16.《**优化发展环境研究**》，2013 年中共湖南省委组织部和湖南省社会科学界联合会共同组织研究课题，2013 年湖南省社科成果评审委立项课题，立项编号：20131105W，结题编号：20140320131105W012。

17.《**推进湖南区域性城镇群建设研究**》，2013 年度湖南省社科成果评审委重点委托课题，立项编号：20131016W，结题编号：20140120131016W002。

18.《**深化省属高校领导班子配备改革研究**》，2014 年中共湖南省委组织部、湖南省社会科学界联合会、湖南省教育厅联合调研课题。

19.《**湖南省社会科学普及条例研究**》，2012—2015 年湖南省社会科学界联合会确定的研究课题。

20.《**湖南省贯彻落实国家〈长江中游城市群发展规划〉实施方案**》，2015 年 9 月湖南省发改委委托，湖南省社会科学课题成果评审委课题，湘社评〔2015〕12 号。

21.《**加强湖南生态强省建设的调查研究**》，2016 年 11 月湖南省长株潭两型试验区管委会项目委托课题。

22.《**湖南生态农业发展研究**》，2017 年湖南省发改委委托课题。

23.《**湖南生态经济发展的调查研究**》，2017 年湖南省财政厅委托课题。

24.《**加快推进长株潭更高质量一体化发展研究**》，2018 年 5 月湖南省长株潭两型试验区管委会委托课题。

25.《**湖南"一湖四水"生态优先、绿色发展思路和对策研究**》，2019 年 6 月湖南省发改委委托重大课题。

26.《**湖南省水污染防治"一法两条例"实施情况评估**》，2019 年 4 月湖南省人大环境资源委员会委托的课题。

27.《**风景这边独好——湖南生态文明建设典型案例（2021）**》，

2021 年湖南省财政厅支持课题。

28.《**湖南产业园区绿色低碳发展调研报告**》，2022 年度湖南省社科基金委托重点项目，立项编号：22WTB12。

29.《**绿色蝶变——湖南生态文明建设典型案例（2022—2023）**》，2021 年湖南省财政厅支持课题。

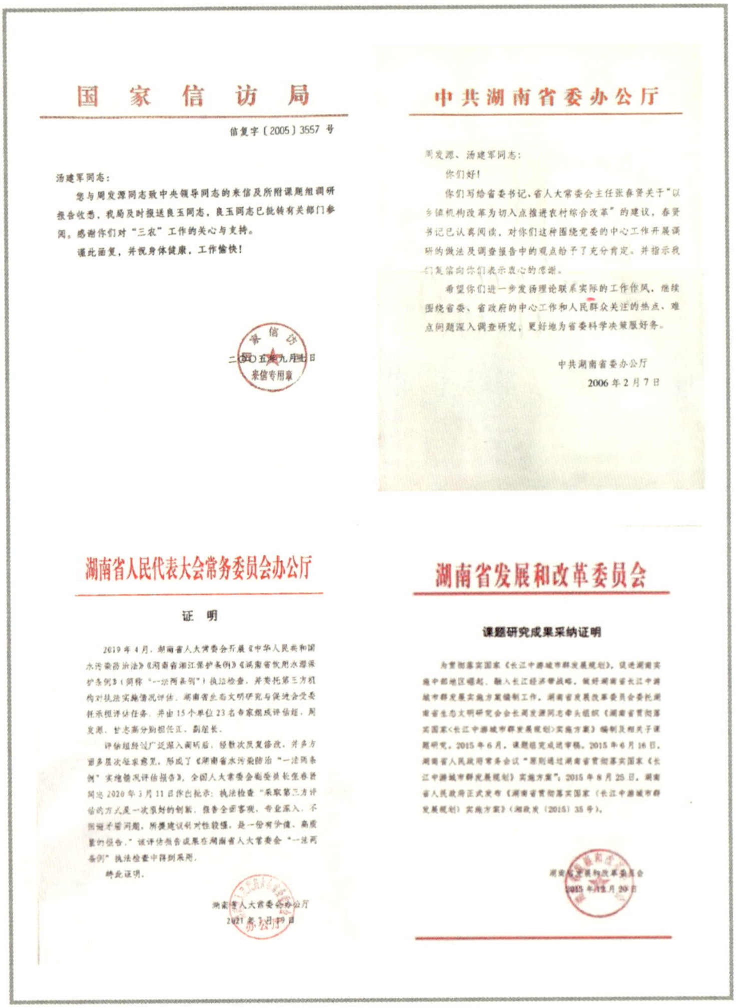

国家信访局

信复字〔2005〕3557 号

汤建军同志：

您与周发源同志致中央领导同志的来信及所附课题组调研报告收悉，我局及时报送良玉同志，良玉同志已批转有关部门参阅。感谢你们对"三农"工作的关心与支持。

谨此函复，并祝身体健康，工作愉快！

二〇〇五年九月七日

来信专用章

中共湖南省委办公厅

周发源、汤建军同志：

你们好！

你们写给省委书记、省人大常委会主任张春贤关于"以乡镇机构改革为切入点推进农村综合改革"的建议，春贤书记已认真阅读，对你们这种围绕党委的中心工作开展调研的做法及调查报告中的观点给予了充分肯定，并指示我们复信向你们表示衷心的感谢。

希望你们进一步发扬理论联系实际的工作作风，继续围绕省委、省政府的中心工作和人民群众关注的热点、难点问题深入调查研究，更好地为省委科学决策服务好务。

中共湖南省委办公厅

2006 年 2 月 7 日

湖南省人民代表大会常务委员会办公厅

证 明

2019 年 4 月，湖南省人大常委会开展《中华人民共和国水污染防治法》《湖南省湘江保护条例》《湖南省饮用水源保护条例》（简称"一法两条例"）执法检查，并委托第三方机构对执法实施情况评估。湖南省生态文明研究与促进会受委托承担评估任务，并由 15 个单位 23 名专家组成评估组，周发源、甘志高分别担任正、副组长。

评估组经过广泛深入调研后，经数次反复修改，并多方面多层次征求意见，形成了《湖南省水污染防治"一法两条例"实施情况评估报告》。全国人大常委会副委员长张春贤同志 2020 年 3 月 11 日作出批示：执法检查"采取第三方评估的方式是一次很好的创新，报告全面客观，专业深入，不回避矛盾问题，所提建议针对性较强，是一份有价值、高质量的报告。"该评估报告成果在湖南省人大常委会"一法两条例"执法检查中得到采用。

特此证明。

湖南省人大常委会办公厅

2021 年[illegible]

湖南省发展和改革委员会

课题研究成果采纳证明

为贯彻落实国家《长江中游城市群发展规划》，促进湖南实施中部地区崛起、融入长江经济带战略，做好湖南省长江中游城市群发展实施方案编制工作，湖南省发展改革委员会委托湖南省生态文明研究会会长周发源同志牵头组织《湖南省贯彻落实国家〈长江中游城市群发展规划〉实施方案》编制及相关子课题研究。2015 年 6 月，课题组完成送审稿。2015 年 6 月 16 日，湖南省人民政府常务会议"原则通过湖南省贯彻落实国家《长江中游城市群发展规划》实施方案"；2015 年 8 月 25 日，湖南省人民政府正式发布《湖南省贯彻落实国家〈长江中游城市群发展规划〉实施方案》（湘政发〔2015〕35 号）。

湖南省发展和改革委员会

2015 年 12 月 20 日

周发源获省以上奖励成果目录

（以时间先后为序）

1.《四十年反和平演变斗争的回顾与思考》获**第一届全国青年优秀社会科学成果奖专家提名奖**，中国社会科学院、共青团中央 1994 年 11 月授予。

2.《论邓小平决策思想的基本特征》获 **1995 年度湖南省精神文明建设“五个一工程”优秀作品一等奖**，中共湖南省委宣传部 1996 年 5 月 23 日授予。

3.《论邓小平决策思想的基本特征》获**精神文明建设“五个一工程”第五届“入选作品奖”**，中共中央宣传部 1996 年 9 月授予。

4.《论邓小平决策思想的基本特征》获**湖南省第四届社会科学优秀成果省级一等奖**，湖南省社会科学成果评审委员会 1997 年 12 月 27 日授予。

5.《论以江泽民为核心的第三代领导集体对邓小平经济发展战略思想的创造性运用》获 **1997 年全省精神文明建设“五个一工程”优秀作品奖**，中共湖南省委宣传部 1998 年 10 月 27 日授予。

6.《论以江泽民为核心的第三代领导集体对邓小平经济发展战略思想的创造性运用》获**湖南省第五届社会科学优秀成果二等奖**，湖南省社会科学成果评审委员会 1999 年 12 月 25 日授予。

7.《邓小平决策思想研究》获**1999年全省精神文明建设“五个一工程”优秀作品（一等奖）**，中共湖南省委宣传部2000年10月授予。

8.《邓小平决策思想研究》获**第十二届中国图书奖**，中国图书奖评委会2000年授予。

9.《应对无形挑战》获**湖南省第六届社会科学优秀成果特别奖**，湖南省社会科学成果评审委员会2002年2月6日授予。

10.《邓小平决策思想研究》获**湖南省第六届社会科学优秀成果二等奖**，湖南省社会科学成果评审委员会2002年2月6日授予。

11.《邓小平决策思想研究》获**湖南省首届社会科学基金研究课题优秀成果一等奖**，湖南省社会科学规划领导小组2002年6月授予。

12.《论“三个代表”的哲学基础》获**湖南省第八届精神文明建设“五个一工程”入选作品奖**，中共湖南省委宣传部2002年12月授予。

13.《崛起的新兴产业——湖南文化产业发展战略研究》获**湖南省第七届哲学社会科学优秀成果特别奖**，中共湖南省委、湖南省人民政府2004年3月30日授予。

14.《论“三个代表”的哲学基础》获**湖南省第七届哲学社会科学优秀成果二等奖**，中共湖南省委、湖南省人民政府2004年3月30日授予。

15.《湖南高新技术产业研究》获**湖南省第七届哲学社会科学优秀成果特别奖**，中共湖南省委、湖南省人民政府2004年3月30日授予。

16.《不断推进马克思主义与中国实际相结合科学化》获**纪念中国共产党成立90周年理论研讨会入选论文**，中共中央组织部、全国党的建设研究会2011年6月授予。

17.《群众工作：创先争优的出发点和落脚点——创先争优与做好新形势下群众工作研究》获**《光明日报》“创先争优论文理论征文”二等奖**，光明日报社2012年5月16日授予。

18.《创先争优与做好新形势下群众工作研究》获**全国创先争优理论研讨会入选论文**，中央创先争优活动领导小组、全国党的建设研究会 2012 年 5 月授予。

19.《新农村之路》丛书获**全国优秀社会科学普及作品**，全国社会科学普及工作经验交流会组委会 2012 年 12 月授予。

20.《文化大发展要努力推进“三个融合”》获**2013 年度全省宣传文化系统优秀调研报告一等奖**，中共湖南省委宣传部 2014 年 2 月 17 日授予。

21.《直击官僚主义》获**全国优秀社会科学普及作品**，全国社会科学普及工作经验交流会组委会 2015 年 9 月授予。

周发源各类奖励证书和聘书等 110 多项

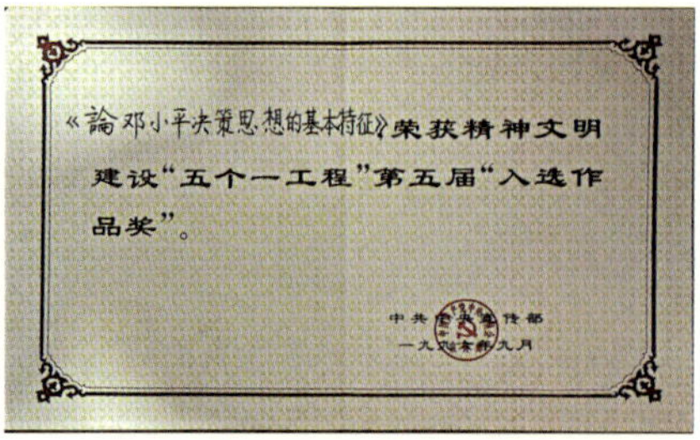
《論邓小平决策思想的基本特征》荣获精神文明建设“五个一工程”第五届“入选作品奖”。

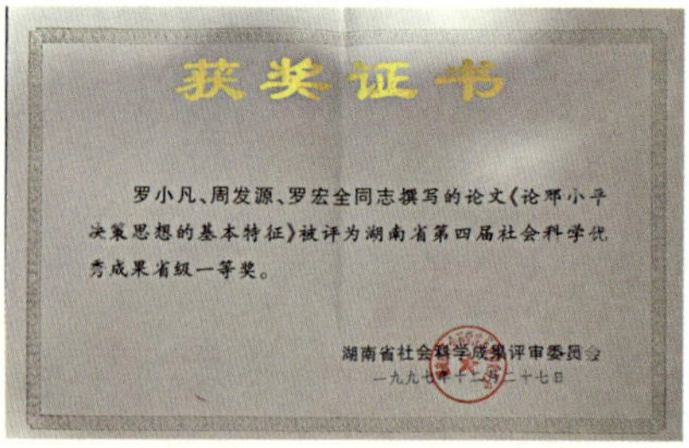
获奖证书
罗小凡、周发源、罗宏全同志撰写的论文《论邓小平决策思想的基本特征》被评为湖南省第四届社会科学优秀成果省级一等奖。

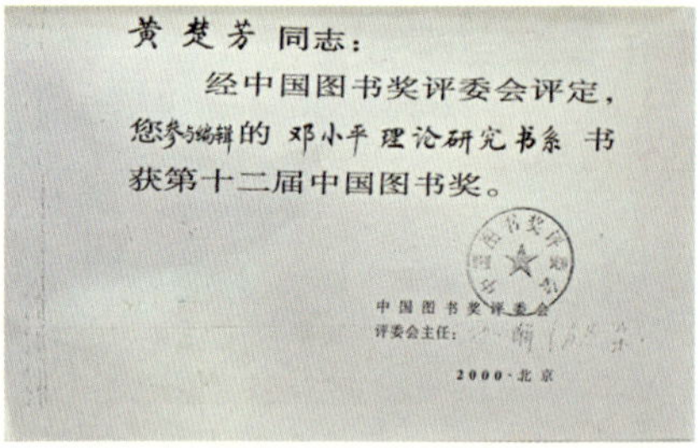
黄楚芳 同志：
经中国图书奖评委会评定，您参与编辑的 邓小平理论研究书系 书获第十二届中国图书奖。
中国图书奖评委会
评委会主任：
2000·北京

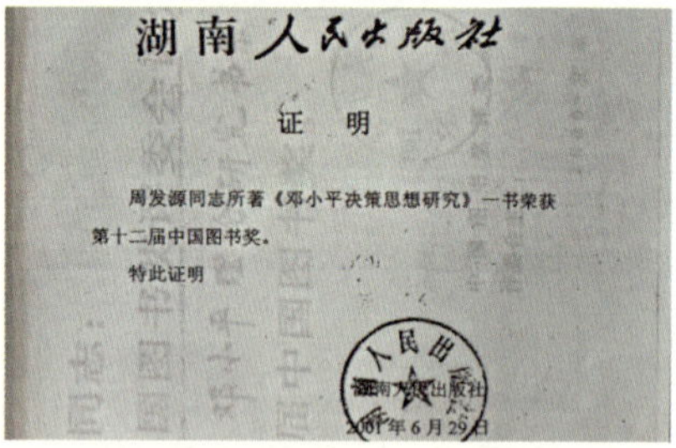
湖南人民出版社
证 明
周发源同志所著《邓小平决策思想研究》一书荣获第十二届中国图书奖。
特此证明

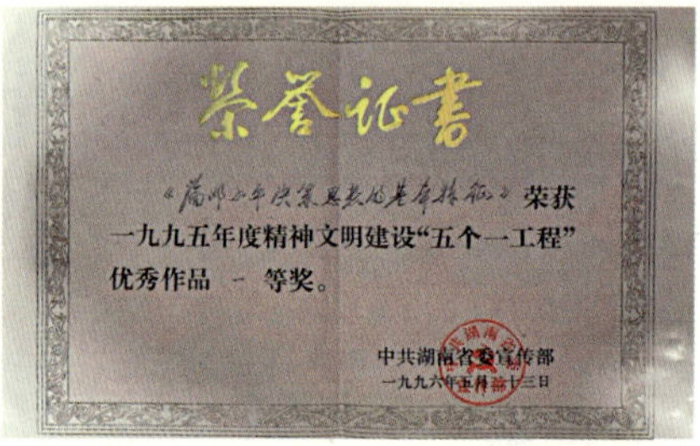
荣誉证書
荣获一九九五年度精神文明建设“五个一工程”优秀作品 一等奖。
中共湖南省委宣传部

获奖证书
周发源 同志：
经专家评审，省委省政府批准，您的《邓小平决策思想研究》成果，被评为湖南省首届社会科学基金研究课题优秀成果 一 等奖。
湖南省社会科学规划领导小组
二〇〇二年六月

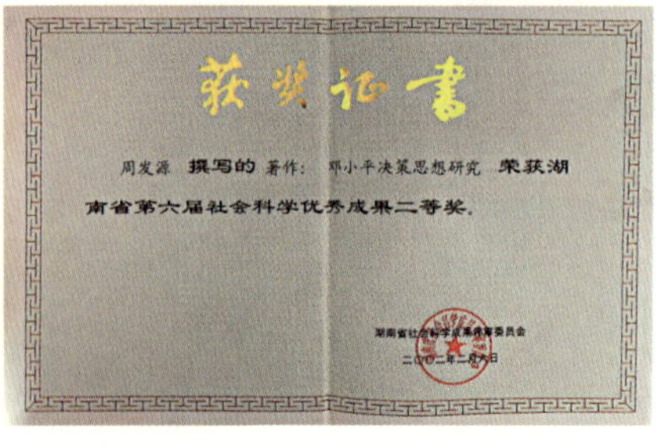
获奖证書
周发源 撰写的 著作： 邓小平决策思想研究 荣获湖南省第六届社会科学优秀成果二等奖。

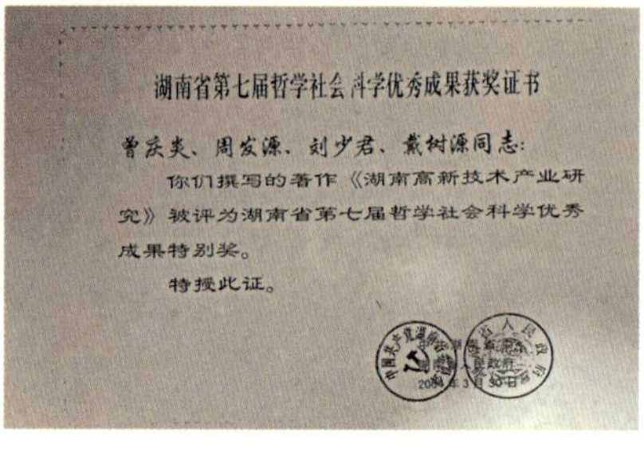
湖南省第七届哲学社会科学优秀成果获奖证书
曾庆奕、周发源、刘少君、戴树源同志：
你们撰写的著作《湖南高新技术产业研究》被评为湖南省第七届哲学社会科学优秀成果特别奖。
特授此证。

周发源主要学术荣誉和曾任学术职务目录

主要学术荣誉

1. 湖南省优秀中青年专家
2. 享受国务院政府特殊津贴专家
3. 湖南省第二届优秀社会科学专家
4. 湖南省新世纪 121 人才工程第一层次人选
5. 湖南省优秀专家
6. 全国优秀社会科学普及名家

现任及曾任学术职务

1. 湖南省生态环境保护专家委员会委员
2. 湖南省碳达峰碳中和专家咨询委员会副主任
3. 湖南省生态文明研究与促进会会长
4. 湖南省院士专家咨询委员会委员
5. 湖南省社会科学成果评审委员会副主任
6. 湖南省省情与对策研究会会长
7.《湖南社会科学》主编
8.《船山学刊》主编

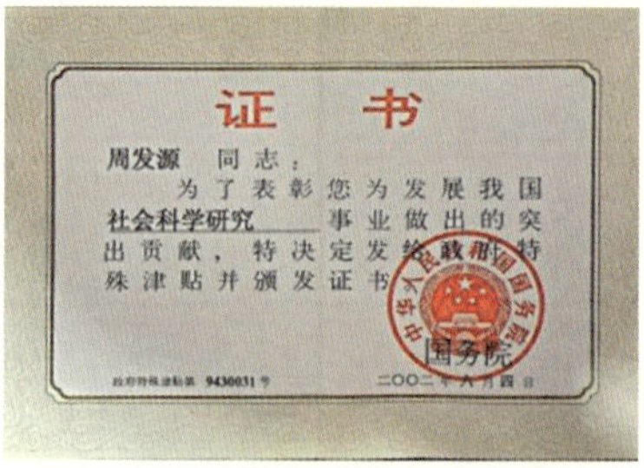
证书

周发源 同志：

为了表彰您为发展我国社会科学研究事业做出的突出贡献，特决定发给政府特殊津贴并颁发证书。

国务院

政府特殊津贴第 9430031 号

二〇〇二年六月四日

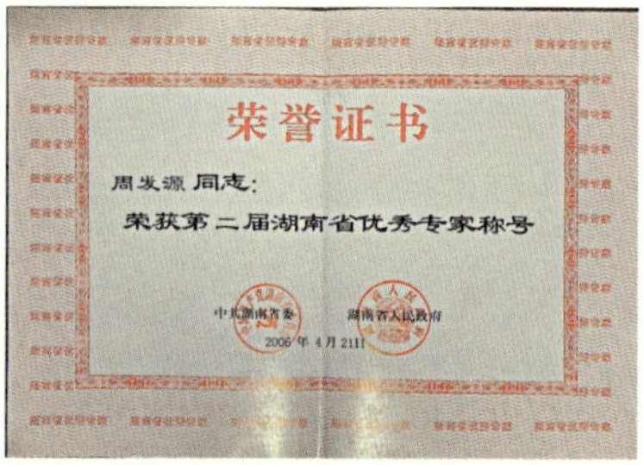
荣誉证书

周发源同志：

荣获第二届湖南省优秀专家称号

中共湖南省委 湖南省人民政府

2006 年 4 月 21日

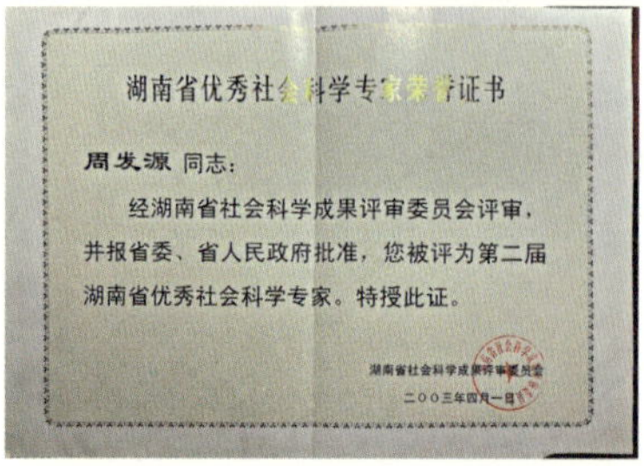
湖南省优秀社会科学专家荣誉证书

周发源 同志：

经湖南省社会科学成果评审委员会评审，并报省委、省人民政府批准，您被评为第二届湖南省优秀社会科学专家。特授此证。

湖南省社会科学成果评审委员会

二〇〇三年四月一日

证书

周发源同志：

经中共湖南省委组织部、中共湖南省委宣传部、湖南省人事厅、湖南省教育厅、湖南省科学技术厅、湖南省经济委员会、湖南省人民政府国有资产监督管理委员会、湖南省财政厅、湖南省卫生厅、湖南省文化厅审定，并报省委人才工作领导小组批准，您入选为湖南省新世纪121人才工程第一层次人选。

特发此证。

第05－010031号

二〇〇五年三月一日

荣誉证书

周发源同志：

经全国第十四次社会科学普及工作经验交流会组委会研究决定，您被评为全国优秀社会科学普及名家。特此表彰，以资鼓励。

全国社会科学普及工作经验交流会组委会

二〇一二年十二月

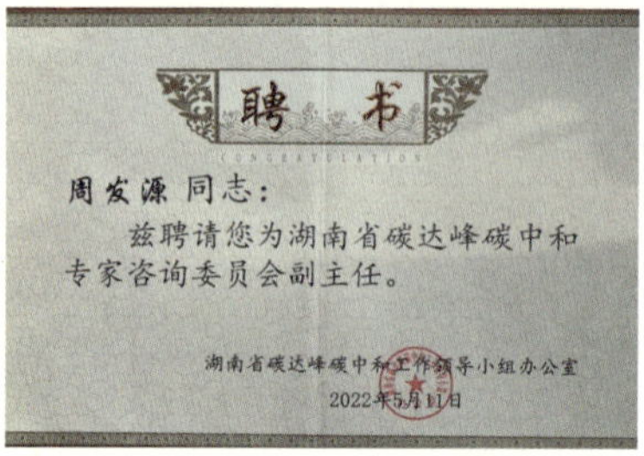
聘书

周发源 同志：

兹聘请您为湖南省碳达峰碳中和专家咨询委员会副主任。

湖南省碳达峰碳中和工作领导小组办公室

2022年5月11日

湖南省

优秀中青年专家

证书

中共湖南省委组织部

湖南省人事厅

湖南省科学技术厅

聘书

兹聘周发源同志为湖南省院士专家咨询委员会首届委员

（2005年9月－2008年1月）

湖南省人民政府

二〇〇五年九月

后 记

《源道》自2016年出版以来，陆续收到许多读者的好评。在2023年5月7日湘潭大学召开的《源道》学术交流座谈会上，与会者反响热烈，但由于时间紧，不少同志准备了发言文稿，却没有来得及在会上表达，会后又陆续收到读者发来的感言。这些文稿既饱含真情，又富有哲思，应湘潭大学出版社和朋友们的要求，我们将这些文章和与之相关专著的评论文章，汇编成《说源论道》一书与大家共享。不同读者对《源道》的品鉴和感悟，既有利于读者更好地阅读《源道》以及了解作者周发源先生，也有利于对《源道》作进一步推介，使它更好地发挥社会作用与学术价值。

《说源论道》共收录文稿73篇，既有对《源道》文集及发源先生的评说，又有对发源先生专著《邓小平决策思想研究》《直击官僚主义》的评论——我们认为，对这两部专著的书评与对《源道》文集的书评是相得益彰的。我们还把发源先生的三篇文稿以及他的主要著作、转载文章、主要课题、获省以上奖励、主要学术荣誉和曾任学术职务等目录作为附录并配以相关图片，便于读者比较全面地了解发源先生的“学术人生”。在编辑、修改、校对过程中，我们主要把握四个原则：一是统一语言风格，删去学术座谈会上发言稿的客气用语，将口头语言转换为书面语言；二是删减重复内容，因为本书是对同一部书同一个人的评论，根据前后顺序，将后面文稿中重复部分删减，如去掉《源道》四卷的情况介绍等，避免重复累赘；三是简练行文语句，对少数不够流畅的文稿进行了文字修改，力求通俗易懂；四是校准事实数据，由于文稿涉及内容的时间跨度长，《源道》作者的经历丰富，我们对全书的事实和数据进行了校核，力争达到事实数据的准确一致。

《源道》内容及发源先生的精神品格风貌是丰富多彩的，本书有助于具体、生动、全面地体悟《源道》的大道之美，认识发源先生的人格风范。编辑过程中，我们经常被发源先生敢于创新、持之以恒的力量所感染，也经常被发源先生的初心不改、一心为公的品格魅力所感动，更为发源先生的严于律己、宽以待人的人格所折服，读得越多就越能领略一位勇攀学术高峰的知名学者和高风亮节的党员领导干部风采。

本书文稿凝聚着各位作者的辛勤智慧，也体现了大家的求真重情和诚信厚道，在此表示衷心的感谢。沈宝祥、肖浩辉、张竹梧、罗小凡几位老师，均已是耄耋之年，在收到《源道》的第一时间就写出书评，并对书中收录的文章作了认真审改，体现出对后辈的肯定和鼓励。徐晨光先生在视力欠佳的情况下，通过口述完成了《发源之“道”源》力作，数易其稿，让人非常感动。李建国先生在《源道》刚出版就写了近万字的长篇书评，并对本书作了全面认真审改。周溯源、汪玉琦、刘建武、曹健华、张世平、蔡宏宇、盛明科、曾祥永、罗宏全、刘建平、王绍华、王和平、刘平、皮庆侯、秧励、曾言、谭崇恩、刘怀德、汤建军、黄云志、陈碧华、李曼华等同志有许多感人的故事，虽因篇幅所限没有一一具体写在书中，但他们的精神风范却深深打动了我们。尤其是中青年作者，正处于人生最繁忙的阶段，工作任务重，家庭事务多，还要干事创业交朋友，但都在短时间内精读了《源道》，写出富有个性特色的文章，令人感动。在编辑过程中看到，每个作者都是真情实感的抒发，都是掏心掏肺的佳作。正是大家的共同努力，成就了本书的底色和韵味。

对作者的认真写作、深厚情谊和高水平风范，我们致以崇高的敬意。

周发源先生对《说源论道》的出版非常重视，对编辑工作给予精心指导，提供了很多参考资料和珍贵照片。作为主编，我们全力以赴，对本书编排进行策划，多次组织专业人员进行讨论，认真审改每篇文稿。编委会其他成员付出了大量的心血，汤建军对本书策划与编排提出了很好的意见，李建国对全书进行了审校，章敏为本书优化编排和校订付出了很多努力，邹序明为本书撰写了高水平的推荐语，田振和为完善封面设计提出了很好的建议，王忠淼为本书策划与宣传做了许多富有成效的工作，张红红在本书联络、编辑、校对等方面付出了大量的辛勤劳动。湘潭大学出版社社长申永丰、编辑牛敬丹高度重视本书的编辑出版，认真审读了全书，提出了很多具体的宝贵意见。孔子第75世孙、儒学专家孔海钦先生为本书题写了书名。在此一一表示衷心的感谢。

本书于2023年下半年完成初稿，后经多次修改校对，最后由每位作者亲自审定文稿。虽然我们尽了很大努力，但由于编辑时间紧，且水平有限，难免有不足之处，期望得到读者的谅解和批评指正。

王泽应　周宇

2024年5月于长沙